여성을 위한
성품리더십

성경 속 여성들의
12가지 성품리더십

여성을 위한 성품리더십

이영숙 지음

도서출판 좋은나무성품학교

창조주 하나님의 성품을

가장 많이 닮은 여성은

본래의 목적대로 회복하고 치유되어야 합니다.

차례

초판 머리말 | '여성 성품리더십'으로 행복한 세상 만들기 ... 10
개정판 머리말 | '여성을 위한 성품리더십' 개정판 출간을 기뻐하면서… ... 22

Part 1.
행복을 찾는 여성들, 성품으로 힐링하라

chapter1. **창의성** ● "하와, '에제르 케네그도'라 불린 여성" ... 37
하나님이 꿈꾸신 여성

chapter2. **기쁨** ● "하와, 고난을 기쁨으로 바꾼 여성" ... 59
고난 속에서 찾는 기쁨의 예배

chapter3. **순종** ● "사라, 더 큰 권위 앞에 순종한 여성" ... 83
진정한 순종의 의미를 찾은 여성의 자리

chapter4. **긍정적인 태도** ● "한나, 긍정을 선택한 힘 있는 여성" ... 103
긍정적인 태도로 위기를 극복한 여성의 리더십

chapter5. **감사** • "마리아, 감사로 행복의 문을 연 여성" ... 123
　　　　　고난 속 감사가 위대한 이유

chapter6. **인내** • "나오미, 인내로 메시아 가문을 연 여성" ... 139
　　　　　인내로 여는 하나님의 위대한 비전

Part 2.
치유된 여성들, 성품으로 행복하라

chapter1. **배려** • "리브가, 배려로 사랑을 얻은 여성" ... 163
　　　　　진짜 배려를 아는 여성이 누리는 축복

chapter2. **지혜** • "아비가일, 지혜로 왕비가 된 여성" ... 177
　　　　　위기와 갈등 속에서 운명을 바꾸게 한 지혜

chapter3. **절제** • "사르밧 과부, 절제로 위기를 극복한 여성" ... 193
　　　　　절제로 세우는 아름다운 가정

chapter4. **정직** • "삽비라, 거짓말로 죽음을 부른 여성" ... 209
　　　　　끝까지 성공시키는 정직의 위력

chapter5. **경청** • "마리아, 경청으로 구속의 문을 연 여성" ... 227
　　　　　말하지 않은 것까지 듣는 경청의 힘

chapter6. **책임감** • "에스더, 책임감으로 민족을 살린 여성" ... 241
　　　　　책임감으로 무너진 세상 바로 세우기

Part 3.
성품으로 '나' 마주하기

chapter1. 나를 사랑할 수 없을 때 ... 261

chapter2. 마음의 상처가 콕콕 찌를 때 ... 273

chapter3. 나와 우리를 채우는 행복 에너지, 성품리더십 ... 301

Part 4.
성품으로 '부부' 마주보기

chapter 1. 성품 통(通)!
통하는 부부생활을 위한 비밀 이야기 ... 323

chapter 2. 성품 톡(talk)!
막힌 부부관계를 회복시키는 말 한마디 ... 343

chapter 3. 성품 팅(ting)!
신혼으로 돌아가는 비결, Happy Dating ... 359

1) Happy Dating 준비하기
2) Happy Dating 커뮤니케이션
3) Happy Dating 감정표현법
4) Happy Dating 긍정적인 태도의 성품 연습
5) Happy Dating 감사의 성품 연습
6) Happy Dating 인내의 성품 연습
7) Happy Dating 건강한 여성 되기
8) Happy Dating 지혜의 성품 연습
9) Happy Dating 절제의 성품 연습
10) Happy Dating 부부 대화 10계명
11) Happy Dating 경청의 성품 연습
12) Happy Dating 책임감의 성품 연습

『여성을 위한 성품리더십』을 강의로 풀어낸
'여성 성품리더십스쿨' 수료생들의 이야기 ... 396
참고문헌 ... 402

| 초판 머리말 |

'여성 성품리더십'으로
행복한 세상 만들기

여성이여,
하나님의 동역자가 돼라

여성은 하나님의 동역자입니다. 왜냐하면 여성은 생명을 창조하시고 복을 주시며 번성케 하시는 창조주 하나님의 성품을 가장 많이 닮은 피조물이기 때문입니다. 따라서 여성의 정체성은 생명을 잉태하여 출산하고, 생명을 세우고 번성케 하는 자로서의 부르심입니다. 생명을 주시는 하나님과의 동역자로 생명을 살리는 역할을 하는 사람이 바로 여성입니다.

---

*이 책의 초판 『여성성품리더십』(두란노, 2013)에 실렸던 머리말입니다.

얼마 전 저는 아주 슬픈 소식을 들었습니다. 젊은 엄마가 자녀 두 명을 데리고 13층 아파트로 가서 투신해 버렸다는 뉴스였습니다. 그런데 이 아이들이 무슨 잘못이 있습니까? 이들 엄마는 아이들을 다시 돌아올 수 없는 죽음의 길로 안내한 것입니다. 이들 가족의 마지막 모습이 CCTV 화면으로 TV에 나왔습니다.

엄마는 죽음을 선택해 13층을 눌러서 올라가고 있는데 아이들은 천진난만하게 움직이며 놀고 있는 모습이 잡혔습니다. 엄마는 커피를 마시면서 올라가고 있었습니다. 결국 그 엄마에게 조울증이 있었다고는 하지만 여러 가지 삶의 고난과 어려움, 고민과 번뇌가 있었을 것입니다.

오늘을 살고 있는 모든 생명은 아파합니다. 생명을 만드신 하나님의 마음도 아파하고 계십니다. 그래서 저는 여성들에게 하나님의 마음을 담아 세상을 회복하고 치유하여 행복한 세상을 만들어야 하는 사명이 있다고 확신하고 있습니다.

"내가 온 것은 양으로 생명을 얻게 하고 더 풍성히 얻게 하려는 것이라"(요 10:10하)고 하신 아버지의 음성처럼 생명을 얻고 더 풍성한 삶으로 초청하여 행복한 세상을 만드는 그 일에 여성인 우리가 동역해야 할 때입니다. 그러기 위해서는 여성이 먼저 하나님 아버지의 마음으로 치유하고 회복(healing)해야 합니다. 왜냐하면 상처받은 여성에게서 나타나는 부정이나 비난 그리고 분열의 힘은 세상을 파괴하는 영향력이 아주 크기 때문입니다. 반면 상처를 치유하고 본래 여성을 만드신 정체성으로 회복(healing)한 여성은 긍정과 기쁨의 힘으로 세상을 바로 세우고 행복하게 만듭니다.

여성의 리더십은 때로 앞서 얘기한 그 엄마처럼 아주 부정적인 리더십으로 자녀들을 죽음으로 몰고 갑니다. 반면 어떤 엄마는 어려운 상황에서도 긍정의 리더십으로 이끌어 자녀들을 소생시킵니다.

「크게 생각하라」의 저자이며 세계적으로 유명한 미국 존스홉킨스 대학병원의 저명한 소아 신경외과의사인 벤 카슨을 키워낸 그의 어머니 소냐 카슨은 두 아이까지 데리고 죽음으로 몰고 간 앞의 엄마보다 훨씬 더 불행했습니다. 소냐 카슨은 글자를 모르는 문맹에다 세상 물정도 모르는 흑인 엄마였습니다. 그래서 전과범 남편을 의지하며 살다가 남편이 수감되는 바람에 이혼하고 혼자서 흑인 빈민가에서 끼니를 걱정하며 두 아이를 키웠습니다.

그런데 그녀는 두 아들을 얼마나 멋지게 키웠는지 모릅니다. 특히 그녀의 둘째 아들, 벤 카슨은 1987년 머리와 몸이 붙은 채 샴쌍둥이로 태어난 파트리크 빈더와 벤저민 빈더를 세계 최초로 분리하는 수술에 성공해서 기적의 손이라고 인정받는 외과 의사가 되었습니다.

기자가 "도대체 당신을 이렇게 훌륭하게 만든 힘은 무엇입니까?"라고 물었을 때 벤 카슨은 서슴지 않고 "우리 엄마"라고 대답했습니다. 자신의 엄마는 글자 하나 모르는 문맹이었지만 날마다 우리를 보고 "남들이 할 수 있으면 넌 더 잘할 수 있어."라고 말했다는 것입니다.

사실 소냐 카슨은 하루 벌어 하루 먹는 생활이라 두 아들을 잘 돌볼 수 없었습니다. 위험한 빈민촌에서 살았기 때문에 아이들을 밖으로 내보낼 수 없어서 하루 종일 TV만 보게 내버려 두었습니다. 그래서 큰 아이는 초등학교 5학년이 될 때까지 구구단도 외우지 못해 저능아 취급을 받았고 친구들에게 놀림감이 되었습니다. 결국 그들은 불우한 환경 때문에 왕따가 되어 살아야만 했습니다.

그러던 중 소냐 카슨이 파출부로 나가는 집주인이 사랑 많은 기독교인이었는데, 집주인이 그녀에게 하나님을 소개했습니다. 그 후 소냐 카슨은 아이들을 잘 양육하는 방법을 찾기 위해 기도를 시작했습니다. 어느 날 기가 막힌 응답을 받았습니다. 기도 중에 "아이들을 도서관에서 키우라"는 응답을 들은 것입니다.

그 후 아이들에게 학교 수업이 끝나면 도서관으로 가게 했고, 처음에 아이들은 그곳에서 뒹굴면서 지냈습니다. 한 번도 책을 읽어보지 못했던 아이들인지라 도서관에서 어떻게 지내야 할 줄 몰랐기 때문입니다. 그런데 시간이 지나자 사서의 도움으로 글을 알게 되었고, 책도 읽게 되었습니다.

이 습관이 다른 사람보다 앞서는 비결이 되었고 세상을 바꾸는 인생을 살게 해 주었습니다. 벤 카슨의 엄마는 자녀에게 긍정적이고 좋은 영향력을 끼친 것입니다.

여성이여, 본체로 돌아가라

본래 'healing'의 뜻은 'recovery' 혹은 'get back'이라는 의미를 담고 있습니다. 진정한 행복은 자신의 본질로 'get back' 할 때 이루어집니다. 여성을 만드신 그분의 목표대로 여성의 정체성이 돌아갈 때만이 진정한 회복이 일어나고 행복한 영향력을 세상에 펼치게 됩니다. 이것이 바로 여성에게 있는 리더십입니다.

월터 C. 라이트는 리더십을 "한 사람이 다른 사람의 태도, 비전, 가치에 영향을 미칠 때 그들 사이에 형성되는 관계"라고 말했습니다. 저는 성품을 "한 사람의 생각, 감정, 행동의 표현"(이영숙, 2005)이라고 정의내렸습니다. 그리고 저는 성품리더십이란 "한 사람의 성품이 다른 사람과의 관계 속에서 영향을 끼쳐 그 사람의 생각, 감정, 행동을 긍정적으로 변화시키는 영향력"(이영숙, 2005)이라고 부르게 되었습니다. 성품은 나와 다른 사람들과 관계를 맺어 나가는 데 가장 강력한 영향을 끼치는 리더십입니다.

따라서 여성에게 있는 리더십은 하나님의 성품으로 회복한 행복한 영향력으로 세상을 변화시키는 것입니다. 이 변화는 바로 여성 자신과 배우자 및 자녀, 친구와 동료 등 나와 가장 가까운 사람들부터 가정과 사회 그리고 하나님 나라에 이르기까지 창조하신 목적대로 회복시키는 귀한 영향력이 될 것입니다.

그런데 문제는 많은 여성들이 자기가 어디로 가야 할지 모른다는 것입니다. 어디로 돌아가야 할지 모르는 사람들이 돌아갈 데가 없다고 생각하기에 13층 옥상으로 가서 죽습니다. 자기 정체성을 찾지 못하고, 힐링이 안 된 사람들이 옥상으로 가서 자신의 소중한 생명을 던져 버립니다. 그런 선택을 할 수밖에 없는 삶의 무거움과 눌림이 있다는 것을 인정하고 안타까운 마음을 금할 수 없지만 또 다른 한편으로는 삶을 너무 쉽게 포기하는 것이 아닌가 하는 우려의 마음도 있습니다.

저는 우리나라가 청소년 자살률 세계 1위라는 실태를 접하면서 가장 큰 요인 중 하나가 자기 정체성을 찾지 못한 청소년들이 즐겨하는 컴퓨터 게임의 영향이라고 생각합니다. 요즘 아이들이 즐겨하는 게임들을 보면 다 자살을 시키거나 죽여 놓은 다음 부활시키는 것을 놀이처럼 만들어 놓았습니다. 이런 게임에 빠진 사람은 인생을 아주 가볍게 생각하게 됩니다. 누구든 자살시킨 후에 다시 살아나면 되는 것처럼 생각하기도 합니다. 의식 속에 한 번 죽었다가 다시 새롭게 태어나면 되는 줄 생각하는데 인생은 그렇지 않습니다. 다시 돌아올 수 없는 강을 건너는 것입니다. 인생은 한 번뿐입니다. 절대로 다시 태어나지 못합니다.

여성의 변화, 세상의 변화

이 책은 여성들이 함께 읽어가면서 '여성 성품리더십스쿨'을 열 수 있도록 돕기 위해 썼습니다. 그래서 더 이상 여성들과 자녀들이 죽음을 선택해 옥상으로 가지 않게 만드는 프로그램입니다. 이곳에는 행복한 사람들도 오셔야 하고, 문제가 있는 사람들도 와서 치유되고 회복되는 일들이 일어나야 합니다.

마음속으로 나는 어떤 존재인지 모르는 사람들, 내 안에 억눌려 있는 억압을 가지고 있는 사람들, 아직도 자기 인생의 해답을 찾을 길이 없다는 사람들을 초청해서 창조자가 주시는 마음으로 돌아가는 힐링과 그분께 받은 자신의 사명을 감당하는 리더십을 찾아 행복한 인생이 되게 하는 놀라운 역사가 시작되어야 합니다. 다시 말해서 한 번밖에 없는 인생을 어떻게 하면 우리를 창조하신 그분의 비전대로 살 수 있는지를 깨닫게 하고 자신의 진정한 정체성을 회복하여 행복한 영향력을 세상에 퍼뜨리며 살 수 있는 진짜 리더를 세우는 학교를 만들어 가도록 이 책을 출판하게 되었습니다. 그 학교는 어쩌면 여성 개인의 마음속에 세워질 수도 있고, 가정, 학교, 교회 그리고 사회 속에 세울 수도 있을 것입니다.

저는 이 책의 내용으로 한국의 좋은나무교회에서 '여성 성품리더십스쿨'을 만들어 12주 동안 힐링코스와 행복코스를 실천해 보았습니다. 1기 '여성 성품리더십스쿨'을 통해 엄청난 변화가 쏟아져 나왔고 2기를 진행해 가면서 여성이 변하면 가정과 사회가 변할 수 있다는 확신을 가지게 되었습니다. 저는 이 확신으로 사단법인 한국성품협회 성품연구과정 성품상담학 시간에 이를 소개했고 더 많은 여성 사역자와 지도자들을 양성할 필요성을 느끼게 되었습니다.

지금, 세상에서는 우리 자녀들이 죽어가고 있으며 가정이 병들고 사회가 우울증으로 시달리고 있습니다. 처음부터 하나님이 자신에게 주신 생명의 정체성을 찾지 못한 사람들은 피해의식과 열등감 많은 수동적인 사람으로 끌려다니면서 부정적인 영향력을 끼치는 사람들로 성장합니다. 그들의 허망한 마음들은 우울증, 인터넷 중독, 자살, 성폭행, 학교폭력, 왕따 등이 난무하는 현실을 만들어 도저히 눈 뜨고 볼 수 없게 합니다. 사람들은 그 원인을 많은 곳에서 찾으려 하고 비난하고 변명하지만, 저는 그 근본적인 문제를 '여성'으로 보았습니다. 여성이 병들면 가정과 사회가 병들고 나아가 국가가 병들기 마련입니다. 왜냐하면 여성은 생명을 잉태하여 출산하고, 생명을 세우는 어머니이기 때문입니다.

지금은 하나님을 가장 많이 닮은 우리 여성들이 하나님의 본질을 깨닫고 회복해야 할 때입니다. 여성의 정체성이 회복되어 잉태, 생명, 번성하게 하는 그분의 목적을 이루어야 합니다. 하나님의 성품을 닮은 여성들이 그 정체성을 회복하여 행복한 세상을 만들어 가는 것, 이것이 바로 하나님이 여성에게 주신 사명입니다.

여성 성품리더십의 모델, 성경 속의 여인들

저는 세상을 변화시킬 '여성 성품리더십'의 모델을 성경 속의 여인들 중에서 찾았습니다. 성경은 늘 저에게 새로운 지평을 열어 주는 열쇠였는데 이번에도 여성 성품리더십의 방법과 목표들을 역시 그 속에서 찾을 수 있었습니다. 이 세상을 창조하신 창조주 하나님은 이미 성경 안에 모든 해답을 담아 두셨기 때문에 저는 성경 속의 여인들을 찾아 만나보면서 12가지 성품으로 빛나는 여성 성품리더십을 완성할 수 있었습니다.

전국 각지에서 20~60대까지의 불특정 다수의 여성이 좋은나무교회에 모여 일주일에 한 번씩 12주 동안 만나면서 함께한 이 과정을 통해 여성의 성품이 변하면 가정과 세상이 얼마나 변할 수 있는지 그 가능성을 보게 되었습니다. 부모에게서 받았던 상처, 남편과의 갈등, 인터넷 중독, 과거의 우울한 자아상, 자신과의 갈등, 일상의 고난, 자녀의 문제, 영혼의 문제 등 수많은 상처들이 하나님의 성품으로 회복되는 모습을 지켜보는 감격을 누렸습니다. 그리고 그 속에서 새로운 희망과 열정 그리고 새로운 관계와 새 생명으로 탄생하는 순간을 보았습니다. 세상을 만드신 하나님의 성품이 얼마나 아름답고 놀라운 일인지, 그분을 기대할 때마다 많은 변화가 일어납니다.

먼저, 여성을 만드신 창조주이시자 그분의 목적대로 치유된 여성이 더 행복한 세상을 만들어 간다는 확신을 주시고, 이 모든 과정을 책으로 담아 세상에 내어놓을 수 있도록 허락하신 하나님 아버지께 감사드립니다.

사실 여성 성품리더십의 초안을 잡게 된 것은 2012년 가을, 남가주 사랑의교회 자녀 양육 사역팀 초청으로 시작된 '자녀 양육 세미나'에서였습니다. 남가주 사랑의교회 성품 세미나 첫날 아침, 하나님은 제가 준비해 온 강의 대신 새로운 차원의 성품 강의를 하기 원하셨고 마음에 주시는 대로 순종하여 강의를 바꾼 그날, 저는 하나님이 원하시는 성품 사역의 방향을 감지하게 되었습니다. 그 강의를 듣고 변화된 미주 여성의 간증들이 '성품 힐링'이라는 새로운 물꼬로 쏟아져 나왔기 때문입니다.

좋은나무교회와 남가주 사랑의교회에 진심으로 감사, 더 큰 감사를 드립니다. 두 교회의 협력이 저에게 큰 울타리가 되어 세상에 없는 새로운 개념의 혁신교육을 시작하게 했습니다. 좋은나무성품학교 스탭진들과 그곳의 성품 학위 연구과정 수강생들에게 감사를 드립니다. '성품 상담학'이라는 새로운 교육 속에 '성품 힐링'이라는 또 다른 창의적인 과정을 시작할 수 있었던 것은 같은 비전으로 꿈꾸는 동역자들이 있었기에 가능한 일이었습니다. 이 지면을 통하여 감사, 또 한 번 더 감사합니다.

또한 29년의 결혼 생활을 통하여 저를 진정한 '여성'으로서의 정체성을 회복하도록 도와주고 행복한 인생으로 초청해 준 남편 김기열 목사님께 진심으로 감사, 더 큰 감사를 드립니다. '여성'으로서의 사명의 길이 때로는 힘들었지만 후회하지 않고 걸어갈 수 있었던 것은 남편의 큰 격려와 헌신적인 지지가 힘이 되어 준 덕분입니다.

마지막으로, 이 책이 치유와 회복의 계기가 되어 진정한 행복을 누리는 여성들이 많아지기를 진심으로 기도하고, 축복합니다.

2013년 4월

이영숙

| 개정판 머리말 |

'여성을 위한 성품리더십'
개정판 출간을 기뻐하면서…

2013년도에 출간되어 많은 여성들을 위로하고, 변화시켰던 『여성성품리더십』(두란노)이 『여성을 위한 성품리더십』으로 개정되어 세상에 나오게 되었습니다. 그동안 『여성성품리더십』은 힘들고 고통 받는 여성들에게 진정한 행복을 찾아주는 다리(Bridge)가 되었습니다.

자신의 존재 자체에 대해 불확실했던 여성들, 여성이라는 이유로 불공정한 대우를 받고 피해를 당해야만 했던 여성들, 나는 아무것도 할 수 없다는 여성의 한계성 때문에 우울했던 여성들, 자녀와 가족들에게 더 이상 긍정의 빛을 비출 수 없다는 절망감에 사로잡혔던 여성들.

여성이기에 절망했던 사람들이 이 책을 통해 위로와 치유를 받았으며, 가정과 직장까지 회복되는 것을 보면서 여성의 영향력에 대해 다시 한 번 감탄했습니다.

여성의 선한 영향력은 세상을 변화시키는 리더십입니다. 여성의 좋은 성품은 이 땅을 행복한 세상으로 만드는 진정한 영향력이고, 이 영향력은 여성의 존재 속에 감춰진 창조주의 성품을 닮은 진정한 리더십입니다.

『여성성품리더십』은 개정하면서 『여성, 행복을 배우다』(2016)로, 다시 『여성을 위한 성품리더십』(2024)이라는 제목으로 바뀌었습니다. 여성이 좋은 성품으로 회복되면 자기 자신도 행복해질 뿐만 아니라, 가정과 교회까지 변화시키는 리더십이 생긴다는 것을 경험함으로써 '여성으로서의 진정한 행복'을 깨닫게 하는 책이기 때문에 결국 '여성을 위한 성품리더십'이라는 제목으로 바꾸게 된 것이지요.

이 책은 총 4부로 구성되어 있습니다. 1부 '행복을 찾는 여성들, 성품으로 힐링하라'는 성경 속의 여성, '하와, 사라, 한나, 마리아, 나오미'를 통해 '창의성, 기쁨, 순종, 긍정적인 태도, 감사, 인내'의 성품을 배우고 삶에 적용해 보도록 구성되어 있습니다.

2부 '치유된 여성들, 성품으로 행복하라'에는 성경 속의 여성, '리브가, 아비가일, 사르밧 과부, 삽비라, 마리아, 에스더'의 이야기를 통해 '배려, 지혜, 절제, 정직, 경청, 책임감'의 성품을 묵상하고 나와 주변 사람들에게 적용할 수 있는 내용이 담겨있습니다.

3부 '성품으로 나 마주하기'는 나의 내면을 들여다보고 상처와 아픔을 치유할 수 있는 방법들이 소개되어 있으며, 4부 '성품으로 부부 마주보기'에는 행복한 부부 관계를 위한 비밀 이야기와 대화법, Happy dating 프로그램이 소개되어 있어, 하나님 안에서 두 사람의 관계를 견고하게 세워갈 수 있습니다.

마지막으로, 『여성을 위한 성품리더십』을 주교재로 진행되는 '여성 성품리더십스쿨'은 여성의 정체성과 비전을 회복하고자 하는 여성들을 위한 힐링과 행복의 성품 수업(좋은나무성품학교 평생교육원 강의)입니다. 여성들이 하나님의 동역자로서 세상에 행복한 영향력을 끼칠 수 있도록 '진정한 행복'을 배우는 이 수업은 앞으로도 계속 진행될 것입니다.

이 책을 통해, 그리고 '여성 성품리더십스쿨'을 통해 전국 각지에서 뿐만 아니라 전 세계에서 여성들이 변하고 행복한 영향력을 펼쳐가는 시대가 열리길 바라며, 나아가 가정이 세워지고, 교회가 새로워지고, 이 땅에 하나님의 나라가 세워지는 변화의 물결이 일어나기를 간절히 소망합니다.

2024. 7. 15

산바람이 부는 신봉동 서재에서

이영숙 드림

"여성의 비전은 세상을 창조하신
창조주 하나님의 성품으로 돌아가는 것입니다.
여성의 사명은 자신이 속한 가정과 세상 속에서 만나는
모든 사람을 그 옆에 서서 힘낼 수 있도록 지탱해 주면서
행복하게 만들어 주는 것입니다."

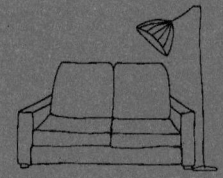

PART.1

행복을 찾는
여성들,

성품으로
힐링하라

저는 2012년, 남가주 사랑의교회 초청으로 '성품대화법'을 강의하기 위해 가벼운 마음으로 미국으로 떠났습니다. 성품대화법은 안 보고도 6강까지 술술 풀려지는 강의였습니다. 성품대화법은 한국에서 교회교육을 넘어 공교육에서까지 부모와 교사교육으로 확대되어 서울특별시교육청과 MOU(memorandum of understanding)를 맺었으며 초·중·고등학교 부모교육 강사까지 파견하고 있는 프로그램입니다. 그런데 우리 주님의 뜻은 저의 생각과 달랐습니다.

　강의 첫날 아침 기도 중, 주님은 너무나 강력하게 다른 강의를 해야 한다고 말씀하셨습니다. 갑자기 제게 무슨 강의를 어떻게 하라고 하시는 것인지 당황해서 동행한 연구원과 기도하면서 분명하게 말씀해 주시도록 요청했습니다. 그날 아침 우리는 기도 중 '성품 힐링'이라는 단어를 받았습니다. 그래서 준비해 온 모든 강의안을 보류하고 새로운 강의안을 만들 수밖에 없었는데, 그날 강의는 그동안 해온 저의 강의 차원을 뛰어넘어 주님께서 이 시대의 부모들에게 진짜 원하시는 하나님 아버지의 마음을 흘려보내는 시간이었습니다.

하나님 아버지는 부모인 우리가 먼저 하나님 아버지의 사랑으로 치유되기를 간절히 원하셨습니다. 그 강의를 통해 참으로 많은 하나님의 자녀들이 아버지 앞으로 돌아와 치유되는 모습을 지켜볼 수 있었습니다. 저는 마음속으로 이 시대의 부모들을 향한 창조주 하나님의 계획, 목적, 회복 그리고 놀라운 변화를 놓치지 않았습니다. 그렇게 미국에서의 시간을 마치고 '성품 힐링'을 해야 한다는 강한 결심을 마음에 품고 한국으로 귀국했습니다.

하나님께서는 저에게 '성품을 고치고 성품을 가르치는 사역'에 집중하라는 비전을 주셨습니다. 저는 그에 순종하여 이 길을 걸어왔습니다. 그리고 8년이 지난 2012년에 이제는 구체적으로 그 성품의 근원 되시는 하나님 아버지의 성품으로 치유하고 회복하는 '힐링'의 사역으로 들어가야 한다는 새로운 사명을 주신 것입니다.

저는 "부모 성품 훈련 프로그램"인 '성품이노베이션', '성품대화법', '성품훈계법' 등을 개발했습니다. 오래전부터 부담을 가지고 개발하여 많은 부모들에게 가르치게 된 결정적 계기가 있었습니다.

제가 30년 전에 설립한 밀알유치원이 개원 후 10여 년이 지난 어느 해, 막 여름 방학이 시작되던 즈음에 이상한 소문이 들리기 시작했습니다. 유치원 근처의 아파트에 사는 세 아들의 엄마가 아파트 16층에서 떨어져 죽었다는 소문이었습니다. 이 소문을 들은 후부터 '설마, 우리 유치원의 학부모님은 아니겠지.' 하는 마음도 있었지만, 세 아이 모두 밀알유치원에 보내며 때마다 저와 유치원 교육에 감사의 편지를 보냈던 엄마가 자꾸 생각났습니다.

아니나 다를까 여름 방학식 날, 세 아이 다 오지 않았고 그 아이들의 엄마와 통화를 시도했으나 연락이 안 된다는 담임들의 이야기에 더 걱정이 되었습니다. 며칠 동안 불안 속에서 기다려 보았으나 연락이 닿지 않아 그 아이들의 집으로 찾아 갔습니다. 그런데 이게 웬일입니까? 바로 그 엄마가 죽었습니다. 설마 했던 추측이 맞았던 것입니다. 그런데 그 엄마가 죽어야만 했던 이유를 아무도 모른다고 했습니다. 한의사인 남편도, 같이 살고 있는 시어머니도, 차와 밥까지 먹고 다니던 친한 엄마들조차도 그 엄마가 왜 죽음을 택했는지 모른다는 것입니다.

새벽에 일어나 집안을 깨끗하게 정리해 놓고 유서 한 장 없이 죽은 그 엄마의 아픔이 저에게 전해져서 잠을 이룰 수 없을 정도로 깊은 죄책감과 충격에 휩싸였습니다. '3년 동안이나 우리 유치원에 아이들을 보내면서 그런 큰 아픔을 드러내지 않았다니…' 가슴을 치는 안타까움과 충격은 이루 말할 수 없었습니다.

그래서 저는 그해에 개학하자마자 어머니 교실을 열었습니다. 그 모임에서 저는 말했습니다. "이 중에서 죽을 마음이 있는 사람이 있다면 죽지 말고 사세요. 죽으려는 마음 가지고 더 열심히 살아서 좋은 날을 만들어 보세요. 그래도 죽고 싶은 마음이 드는 사람은 나하고 차 한 잔 마시고 죽으세요."라고 했습니다. 그런데 놀랍게도 모임 중에 자살할 결심을 하고 마지막 엄마의 도리를 하려고 어머니 교실에 나온 엄마가 있었음을 알게 되었습니다. 계속된 만류에도 불구하고 증권 투자로 가산이 기울어지고 말다툼이 잦아지자 남편과 이혼하고 자신은 죽을 결심을 한 엄마였습니다. 구석에서 듣고 있던 그 엄마는 제 말을 듣고 자기 마음을 들킨 것 같아 깜짝 놀랐다고 했습니다. 그리고 차 한 잔 마시고 죽기로 마음먹은 것이었습니다. 그런데 제가 너무 바빠 차 한 잔의 만남이 이루어지지 않았다고 했습니다.

이 분은 만남을 계속 시도하다가 결국 새로운 의지가 생겼다고 했습니다. 그리고 시골 친정 오빠네에 가서 열흘 동안 깊이 생각하고 시골에서 제게 편지를 보낸 것이었습니다. 자신처럼 죽을 마음을 먹고 있는 엄마가 또 있을지 모르니 박사님을 공식적으로 만날 수 있는 모임이 있었으면 좋겠다는 제안을 했습니다. 저는 가슴을 쓸어내리면서 편지를 읽었고 부모들을 위한 '밀알 좋은 어머님들의 모임'을 만들어 매주 정기적인 부모 교육을 해오게 되었습니다. 그 모임이 이제는 '성품치유학교', '성품대화학교', '성품훈계학교' 등으로 이름이 바뀌어 지금까지 계속 이어져 오고 있습니다. 제가 쓴 책 속에 나오는 많은 사례가 그 모임에서 나온 것들입니다.

여성의 비전과 사명

오랫동안 그 모임을 진행해 오면서 깨달은 것은 여성에게는 위대한 힘이 있다는 것입니다. 여성을 만드신 하나님께서 여성에게 특별히 부어주신 비전과 사명이 있습니다. 여성에게는 관계를 파괴하기도 하고 풍성하게도 하는 영향력이 있습니다. 그것이 바로 여성에게 있는 리더십입니다. 리더십이란 '관계에서 형성되는 영향력'이라고 말할 수 있는데, 싫든 좋든 여성들은 리더십을 발휘하게 되어 있습니다.

하나님은 하와를 창조하시면서 '에제르 케네그도'(ezer kenegdo)라고 부르셨습니다. 우리말 성경에는 '돕는 배필'이라고 번역되었습니다.

"여호와 하나님이 이르시되 사람이 혼자 사는 것이 좋지 아니하니 내가 그를 위하여 돕는 배필을 지으리라 하시니라"(창 2:18).

현대어 성경에는 '도울 짝', '알맞은 짝', '돕는 배필' 등 다양하게 번역되었지만 그 표현만으로는 진정한 여성의 의미를 전달받기 어렵습니다. 히브리어 학자로 창세기 번역에 심혈을 기울인 로버트 올터(Robert Alter)는 이 구절을 원래의 뜻에 접근하기 위해 '아담의 옆에서 지탱해 주는 사람'이라고 번역했습니다. 존 엘드리지(John Eldredge)에 의하면 이 '에제르'라는 단어는 구약성경에서 21곳에서 사용되었는데 이 단어는 하나님을 가리키며 하나님이 우리를 위해서 '절실히' 간섭해 주어야 할 상황에서 사용되었다고 말합니다. 하나님이 우리의 '에제르'가 되어 구원자가 되셔서 우리 삶을 지탱해 주시는 원동력이 되어 주신 것처럼 여성에게 '에제르'라고 부르신 그 이유는 그분처럼 세상을 지탱할 힘이 되라는 비전을 담아 부르신 것입니다.

한편, '케네그도'는 '~곁에', '~의 맞은편에', '짝을 이루는'이라는 뜻입니다. 하나님이 만드신 '세상 곁에 서서 그들을 지탱할 힘을 공급해 주는 사람'이 바로 여성의 정체성이자 사명입니다. 하나님은 여성을 창조의 마지막과 완성작으로 만드셨습니다. 생명을 잉태하시고, 생명을 탄생시키고, 생명을 회복시키고, 생명을 치유하시고 생명을 번성케 하시는 창조주 하나님의 성품을 가장 많이 닮은 여성은 그 목적대로 회복되고 치유되어야 합니다.

특별히 한국 문화 속의 여성들은 한이 많습니다. 여성의 자아발견, 여성의 정체성 회복, 관계 소통은 이 땅의 여성들에게는 막힌 담처럼 생각되어 화병을 일으키기도 합니다. 그래서 아무리 유능하고 우수한 여성이라도 한국의 문화 속에서 건강하게 자기의 삶을 펼치기란 아직도 멀고 긴 여정입니다. 저는 이런 여성들을 회복시키지 않으면 우리나라가 망할 것 같은 위기감을 가지곤 합니다. 왜냐하면 여성들이 세상 속에서 눌려 있는 감정들을 자녀에게 폭발하기 때문에 그렇습니다. 유일하게 돌파구가 되는 대상이 남편이나 시댁, 친정이 아니라 자식입니다. 자식에게 분노를 쏟아 놓거나 지나친 집착을 보입니다. 그래서 한국의 많은 자식들이 희생양이 됩니다.

오늘날 우리나라는 학교 문화가 무너지고 있습니다. 저는 학교폭력이나 왕따 문제 등이 심각한 국가와 가정의 문제가 되고, 심지어 우울증 국가로 돌변하는 밑바탕에는 여성의 문제가 심각하게 자리 잡고 있다고 생각합니다. 건강한 여성, 행복한 어머니, 생명을 품어 주고 풍성하게 할 수 있는 이 땅의 여성들이 사명자로 일어나야 합니다. 여성들이 이 땅의 아픈 상처들을 창조주의 마음으로 끌어안고 기도하면서 덮어 주는 새로운 이름으로 불리어져야 합니다. 에제르 케네그도(ezer kenegdo), '아담 곁에 서서 그를 지탱하는 힘이 돼라'고 만드신 그분의 부르심을 따라 하나님 곁에 서서 가정과 교회와 세상을 붙들어 지탱하고 힘이 되어 주는 여성의 자리에 서야 합니다.

어느 날 예수님이 죽은 소녀를 보며 이렇게 외치셨습니다.

"그 아이의 손을 잡고 이르시되 달리다굼 하시니 번역하면 곧 내가 네게 말하노니 소녀야 일어나라 하심이라"(막 5:41).

하나님은 지금도 여성들에게 일어나라고 명령하고 계십니다. 지금은 여성 자신을 얽매이고 있던 아픔과 상처에서 회복하여 일어날 때입니다. 이제는 여성 자신의 상처를 뛰어넘어 세상을 치유하는 여성으로 일어나서 굳건하게 서야 할 때입니다.

힐링을 위한 6가지 성품

① 창의성 Creativity

모든 생각과 행동을 새로운 방법으로 시도해 보는 것
Trying different ways with new ideas.

② 기쁨 Joyfulness

어려운 상황이나 형편 속에서도 불평하지 않고 즐거운 마음을 유지하는 태도
Always having a happy heart without complaints.

③ 순종 Obedience

나를 보호하고 있는 사람들의 지시에 좋은 태도로 기쁘게 따르는 것
Following the instructions of others with a good attitude.

④ 긍정적인 태도 Positive Attitude

어떠한 상황에서도 가장 희망적인 생각, 말, 행동을 선택하는 마음가짐
Always choosing to have the best thoughts about something or someone.

⑤ 감사 Gratefulness

다른 사람이 나에게 어떤 도움이 되었는지 인정하고 말과 행동으로 고마움을 표현하는 것
Showing thanks for a helpful hand or a kind gesture.

⑥ 인내 Patience

좋은 일이 이루어질 때까지 불평 없이 참고 기다리는 것
Waiting in peace for a good thing to happen.

"보라 내가 새 일을 행하리니 이제 나타낼 것이라

너희가 그것을 알지 못하겠느냐

반드시 내가 광야에 길을 사막에 강을 내리니"

(이사야 43:19)

Chapter 1

창의성

"하와, '에제르 케네그도'라 불린 여성"

하나님이 꿈꾸신 여성

창의성
Creativity

모든 생각과 행동을
새로운 방법으로 시도해 보는 것

(좋은나무성품학교 정의)

창의성은 과학과 예술 분야에만 필요한 성품이 아닙니다.
어제보다 오늘 더 행복하고 유익하게 살기 위해 노력하는 작은 시도가
바로 창의성입니다. 모든 생각과 행동을 새로운 방법으로 시도해 보는 창의성은,
나 자신과 다른 사람 그리고 세상을 더 행복하게 만드는 성품입니다.

여성은 창조의 완성물이다

　많은 사람이 창의성이라고 하면 과학, 미술, 예술, 음악 등의 예술적 분야에 필요한 성품이라고 생각합니다. 하지만 창의성은 그 범위를 뛰어넘어 모든 삶에 두루 적용되는 성품입니다. 창의성이란 "모든 생각과 행동을 새로운 방법으로 시도해 보는 것"(좋은나무성품학교 정의)입니다. 어제보다 오늘을 더 유익하고 행복하게 살고자 작은 시도를 실천하고 노력하는 모든 것을 말합니다. 그리고 이런 일을 행하는 사람이 바로 창의적인 성품을 가진 사람입니다. 창의성은 모든 사람에게 유익을 주는 방향으로 사용되어야 합니다. 새롭게 시도한 일이 다른 사람에게 아픔을 주고 해가 된다면, 그것은 진정한 창의성이 아닙니다. 다른 사람들에게 유익이 되고, 내게 행복이 될 때 진정한 창의성이라고 할 수 있습니다.

창의성의 성품은 천지를 창조하신 하나님의 성품에서부터, 즉 태초에서부터 시작됩니다.

"하나님이 지으신 그 모든 것을 보시니 보시기에 심히 좋았더라"(창 1:31 상).

창의성은 모든 시작이 그러하듯이 보기에 심히 좋고 조화롭고 유익한 것이 특징입니다. 처음 세상을 만드신 하나님께서 "빛이 있으라!"고 말씀하셨습니다. 혼돈과 공허로 흑암이 깊었던 땅이 변하여 밝은 빛이 되자 하나님이 보시기에 참 좋았습니다.

"좋았더라! 심히 좋았더라!"

이것이 세상을 만드신 하나님의 첫 감탄사입니다. 그분은 출렁이는 물을 하늘과 바다로 나누셨습니다. 하늘에는 나는 새를, 바다에는 헤엄쳐 다니는 물고기들을, 땅에는 각양각색의 나무와 꽃과 열매를 만드셨습니다. 또한 여러 짐승을 만들어 땅에 채우니 온 세상이 풍성하고 아름다워졌습니다. 하나님은 또 "좋았더라!"고 감탄하시며 기뻐하셨습니다.

창조자이신 하나님은 자기 형상을 닮은 남자인 아담을 만드셨습니다. 그런데 왠지 아담이 쓸쓸하고 외로워 보였습니다. 처음으로 보시기에 좋지 않은 일이 생긴 것입니다. 그리하여 "사람이 혼자 사는 것이 좋지 아니하니"(창 2:18)라고 말씀하시면서 새로운 시도를 하십니다. 세상에서 가장 아름답고 위대한 탄생 계획입니다. 바로 여자를 만드신 것입니다. 위대한 창조자이신 하나님은 여자인 하와를 만드시고 비로소 세상이 조화롭게 완성되었음을 기뻐하셨습니다. 이처럼 여성은 마지막 창조물이자 창조의 완성입니다.

여성은 모든 피조물 중에 창조자이신 하나님의 형상을 가장 많이 닮았습니다. 아름다움, 따뜻함, 함께하는 사람 즉 동역자, 기쁨의 통로, 부지런함, 돕는 배필, 선한 영향력, 동정심, 긍휼 등 여성성 안에 담긴 성품의 특징들이 바로 창조자의 성품입니다. 하나님은 세상을 부지런히 돌보시고 그분의 마음을 그대로 흘려보내 줄 통로로 여자를 선택하셨습니다. 여자를 만드신 하나님의 목적은 여자를 통해 주위 사람들이 더 행복해지고 아름다운 세상이 되도록 하기 위함이었습니다.

여성의 창조 목적은 여성을 통해 옆에 있는 사람의 인생을 지탱하게 해 주는 것입니다. 여성이라는 존재는 돕는 배필보다는 훨씬 더 큰 의미가 있는 세상을 지탱해 주는 역할을 합니다. 바로 세상을 지탱해 주고 행복하게 살 수 있도록 힘을 주는 역할이라는 것입니다.

"우리는 그가 만드신 바라 그리스도 예수 안에서 선한 일을 위하여 지으심을 받은 자니 이 일은 하나님이 전에 예비하사 우리로 그 가운데서 행하게 하려 하심이니라"(엡 2:10).

그러나 불행히도 하나님의 창조 목적과 달리 여성은 19세기 이전에는 세상에 나가지 못했습니다. 여성에게 자기 전공이 어디 있습니까? 집안에서 살림이나 잘하고 아이나 잘 키우면 된다고 했습니다. 저도 성장기뿐만 아니라, 심지어 성년이 되어 결혼할 때도 많은 어려움을 겪었습니다. 시어머님께서 "너 대학원 나와서 뭐 하니? 나는 잘난 며느리 원하지 않는다. 우리 아들 밥이나 잘해주면 된다."고 하셨을 때 많이 고민하고 갈등이 되었습니다.

결국 저도 인생 50년이 넘어서야 여성으로서의 성품리더십을 정립할 수 있었습니다. 여성은 무슨 일을 할 때마다 가정에서는 아이를 키우고 자녀를 돌보며 시부모님과의 관계 속에서 남성보다 더 많은 위기와 갈등이 있을 수 있습니다. 서양 문화 속에서 자란 여성들과는 달리 한국 문화 속에서 자란 여성들이 하나님이 주시는 비전과 사명을 따라 산다는 것이 훨씬 더 어려울 수 있습니다.

더욱이 한국에서는 주변 문화적인 요소들이 여성을 난처하게 만들 때가 많습니다. 우리나라 문화 곳곳에 악한 영들이 인생을 어둡게 하고 번성하지 못하게 합니다. 특히 여성은 하나님이 각자 지으신 창조 목적대로 사는 것을 엄청나게 방해하려는 영들 속에 눌려 삽니다. 우리나라는 오래 전부터 샤머니즘이 강했고 하나님 없이 유교의 영향을 받은 생각들이 오랫동안 길들여진 땅이기 때문에 그렇습니다. 이렇게 우상을 섬겼던 곳의 제일 목표는 여성의 정체성을 공격하는 것입니다.

또한 아프리카와 아프가니스탄의 일부 지역 여성들의 인권은 지금도 심각하게 유린당하고 있습니다. 여성에게 인격적인 대우를 하지 않습니다. 여성이 인간으로서 쾌감을 느끼는 생식기의 중요한 곳을 8세만 되면 절단하는 곳이 있습니다. 그것을 누가 하는지 아십니까? 부모들이 허락하고 남자들이 합니다. 여성이 여성으로 존중받고 여성으로 기뻐하고 행복을 느끼는 것을 세상이 싫어합니다. 왜 그럴까요? 어둡고 부정적인 악한 영들이 공격하고 있기 때문입니다. 여성은 하나님께서 세우신 창조의 목표가 있습니다. 하나님은 여성을 동역자로, 하나님을 도와서 세상을 지탱하고 힘을 주는 존재로 하나님의 성품을 가장 많이 닮은 피조물로 계획하셨습니다. 하나님은 여성을 자신의 동역자로 세워 생명을 잉태하는 자 그리고 그 생명을 키우고 번성하게 하는 자로 여성을 창조하셨습니다. 악한 영은 여성을 죽이고 없애면 또 여성을 병들게 하면 하나님의 창조 목적을 흔들 수 있다고 생각합니다. 그러면 이 세상은 어둠, 흑암, 공허가 가득 찰 수 있다는 것을 눈치챈 것입니다.

보십시오. 지금 우리가 그런 시대에 살고 있지 않습니까? 통계에 의하면 우리나라의 아이들이 하루에 49명씩 스스로 목숨을 끊고 있다고 합니다. 이것은 다른 사람 탓이 아니라 여성인 우리 어머니들의 탓입니다. 여성들이 바르게 'get back' 되어 창조의 본체로 회복되고 하나님의 정체성으로 회복되면 세상은 변화될 수밖에 없습니다.

만일 우리가 하나님의 창조성을 실현하지 못한다면 우리를 향하신 하나님의 마음이 이 땅에 전해지는 일이 멈추게 됩니다. 그렇게 되면 이 세상은 점점 혼돈과 흑암 가운데 처하게 되고 우리의 가정이 깨지고 자녀들이 힘든 세상을 살아가게 될 것입니다. 반대로 여성의 마음이 회복되면 우리 가정 역시 하나님의 창의성으로 가득해지고 남편과 자녀들이 행복해질 것입니다. 여성 한 사람이 바뀌면 마을 공동체, 학교, 사회, 우리나라가 바뀝니다. 그런데 우리는 여성의 중요한 역할을 망각하고 그 역할을 제대로 수행하지 못하고 살고 있습니다.

이제 여성들이 새롭게 바뀌고 결단할 때입니다. 하나님께서 수치와 제한을 두기 위해서 여성으로 만드신 것이 아닙니다. 하나님은 창조의 동역자와 완성자로서 이 땅에서 하나님이 주시는 생명들을 생육하고 번성하게 하고 하나님의 나라를 만들기 위해서 여성들을 세우신 것입니다. 이제부터 여성으로서 가지고 있던 운명적인 굴레를 버리셔야 합니다. '여성의 성품리더십'은 이 땅에 있는 많은 여성을 회복시킬 것입니다. 여성의 자아정체성에 대한 용납이 건강한 자존감을 만들어 세상에 행복한 영향력을 끼치게 될 것입니다.

우리 여성은 이제 창의성의 문으로 들어서서 새로운 생명을 품고 빛을 내야 합니다. 빛, 생명, 풍성한 삶이 여성으로부터 시작될 수 있습니다. 하나님께서 빛과 생명을 만드시고 풍성한 삶을 허락하신 것처럼 말입니다.

우리는 하나님의 창조 목적대로 다시 회복되어야 합니다.

"도둑이 오는 것은 도둑질하고 죽이고 멸망시키려는 것뿐이요 내가 온 것은 양으로 생명을 얻게 하고 더 풍성히 얻게 하려는 것이라"(요 10:10).

이 말씀을 통해 우리는 하나님이 예수 그리스도를 이 땅에 보내신 목적을 깨닫게 됩니다. 그런데 여기서 더 나아가 그 목적이 바로 우리 여성을 이 땅에 보내신 이유임을 알아야 합니다. 하나님은 예수님을 바라보신 것과 동일하게 우리 여성을 바라보고 계십니다. 생명이 살아 움직이게 하는 여성, 풍성한 삶을 살고 세상을 풍성하게 만드는 여성이 되기를 기대하고 계십니다. 하나님의 소망은 이 땅의 더 많은 사람이 여성들로 인해 행복해지고 아름답고 풍성한 삶을 살며 하나님 아버지의 마음이 여성들을 통해 더 많이 흘러넘치게 하는 것입니다.

앨리슨 래퍼의
창의성

　엘리슨 래퍼라는 한 위대한 여성 지도자가 있습니다. 1965년 영국에서 태어난 그녀는 팔다리가 기형인 선천성 희귀 염색체 이상이라는 병을 앓고 있었습니다. 부모의 사랑도 받지 못한 채 생후 6주 만에 거리에 버려졌고 보육원에서 자랄 때에도 괴물이라고 놀림을 받으며 눈물 속에서 비참하게 살았습니다.

　그러던 어느 날, 그녀는 장애가 있는 자기 몸을 아무리 부끄러워해도 현실이 바뀌지 않는다는 사실을 알게 되었습니다. 그리하여 자신의 모습을 부끄러워하며 숨어 사는 일 대신 창의적으로 자기가 할 수 있는 새로운 일을 찾기로 결심했습니다. 비록 팔다리가 없는 몸이지만 자신이 할 수 있는 일을 적극적으로 찾았습니다. 마침내 그녀는 자기가 가장 잘할 수 있는 일이 그림 그리는 것임을 깨달았습니다. 그녀에게는 손이 없었지만 좌절하지 않고 입과 발로 붓을 잡고 그림을 그렸습니다.

그때부터 사람들은 그녀를 주목하기 시작했고 마침내 미술대학에까지 진학할 수 있었습니다. 사람들은 더 이상 그녀를 비웃거나 놀리지 않았습니다. 엘리슨은 자신만의 세계를 구축하여 그 속에서 자신을 자유롭게 표현했습니다. 불편한 의수와 의족을 과감하게 벗어 던지고 오히려 자신의 장애를 그림 속에 담았습니다. 사람들은 그녀의 작품에 큰 감동을 받고 열광하기 시작했습니다. 자기 몸으로 누드 사진을 찍어 세상에 장애의 몸도 아름답다는 것을 알렸습니다. 임신 9개월째에는 영국 조각가 마크 퀸의 모델이 되기도 했는데 그 조각품은 영국 공모전에 입상하여 트라팔가 광장에 세워지기까지 했습니다. 그녀는 장애의 편견과 금기를 깬 위대한 예술가로 인정받으며 '2005년 세계여성상'(Women's World Awards) 여성 성취상을 수상했습니다.

앨리슨 래퍼는 늘 자신에게 이렇게 말하며 다짐하곤 했습니다.

"장애를 가졌다고 해서 골방에 틀어박혀 숨어 지내면 그건 나 자신을 보호하는 게 아니라 더더욱 나를 외롭고 슬프게 하는 일이야. 나는 내가 이 세상에 존재한다고, 내가 당신들과 다를 바가 없다고 외치고 싶어. 나를 알려야만 나는 존재할 수 있고 대우받을 수 있고 어쩌면 존경을 받을 수도 있어. 결국은 내 몫이야. 비난이든 존경이든 말이야. 나는 할 거야. 뭐든지 적극적으로!"

이처럼 기형적인 몸을 가지고도 그 모습을 사랑하고 세상에 당당히 나서기로 결심한 생각의 전환이 바로 창의성입니다. 새로운 생각과 방법으로 도전하는 사람에게는 '창의성'의 성품이 있습니다. 창의성은 자신의 모습을 용납하고 어떠한 상황에서도 새로운 생각과 행동으로 도전하는 힘을 줍니다. 그리하여 눈앞에 펼쳐진 어려움을 극복하고 자신감과 기쁨이 넘치는 삶을 살 수 있게 됩니다.

그런데 우리 가운데 많은 사람이 남들과 비교하며 자신을 부정적으로 바라보고, 흑암과 공허와 혼란 가운데서 벗어나지 못하고 있습니다. 너무 쉽게 좌절하고 포기하며, 나 자신을 단정짓는 것입니다. 그러나 창의성의 기회는 언제나 열려 있습니다.

"노(no)를 거꾸로 쓰면 전진을 의미하는 온(on)이 된다. 모든 문제에는 반드시 문제를 푸는 열쇠가 있다. 끊임없이 생각하고 찾아내라." - 노먼 빈센트 필
"어떤 일이든 할 수 있고 이루어진다고 마음먹으라. 그리고 그 방법을 찾으라." - 에이브러햄 링컨

많은 문제와 어려움 속에 있다면 낙심하지 말고 생각을 바꾸어 보십시오. 먼저 내 모습을 있는 그대로 인정하고 새로운 생각으로 창의적인 삶을 살아가는 것은 세상 앞에서 당당해질 수 있는 비결이 됩니다. 창의성의 성품은 오늘 내가 짊어지고 있는 굴레와 나의 발목을 잡고 있는 장애를 과감

하게 떨쳐 버리고 새롭게 모든 생각과 행동을 시도해 보는 것입니다. 그동안 나 자신을 제한했던 좁은 생각들을 버리고, 하나님의 창조 섭리와 목적을 깨닫는 여성이 되기로 결심하고, 창조주이신 하나님 앞에서 쉼을 누리고 기뻐하는 창의성 있는 여성이 되어 보십시오.

> "보라 내가 새 하늘과 새 땅을 창조하나니 이전 것은 기억되거나 마음에 생각나지 아니할 것이라 너희는 내가 창조하는 것으로 말미암아 영원히 기뻐하며 즐거워할지니라." (사 65:17-18하)

자기 용납이
창의성의
시작이다

　몇 년 전 제가 미국 산호세 지역에서 성품 세미나를 개최했을 때의 일입니다. 성품 내적 치유 시간에 유난히 눈물을 많이 흘리던 여인이 있었습니다. 집회를 마치고 나서 저는 그녀와 단둘이서 좀 더 깊은 이야기를 나누었습니다. 그녀의 깊은 상처는 부모로 인한 것이었습니다. 그녀의 부모님은 기대했던 아들에 대한 실망감을 그녀에게 내비쳤고, 또한 따뜻한 포옹이나 다정한 말 한마디 건네지 않았습니다.

　이로 인해 그 여인은 머리를 짧게 깎고, 남자 옷을 입고, 남자처럼 살았습니다. 그러면서 마음은 늘 남자로 태어나지 못한 것에 대한 아쉬움과 원망으로 괴로워했으며, 매사에 자신감이 없었습니다. 자신을 자랑스러워하지 않는 부모님의 시선으로 자신을 바라보았고, 자기를 수치스럽게 여기며 중년의 나이에까지 이르렀습니다.

그러던 차에 성품 세미나에 참석한 그녀는 여성으로서의 자신을 있는 그대로 받아들이는 '자기 용납'(The Acceptance of Oneself)을 시도했습니다. 놀랍게도 그녀는 이를 통해 진정한 기쁨을 맛보게 되었고, 내면의 자유로움을 느끼게 되었습니다. 그 여인은 유명한 헤어 디자이너였음에도 불구하고 자신을 꾸미는 데에는 전혀 관심이 없었는데, 자기 용납이 이루어진 후부터는 자기 모습을 멋지게 변화시켰습니다. 주변 사람들은 눈부시게 아름다운 모습으로 변화된 그녀를 보고 깜짝 놀랐습니다.

하나님은 우리 한 사람 한 사람을 딸이고 여성이어서 좋다고 말씀하십니다. 내가 소망으로 너를 만들었고 너를 키웠으며 아직도 너를 포기하지 않았다고 말씀하십니다. 너를 통해 하고 싶은 수많은 일들이 있다고 하시며 우리를 기대하십니다. 여성인 것을 감사하십시오.

이처럼 우리가 살아가면서 꼭 배워야 할 중요한 한 가지는 자기를 '용납'하는 것입니다. 여기에는 다음과 같은 용납이 포함됩니다.

- 내가 여성으로 태어난 것에 대한 용납
- 나의 부모님과 가족에 대한 용납
- 나의 재능과 외모에 대한 용납
- 나의 나이와 건강 상태에 대한 용납

- 내가 가진 한계성과 기질에 대한 용납
- 나의 비전과 사명에 대한 용납

자기 용납은 자신을 인격체로 인정하고 주체적인 삶을 살 수 있도록 이끕니다. 자유로운 인생으로의 첫 출발이 되는 것입니다.

"자기를 있는 그대로 받아들이는 자기 용납이라는 행위를 통하여 모든 것이 시작된다. 나는 내가 누구인가에 동의해야 한다. 나는 내게 주어진 제한을 받아들여야만 한다. 이러한 분명하고 용감한 용납은 모든 삶의 원칙을 마련해 준다." - 로마노 가르디니

만약 나의 나됨을 인정하지 못해 우울한 인생을 살고 있다면 창의적인 성품을 발휘하여 새로운 생각과 행동을 시도해 보십시오. 나의 현실을 받아들이고, 나의 지난 시간과 현재의 나됨, 그리고 앞으로의 모습까지도 끌어안고 위로해 주십시오. 내게 주어진 인생은 내가 살아내야 할 나 자신의 몫입니다. 그 인생을 내가 즐거워하지 않으면 누가 즐거워할 수 있겠습니까? 우리는 하나님의 목적을 가지고 태어난 중요한 존재입니다. 우리가 진정한 여성으로 거듭날 때 비로소 진정한 남성이 존재하고 진정한 세상을 바르게 만날 수 있습니다.

저는 사람들을 만나 상담과 성품 강의를 하면서 의외로 자신이 여성이

라는 점을 부정적으로 여기는 사람들이 많음을 알게 되었습니다. 그러나 여성은 하나님께서 만드신 위대한 창조 작품입니다. 여성은 축복 그 자체입니다. 하나님의 뜻을 이룰 수 있는 존재로 창조된 것이 여성입니다. 지금까지 여성이라는 자신을 용납하지 못했다면, 지금 당장 그 마음을 떨쳐버려야 합니다. 내가 먼저 부모님과 가족에 대해 용납하지 못하면, 새로운 출발을 할 수 없습니다.

지금까지 가져왔던 생각, 감정, 행동을 새롭게 변화시켜 보십시오 부모님을 원망하셨습니까? 새롭게 용서를 시도해 보십시오. 가장 좋은 용납은 용서입니다. 나 자신이 너무 무능력하다는 열등감에 휩싸였다면, 생각을 바꾸어 나 자신이 얼마나 하나님이 보시기에 아름다운 존재인지를 떠올려 보고 입으로 선포하십시오. 만약 건강이 안 좋거나 나이 듦에 대하여 용납이 되지 않는다면, 하나님이 창조하신 모습 그대로를 기뻐하고 누리십시오. 이때 새로운 삶이 시작되고 성숙해진 진정한 자아를 만나게 됩니다.

우리에게는 여성으로서의 비전과 사명이 있습니다. 여성의 비전은 세상을 창조하신 창조주 하나님의 성품을 닮아가는 것입니다. 여성의 사명은 자신이 속한 가정과 세상 속에서 만나는 모든 사람을 행복하게 만들어 주는 것입니다. 세상이 더 아름답고 행복해질 수 있도록 여성의 존재 가치를 분명하게 하는 것입니다.

끊임없이 자신을 아프게 하는 상처와 문제들이 여전히 우리를 괴롭히지만 우리는 자기 용납의 창의성을 통해 주께서 주신 새로운 지평으로 나아가야 합니다. 하나님께서 늘 우리 곁에 계시고, 아직도 우리 각자에 대한 무한한 계획을 가지고 계심을 기억해야 합니다. 그러면 어떤 한계나 약점도 문제 될 것이 없습니다. 하나님께서 우리를 가장 아름답고 위대한 창조물로 만들었기 때문입니다. 우리는 여성으로 태어난 것을 기뻐해야 합니다. 나의 모습을 있는 그대로 사랑해야 합니다. 모든 여성들은 이 세상에 존재하는 것만으로도 소중합니다.

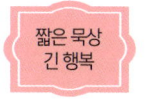

짧은 묵상
긴 행복

1. 자신이 여성을 만드신 하나님의 창조 목적대로 존재하는지 살펴보세요. 나 때문에 세상이 행복합니까? 아니면 더 불행합니까?

　

　

　

2. 나를 만드신 하나님은 나를 보시며 "좋았더라"고 말씀하십니다. 인생 가운데 하나님의 말씀처럼 "참 좋았더라"고 나 자신을 인정하고 칭찬해 주고 싶은 이야기가 있다면 적어 보세요.

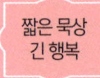

짧은 묵상
긴 행복

3. 여성성의 특징들을 얼마나 소유하고 있는지 살펴보세요.

매우 그렇다(3) 보통 그렇다(2) 아니다(1) 전혀 아니다(0)

* 나는 아름다움을 추구하고 나 자신을 아름답게 꾸민다. (   )

* 나는 따뜻한 인상을 가지고 있고, 만나는 사람들에게 따뜻함을 느끼게 하려고 노력한다. (   )

* 나는 모든 일에 부지런하고 내가 해야 할 일들을 찾아 열심히 보살핀다. (   )

* 나는 나 자신과 다른 사람들을 격려하기 좋아한다. (   )

* 나는 다른 사람에게 힘을 실어 주는 행동이나 말하기를 잘한다. (   )

* 나는 다른 사람을 말과 행동으로 도와주기를 잘하고 기뻐한다. (   )

결과

15점 이상인 여성 : 당신은 진정한 여성입니다.

14점 이하인 여성 : 진정한 여성이 되기 위해 조금만 더 노력하세요.

6점 이하인 여성 : 자신의 여성성을 창의성으로 바꾸도록 노력하세요.

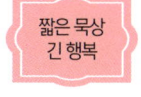

짧은 묵상
긴 행복

4. 세상을 창조하기 전에는 깊은 흑암과 공허와 혼란으로 가득했습니다. 지금 내 삶 속에서 겪고 있는 흑암과 공허함과 혼란스러운 것들은 무엇인가요?

5. 내가 지금까지 받아들이지 못하고 있었던 자기 용납의 한계는 무엇이었나요?

6. 자기 한계를 벗어나기 위해 발휘할 수 있는 창의성은 무엇이 있을지 생각해 보세요.

"항상 기뻐하라 쉬지 말고 기도하라

범사에 감사하라

이것이 그리스도 예수 안에서 너희를 향하신

하나님의 뜻이니라"

(데살로니가전서 5:16-18)

Chapter 2

기쁨

"하와, 고난을 기쁨으로 바꾼 여성"

고난 속에서 찾는 기쁨의 예배

기쁨
Joyfulness

어려운 상황이나 형편 속에서도
불평하지 않고 즐거운 마음을 유지하는 태도

(좋은나무성품학교 정의)

기쁨이란 행복하고 즐거운 상황에서만 존재하는 성품이 아닙니다.
역경과 고통 속에서 기쁨의 성품은 더욱 필요합니다.
나의 소원이 언젠가 이루어질 것이라는 소망을 포기하지 않는 사람은
현실의 갈등과 아픔들을 기쁨의 성품으로 승화시킬 수 있는
성품리더십을 소유한 지도자가 될 수 있습니다.

기쁨은
절망 속에서도
꽃을 피운다

    요즘 세상에는 우울하고 혼란스럽고 무서운 사건들로 가득합니다. 이런 어두운 세상에서 기쁨을 느끼며 산다는 것은 어찌 보면 불가능해 보이기도 합니다. 대다수가 주변 환경이 기쁘고 즐거워야 마음도 기쁠 수 있다고 생각하기 때문입니다. 하지만 진정한 기쁨은 상황에 있지 않습니다. 역경과 고통 가운데서도 기쁨은 존재하고, 그것이 더 소중한 생명으로 자리 잡게 됩니다.

    일반적으로 우리는 언제 기쁨을 느낍니까? 보통은 우리의 마음속에 있는 소원이 이루어지거나 새 생명이 태어날 때, 혹은 아이들이 건강하게 자라는 모습을 보면 자연스럽게 기쁨을 느낍니다. 그런데 또 다른 종류의 기쁨이 있습니다. 상황과 환경은 바뀌지 않은 채 여전히 고통스러운데 나의 생각을 바꾸어 기뻐하기로 마음먹을 때 오는 기쁨입니다. 또한 눈에 보이지 않던 커다란 존재의 기쁨을 깨달을 때 오는 특별한 기쁨도 있습니다.

미국의 럭비선수 하인즈 워드는 극심한 가난 속에 혼혈아로 태어나서 어릴 적부터 따돌림을 받으며 자라났습니다. 그런데 그의 어머니는 그에게 이런 말을 해주었습니다.

"너의 친절함을 친구들에게 보여 주렴."

하인즈는 럭비선수로 성공한 후 어머니의 말씀 덕분에 자신도 모르게 다른 사람에게 친절함과 배려를 베풀 수 있었고, 점차 웃음을 되찾아 구김살 없이 자라날 수 있었다고 회상했습니다.

현실을 보면, 우리 가정과 사회를 뒤흔들며 기쁨을 앗아가는 요소들은 매우 많습니다. 그러나 이럴 때일수록 우리는 특별한 기쁨의 성품을 되찾고 유지하기 위해 노력해야 합니다. 많은 기쁨에 대한 명언들을 마음속으로 조용히 음미해 보십시오. 이러한 명언들은 고난과 고통 가운데에서도 생각을 바꾸어 웃고 기뻐할 수 있게끔 용기와 힘을 주기도 합니다.

"슬픔은 혼자서 간직할 수 있다. 그러나 기쁨이 충만한 가치를 누리려면 그 기쁨을 누군가와 나눠 가져야 한다." - 마크 트웨인

"삶에서 기쁨을 찾는 것은 여성의 최고 화장품이다." - 로살린드 러셀

"기쁨은 절망의 절벽 속에서도 꽃처럼 피어날 수 있다." - 앤모로 린드버그

"아름다운 장미는 가시 위에서 피듯이 슬픔 뒤에는 반드시 기쁨이 있다." - 윌리엄 스미스

기쁨은
위기 때
빛을 발한다

최초의 여성 하와에게는 어떤 일이 있었을까요? 그녀에게는 과연 기쁨만 있었을까요? 그녀에게 고통스러운 상처와 아픔은 없었을까요?

하와는 하나님의 창조 완성체로서의 눈부신 가치를 발휘하는 존재였습니다. 왜냐하면 하나님께서 아담을 위하여 돕는 배필로 특별하게 지으셨기 때문입니다. 최초의 남자 아담은 기쁨으로 하와를 칭송했습니다.

"아담이 이르되 이는 내 뼈 중의 뼈요 살 중의 살이라 이것을 남자에게서 취하였은즉 여자라 부르리라 하니라"(창 2:23).

하와의 아름다움은 세상의 어떤 가치로도 바꿀 수 없었습니다.

그런 그녀에게도 위기와 갈등의 순간이 찾아옵니다. 창조주 하나님께서 친히 만들어 주신 완전한 평화의 에덴동산에서 그녀의 행복한 삶을 파괴하고자 대적하는 세력이 전략을 펼친 것입니다. 그리하여 하와의 삶 속에도 유혹과 거짓말이 다가옵니다. 슬프게도 하와는 그 유혹에 넘어가 거짓을 선택하게 되고 완벽한 행복을 선물해 주신 창조주 하나님께 불순종하는 죄악을 범합니다.

모든 인생에는 위기와 갈등이 있기 마련인데 그 속에서 빛을 내는 것이 바로 성품입니다. 좋은 성품이란 "갈등과 위기 상황에서 더 좋은 생각, 더 좋은 감정, 더 좋은 행동으로 문제를 해결하는 능력(이영숙, 2005)"입니다. 즉 좋은 성품이란 위기와 갈등을 겪고 있을 때 어떤 결정을 하느냐에 달려 있습니다. 하와에게도 성품을 테스트하는 시간이 다가왔습니다. 그녀는 자신의 연약함, 즉 먹음직함, 보암직함, 탐스러움(창 3:6)에 넘어가 창조주 하나님과의 약속을 깨뜨리게 됩니다. 그리고 남편인 아담에게까지 선악과를 먹게 하여 행복했던 하나님과의 관계를 깨뜨리게 만듭니다.

하나님은 사람을 만드실 때 만물을 다스리는 리더십을 부여해 주셨습니다. 그래서 하나님이 만드신 모든 사람은 크든지 작든지, 부정적이든지 긍정적이든지 서로에게 영향력을 주고받는 힘이 있습니다. 하와는 하나님의 창조 원리에 따라 영향력을 끼치는 성품이 있었습니다. 그러나 하와는 그 영향력을 자신뿐만 아니라 하나님과 남편 간의 관계를 깨뜨리고 파괴하는 데 비극적으로 사용했습니다.

여성인 우리는 세상의 누군가에게 영향을 끼치는 존재라는 사실을 잊지 말아야 합니다. 그리고 여성의 영향력이 공동체를 파괴하는 데 사용되지 않기를 기도해야 합니다. 오히려 여성의 영향력이 하나님의 나라를 건설하는 데 사용되고 사랑과 평화를 만드는 세상을 만들 수 있도록 기도해야 합니다.

오늘날 이혼하는 가정이 늘고 있습니다. 이혼은 하나님이 기뻐하시는 뜻이 아닙니다. 이혼의 분열로 오는 수많은 아픔과 고통을 다음 세대에까지 흘러보내지 않기 위해서는 자신의 여성성이 분열보다는 연합의 영향력을 발휘하여 가정을 봉합하는 데 쓰임 받을 수 있도록 기도해야 합니다.

그렇다면 왜 하와가 자신을 지으신 창조주와의 약속을 깨뜨리게 되었을까요? 그것은 그녀 안에 살며시 들어온 유혹 때문이었습니다. 어느 날 악의 세력인 뱀이 하와에게 다가와 선악과를 먹으면 하나님처럼 된다는 유혹을 던져 숨겨져 있던 하와의 욕심을 건드린 것입니다. 우리에게는 하나님을 향한 갈망이 있습니다. 하나님과 동행하고 싶고, 그분을 신뢰함으로 따라가려는 의지가 있습니다. 그러나 동시에 그런 선한 마음과 대립되는 욕심이 우리를 늘 갈등하게 만듭니다. 그래서 사도 바울은 이렇게 한탄했습니다.

"내 속사람으로는 하나님의 법을 즐거워하되 내 지체 속에서 한 다른 법이 내 마음의 법과 싸워 내 지체 속에 있는 죄의 법으로 나를 사로잡는 것을 보는도다 오호라 나는 곤고한 사람이로다 이 사망의 몸에서 누가 나를 건져내랴" (롬 7:22-24).

마침내 하와의 가정은 악의 세력인 뱀의 꼬임에 넘어가 보금자리였던 에덴동산에서 쫓겨나 하나님의 보호하심과 축복을 더 이상 누리지 못하게 되었습니다. 여기서 우리가 생각할 것은 그렇게 완벽한 축복 속에서 시작된 완전한 여성 하와가 왜 자신을 만드신 하나님의 말씀보다 뱀의 말을 듣고 저주받는 삶으로 전락하게 되었을까 하는 것입니다. 이것이 바로 우리가 찾아야 할 비밀입니다.

하와의 성품에는 분별력의 리더십이 부족했습니다. 분별력이란 "인간의 기본적인 양심을 기초로 하여 선악을 구별하는 능력으로 올바른 생활과 건강한 시민정신, 도덕적 행동을 위해 토대가 되는 덕목"(이영숙, 2005)을 말합니다. 그런데 이 분별력은 양심을 주신 하나님과의 친밀함 속에서만 성장하고 발휘됩니다. 최초의 여성 하와에게는 창조주 하나님과의 친밀함이 부족했습니다. 하나님보다는 꼬드기는 자, 속이는 영, 어둠의 영, 자신을 파멸시키는 목소리에 더 친밀감을 느낀 것입니다.

우리는 하나님의 창조 섭리에 의해 탄생된 위대한 존재입니다. 그런데 우리는 그 본질을 얼마나 깨닫고 있을까요? 우리의 본질을 제대로 알기 위해서는 하나님과의 관계가 친밀해야 합니다. 하나님과의 친밀한 관계를 유지하는 사람만이 분별력을 갖춘 리더십을 발휘할 수 있습니다. 분별력 있는 사람만이 인내, 책임감, 절제, 창의성, 정직, 지혜의 성품으로 빛나는 인생을 살게 됩니다.

예배자로 설 때
진정한 기쁨이
시작된다

이제 하와의 가정에 불행이 시작됩니다. 에덴동산에서 쫓겨난 그녀의 가정은 땀을 흘려 땅을 갈아 농사를 짓고 가축을 잡아 생계를 유지해야 했습니다. 그렇게도 사랑했던 남편 아담과는 "너는 남편을 원하고 남편은 너를 다스릴 것이니라"(창 3:16)의 갈등 구조 속에 들어갔으며 고통 속에서 자녀를 낳고 양육하는 수고를 다해야 하는 인생이 되었습니다.

그러나 더 큰 비극이 그녀를 기다리고 있었습니다. 큰아들 가인이 둘째 아들 아벨을 시기하여 들에서 돌로 쳐 죽여 버렸습니다. 완벽했던 하와의 가정이 살인자의 집으로 전락하고 말았습니다. 인생이 한순간에 이렇게 비참하게 될 수도 있는 것일까요?

그렇습니다. 축복 속에서 빚어진 하와의 인생이 죄로 망가지는 순간입니다. 하나님의 징계 속에서 힘들게 인생을 꾸려 나갔던 하와에게는 또 한 번의 큰 시련이었습니다. 그녀의 마음속에는 지울 수 없는 상처가 자리 잡게 되었고 눈부시게 웃던 얼굴에 그늘이 진 채 하와는 한숨과 눈물의 어머니가 되었습니다.

자식을 잃은 어머니의 심정은 어떤 말로도 표현하기 힘들 것입니다. 그것도 형제간의 싸움으로 큰아들이 동생을 죽인 가정의 어머니가 된 심정은 말할 수 없이 처참했을 것입니다. 그런 상황에 놓였을 때 하와는 하나님을 부르지 않았습니다. 처참한 상황에서 성경 어디에도 하나님을 예배했다는 이야기가 없기 때문입니다.

자녀들은 어머니의 음성을 들으면서 말을 배우고 세상을 배웁니다. 에덴 동산에서 쫓겨난 하와에게 있었던 상처들이 큰아들에게 고스란히 전수되어 큰아들 역시 분노와 시기심으로 가득 찬 아이로 성장하게 되었을 것입니다. 부모의 쓴 뿌리와 상처들은 이렇게 자녀에게 전수되어 더 큰 비극을 낳게 됩니다.

그런데 아름답고 찬란했던 그녀의 인생이 사그라지고 상처만 가득한 여인으로 전락하는 것 같은 그 순간 하와는 또 다른 기쁨으로 자기 삶을 재정비하게 됩니다. 바로 셋째 아들 셋을 낳은 것입니다. 그때부터 하와는 하나님의 이름을 다시 부르게 되었습니다(창 4:26).

셋째 아들 셋이 출생한 후 세상은 하나님의 이름을 다시 부르게 되었다고 성경은 증언합니다. 그것은 바로 셋의 어머니 하와가 다시 그 입으로 하나님을 찬양하고 예배하는 자가 되었기 때문입니다. 어머니의 말이 자녀의 말과 생각이 되어 나타나고 어머니의 노래가 자녀에게 평생 노래가 되어 남습니다. 여성이 예배할 때 자녀도 예배자로 성장합니다. 하나님께 예배드리는 자로 설 때 비로소 그 영향력이 세상으로 흘러가게 됩니다. 이것이 바로 부모의 영향력이자 어머니 된 여성들의 영향력입니다. 우리가 하나님을 예배할 때 자녀도 예배합니다. 그 예배 속에 다시금 여성의 정체성이 회복되는 것입니다.

하와의 기쁨은 하나님의 이름을 부르는 예배자로서 회복되었을 때 시작되었습니다. 기쁨의 시작은 "내가 얼마나 소중한지 알고 즐거워하는 것"(좋은나무성품놀이학교 정의)입니다. 저는 영유아기 성품학교인 캐비스쿨에서 이 점을 가르치고 있습니다. 진정한 최초의 기쁨은 자신이 누구인지 알고 즐거워할 때 시작됩니다. 하나님의 이름을 부르기 시작할 때 창조하신 인생의 목표를 찾을 수 있고 그 가치를 회복할 수 있습니다.

소중하고 완벽한 존재로 창조주 하나님의 목표와 계획 속에서 창조된 하와에게도 비극은 찾아왔습니다. 하와의 이야기는 하마터면 인생의 아픔과 고통 속에서 상처받고 쓰러진 한 여인의 이야기로 전락할 뻔했습니다. 하지만 하와는 그 속에서 다시 하나님의 이름을 부르는 예배자로 회복되어 진정한 기쁨을 소유하는 여인이 되었습니다. 다시 기쁨의 어머니, 여성의 성품리더십을 발휘하는 아름다운 여성으로 변화된 삶을 살게 된 것입니다.

기쁨이란 "어려운 상황이나 형편 속에서도 불평하지 않고 즐거운 마음을 유지하는 태도"(좋은나무성품학교 정의)입니다. 진정한 기쁨은 완벽한 환경 속에 있지 않습니다. 하와의 가정처럼 우리 가정에 갈등과 어려움과 분열이 일어난다 해도 우리가 하나님을 예배하는 자로서의 정체성을 가지고 있다면 기쁨의 성품을 회복할 수 있습니다. 참된 치유와 회복은 이 세상을 만드시고 여성을 만드신 창조주 하나님, 그분의 이름을 부르는 것에서부터 시작됩니다.

"또 여호와를 기뻐하라 그가 네 마음의 소원을 네게 이루어 주시리로다"(시 37:4).

상처를
치유하는
기쁨

    이제 우리는 하와의 상처에 대해 좀 더 자세히 살펴보겠습니다. 기쁨으로 창조된 그녀가 에덴동산에서 부족함 없이 살다가 어느 날 가죽옷 하나 걸치고 빈 몸으로 쫓겨났습니다. 그녀는 하나님과 단절되는 분리 경험의 상처를 간직한 채 임신하게 되었고, 그녀의 자녀들 역시 상처 속에서 자라게 됩니다. 하와가 느낀 상실감, 불안감, 비참함, 실패와 좌절감, 절망 등이 배속의 아이에게 영향을 미쳤을 것이기 때문입니다. 상처받은 부모는 자녀에게 또 다른 상처를 주기 마련입니다. 그래서 치유되지 않은 상처는 대물림 되어 또 다른 비극을 만듭니다. 하와의 큰아들인 가인이 둘째 아들 아벨을 시기심 때문에 죽인 사건은 하와의 가정을 다시는 회복될 수 없을 것 같은 처절한 비극으로 몰아갔습니다.

이런 점에서 여성의 상처는 우리가 생각하는 범위보다 훨씬 더 큰 파괴력이 있습니다. 여성의 상처는 가정의 상처가 되고, 자녀 양육의 걸림돌이 됩니다. 여성 자신의 깊은 상처를 치유하지 못하면 자녀 양육에 심각한 문제를 초래하게 되는 것입니다.

내 가정과 자녀 양육의 문제는 다른 곳에서 해결점을 찾으려고 노력하기보다는 여성으로서 자기 내면의 문제를 들여다보는 것부터 시작해야 합니다. 내가 먼저 상처에서 벗어나 치유되어야 행복한 가정을 이루고, 행복한 자녀 양육을 하게 됩니다. 그래서 여성의 상처는 결혼 전에 치유받아야 합니다. 생명을 잉태하기 전, 출산하기 전, 양육하기 전에 상처 치유는 필수입니다. 하나님이 주신 '돕는 배필'로서의 여성의 정체성을 회복하는 길을 찾아야 하는 것입니다.

그렇다면 인생에서 상처는 피할 수 없는 것일까요? 그렇습니다. 인생에서 상처는 필수적인 삶의 요소입니다. 상처 없이 살고 싶다면 세상 밖이나 죽음 이후에나 가능할 것입니다. 살아 있다는 것은 고난의 바다를 헤엄쳐 나가는 과정이고 날마다 또 다른 갈등과 위기의 연속입니다. 그러기에 우리는 삶 속에서 갈등과 위기가 있다는 것을 인정하고 사건과 사고를 만날 때마다 역경의 나이테를 늘려가면서 스스로 극복하는 과정이라는 것을 인지해야 합니다.

상처를 긍정적인 태도로 잘 극복하는 사람이 성공하는 인생을 살고, 이

상처를 극복하지 못하는 사람은 평생 부정적인 생각과 감정, 태도들 속에서 자신뿐만 아니라 또 다른 사람에게 고통을 주는 힘든 인생이 되어 좌절하게 됩니다.

상처 중에서 어린 시절에 받은 상처, 즉 인생의 초기 고통이 삶을 더 고통스럽게 하는 원인이 됩니다. 어릴 때 받은 상처는 자신의 또 다른 내면아이가 되어 성장한 어른이 되어서도 그 안에서 부정적인 영향력을 발휘합니다. 상처받은 사람들의 특징은 다른 사람과의 인간관계, 특히 결혼 생활이 고통스럽습니다. 왜냐하면 한 가정에 각기 다른 네 명의 사람이 함께 살고 있기 때문입니다. 어른이 되어 결혼한 부부는 각각 과거의 상처받은 어린아이를 내면에 안고 살고 있습니다. 그래서 어른 두 명과 내면의 어린아이 두 명이 함께 사는 것입니다.

당신의 인생 속에서 이미 펼쳐진 과거의 상처들은 우리를 지으신 하나님 앞에 가지고 나와 있는 그대로 인정하며 치유하는 기쁨을 경험해야 합니다. 기쁨이란 "어려운 상황이나 형편 속에서도 불평하지 않고 즐거운 마음을 유지하는 태도"(좋은나무성품학교 정의)입니다. 우리 인생의 고통스런 삶 너머에 우리 존재를 붙잡고 계시는 하나님 아버지에 대한 신뢰와 믿음을 회복하면서 진정한 예배자로 설 때 참된 기쁨을 맛볼 수 있습니다.

기쁨의 발레리나,
안나 파블로바

"넌 발레를 하기엔 너무 약해."

"이렇게 깡마른 몸으로 턴(turn)이나 제대로 할 수 있겠니?"

이런 말을 들은 발레리나에게 가장 필요한 것은 무엇일까요? 아이러니하게도 이 말은 역사상 가장 위대한 '전설의 발레리나'로 손꼽히는 안나 파블로바(Anna Pavlova)가 어린 시절 자주 들었던 말입니다. 그녀는 수많은 부정적인 평가 속에서 자랐습니다. 이런 말들은 아마도 많은 사람의 꿈을 좌절시켰을 테지요. 그러나 안나에게는 어려운 환경과 형편 속에서도 자신이 얼마나 소중한 존재인지를 아는 좋은 성품이 있었습니다. 오히려 이 말들이 자극제가 되어 연습에 더 매진하고 자신감 있게 무대에 설 수 있게 되었습니다.

안나 파블로바는 1881년 러시아 상트 페테르부르크에서 태어났습니다. 그녀의 어린 시절은 결코 평탄하지 않았습니다. 친아버지는 그녀가 태어나기도 전에 어머니를 버렸고, 서류상 가족이었던 양아버지는 그녀를 한 번도 사랑해 주지 않은 채 세상을 떠났습니다. 지독한 가난 속에서 자란 안나의 어린 시절은 참으로 고통스러웠습니다. 그러나 안나의 어머니는 딸에게 슬픔과 좌절 대신 기쁨을 주기 위해 끊임없이 노력했습니다. 기도를 통해 딸에게 용기와 희망을 주었고, 안나가 꿈을 잃지 않도록 그녀를 소중히 여겼습니다.

발레와의 첫 만남은 안나의 인생을 바꾸는 전환점이 되었습니다. 어머니는 크리스마스 선물로 안나에게 최고급 극장에서의 발레 공연 티켓을 구해주었습니다. 그날, 안나는 난생처음 '잠자는 숲속의 미녀' 공연을 보며 발레의 아름다움에 깊이 빠졌고, 발레리나가 되기로 결심했습니다. 어머니의 도움으로 러시아 황실발레학교에 어렵게 입학을 지원했지만, 너무 어리고 깡말랐다는 이유로 거절당했습니다. 그러나 안나는 포기하지 않고 몇 년 후 다시 도전해서 마리우스 프티파(Marius Petipa)라는 발레계 거장의 눈에 띄게 되었습니다.

안나는 발레리나로서의 치명적인 단점, 즉 약한 하체와 부정확한 턴 아웃(turn out) 등의 고질적인 문제를 안고 있었습니다. 다른 발레리나들이 쉽게 해내는 동작들을 안나는 따라 하기가 어려웠지요. 친구들은 그녀를 '빗자루', '미개인'이라며 조롱했고, 선생님들은 발레리나로서의 가망이 없다고 말했습니다. 하지만 안나는 어려운 상황을 불평하지 않았습니다. 그녀는 오히려 자신의 단점을 극복하기 위해 끊임없이 연습하며 스스로를 단련했습니다.

안나의 삶에 가장 큰 변화를 가져온 것은 스승 파벨 게르드트(Pavel Gerdt)의 조언이었습니다. 게르드트는 안나의 수많은 단점보다 탁월한 장점을 정확히 짚어주었습니다. "안나야, 이런 어려운 동작은 다른 발레리나들이 하게 내버려 두렴. 너보다 신체적으로 강한 무용수들을 절대 흉내 내지 말아라. 너는 '가녀리고 우아한 춤선'을 가지고 있어. 네가 가진 특별한 재능을 잘 살려서 너만이 출 수 있는 춤을 생각해 보아라." 이 조언은 안나의 인생을 바꾸는 계기가 되었습니다.

안나 파블로바의 상체 연기는 발레리나로서의 커다란 강점이었습니다. 게르드트의 조언대로 서정적인 춤과 우아한 연기를 강화하자, 안나는 무대에서 독보적인 존재감을 발휘하기 시작했습니다. '가녀린 거인'이라는 별명으로 불리며 첫 무대에서 일약 스타로 떠올랐습니다. '지젤', '잠자는 숲속의 미녀', '빈사의 백조' 등의 작품에서 섬세한 감정 표현으로 관객들을 사로잡았습니다. 안나의 발레는 그녀만의 시적인 표현력을 크게 인정받으면서, 누구도 대체할 수 없는 '안나만의 발레'로 자리매김했습니다.

안나 파블로바는 어려운 상황에서도 항상 발레에 대한 기쁨으로 가득했습니다. 그녀의 자신감은 어머니의 기도와 발레에 대한 사랑, 그리고 스승의 진심 어린 격려에서 비롯되었습니다. 안나는 자신의 강점을 최대한 살려 세계적인 명성을 얻었고, 당대 최고의 발레리나에게만 부여되는 '프리마 발레리나 앱솔루타'의 위치에 올랐습니다. 그녀의 발레는 러시아를 넘어 유럽, 미국, 인도, 중국, 일본 등 전 세계에서 큰 인기를 누렸습니다.

안나의 발레 인생은 19세기, 20세기를 넘어 오늘날까지 발레 역사에 중대한 영향을 미쳤습니다. 그녀는 발레의 대중화에 평생을 바쳤고, 제1차 세계 대전 중에도 발레를 통해 사람들에게 기쁨을 주었습니다. 안나의 세계 투어 기록은 50만 마일, 약 4,000회에 달했는데, 당시 항공 여행이 없던 시절을 감안하면 거의 매일 쉬지 않고 공연을 한 것이나 다름없는 어마어마한 기록이었습니다.

안나 파블로바의 발레는 단순한 '무용'을 넘어서는 '아름다움' 그 자체였습니다. 비록 49세의 짧은 생을 마감했지만, 마지막 순간까지 보여준 발레에 대한 기쁨과 열정은 사람들에게 큰 감동을 주었습니다. 안나는 자신의 단점을 극복하고, 강점을 통해 세계 무대를 아름답게 빛낸 '기쁨의 발레리나'로 많은 사람들의 기억 속에 남아 있습니다.

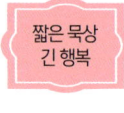

**짧은 묵상
긴 행복**

1. 왜 하와는 자신을 지으신 창조주와의 약속을 깨뜨리게 되었을까요?

2. 완벽한 여성의 정체성은 무엇일까요? 하와의 연약함이 어떻게 기쁨으로 회복될 수 있었는지 생각해 보세요.

3. 나에게 있었던 분리 경험을 기억해 보세요. 어떻게 대처해야 할까요?

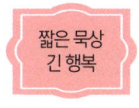

4. 숨겨 두었던 상처를 꺼내서 내 입으로 표현할 때 더 이상 그 문제는 내 안의 상처로 남아 있지 않습니다. 나의 이야기를 경청해 주는 신뢰와 안정감이 있는 그룹에서 발표해 보세요.

_____

_____

_____

"사무엘이 이르되
여호와께서 번제와 다른 제사를 그의 목소리를
청종하는 것을 좋아하심 같이 좋아하시겠나이까
순종이 제사보다 낫고 듣는 것이
숫양의 기름보다 나으니"

(사무엘상 15:22)

Chapter 3

순종

"사라, 더 큰 권위 앞에 순종한 믿음의 어미"

진정한 순종의 의미를 찾은 여성의 자리

순종
Obedience

나를 보호하고 있는 사람들의 지시에
좋은 태도로 기쁘게 따르는 것

(좋은나무성품학교 정의)

순종은 내 앞에 있는 대상에게 하는 것이 아닙니다.
그 권위를 내게 허락하신 더 크신 분께 대한 태도입니다.
순종은 굴복이 아닌 자유로운 인격자로서의 결단입니다.
순종은 나를 보호하고 있는 사람이 누구인지 알고 그 사람의 지시에
즉시, 완벽하게, 기쁘게 따르는 태도를 말합니다.
순종은 내 인생을 주관하시는 더 크신 분이 완전한 분이라는 것을
믿고 신뢰하는 믿음의 표현입니다.

믿음이 있어야
순종할 수 있다

만약 내 인생이 나의 것이라고 생각하고 그 뒤에 계신 하나님을 믿지 못한다면, 실패를 겪을 때 늘 자책하고 절망하게 될 것입니다. 그러나 하나님에 대한 믿음이 있는 사람은 인내하고 소망함으로 순종할 수 있습니다. 오늘날 순종을 제대로 가르치지 않아 많은 문제가 일어납니다.

사단법인 한국성품협회에서 만든 초등 성품교육 교과서가 서울의 각 초등학교에 창의적 체험 시간 교재로 들어갈 때 가장 문제 삼은 것이 '순종'이라는 성품입니다. 대부분 교장선생님은 순종을 가르친다는 것을 부담스러워하셨습니다. 왜냐하면 학생이나 학부모들이 '순종'을 가르치는 자체를 반발할 거라는 걱정 때문입니다. 그러나 그것은 진정한 '순종'의 의미를 모르는 것입니다. 하나님께서는 "자녀들아 모든 일에 부모에게 순종하라 이는 주 안에서 기쁘게 하는 것이니라"(골 3:20)고 말씀하셨습니다. 그만큼 자녀들에게 순종을 가르치는 일은 중요합니다.

순종할 수 있는 사람이 다른 사람과의 관계에서 성공할 수 있고, 무엇보다도 자기 인생을 수용하고 행복하게 성장할 수 있습니다. 진정한 순종은 자기 인생을 주관하시는 하나님의 뜻 앞에 자신과 사람 속에서 일어나는 모든 일들을 받아들이는 자세입니다.

언젠가 중국에서 성품세미나를 개최했을 때의 일입니다. 그때 한 여인이 다급하게 상담을 요청했습니다. 그녀는 남편이 회사 여직원과 부적절한 관계에 빠졌는데, 그 여직원이 자기가 살고 있는 집의 바로 옆집에 산다는 충격적인 이야기를 했습니다. 남편은 낮에는 옆집에 살고 있는 여직원과 함께 회사로 출근하고, 밤에는 집에 들어와 잠을 잔다는 것입니다. 그런데 아이들 때문에 이혼할 수도 없고, 남편은 이혼할 게 아니면 여직원을 받아들이라고 강요하는 바람에 어쩔 수 없이 옆집에서 이웃으로 살고 있다는 것이었습니다.

이런 일이 만약 나에게 일어난다면 어떻게 하겠습니까? 저는 그 여성에게 단단히 일렀습니다. 그 여자를 옆집에 두지 말고, 얼른 떼어 내라고 말입니다. 큰 몫을 떼어 주더라도 남편에게서 떨어지게 하고 아내의 자리를 꼭 지키라고 신신당부했습니다. 남편의 말과 행동보다 더 중요한 것이 그 가정을 향하신 하나님의 뜻이 무엇인지를 알고 용기 있게 행동하는 것이라고 말했습니다. 그 가정을 향한 하나님의 뜻은 가정을 온전히 보존하는 일이고, 남편과 아내의 위치를 창조적 원칙에 따라 회복하는 것입니다.

성경에도 이런 비슷한 일을 겪은 한 여인이 나옵니다. 바로 고대의 첫 족장인 아브라함의 아내 사라입니다. 그녀는 인생을 주관하시는 하나님을 향한 믿음과 신뢰를 붙들고, 남편의 어리석은 행동에도 순종하며 따랐던 지혜로운 여인이었습니다. 저는 근원적인 순종을 가장 잘 실천하며 살아간 여성을 성경에서 찾는다면 아브라함의 아내, 사라라고 말하고 싶습니다. 근원적인 순종이란 눈에 보이는 남편이 아니라, 그 위에 있는 권위인 절대자에게 순종하는 것을 의미합니다.

성경 속에서 사라보다 더 자유롭고 솔직하고 슬기로우면서 소신 있게 자신의 위치를 지킨 여인은 찾아보기 어렵습니다. 그녀는 남편인 아브라함의 전폭적인 지지를 받고 동등한 인격적 대접을 받은 아내가 되어 약속의 아들인 이삭을 낳은 어머니가 되었습니다. 또 이삭의 뒤를 이은 에서와 야곱의 할머니가 되었고, 야곱에 의해 사라는 이스라엘의 열두 지파를 이룬 시조들의 증조모가 되었습니다. 그리고 훗날 후손들에 의해 아브라함과 함께 믿음의 조상으로 칭송을 받는 여인이 되었습니다 (사 51:2, 갈 4:23).

사라는 무엇보다도 하나님으로부터 복을 받은 믿음의 어머니가 되었습니다. 하나님께서는 "하나님이 또 아브라함에게 이르시되 네 아내 사래는 이름을 사래라 하지 말고 사라라 하라 내가 그에게 복을 주어 그가 네게 아들을 낳아 주게 하며 내가 그에게 복을 주어 그를 여러 민족의 어머니가 되게 하리니 민족의 여러 왕이 그에게서 나리라"(창 17:15-16) 고 말씀하시며 친히 그녀의 위치를 세워 주셨습니다. 이렇게 하나님의 복을 받은 사라였지만, 그녀에게도 아픔이 있었습니다.

사라가 문제 앞에 당당하게 대처할 수 있었던 이유

사라는 남편의 넘치는 사랑을 받았고, 확고부동한 족장의 아내로서의 견고한 위치를 점하여 부족할 것이 하나 없는 삶을 살고 있었습니다. 그런데 딱 한 가지 아이를 낳지 못한 것이 흠이라면 흠이었습니다.

족장의 아내로서 후사를 이어야 하는 부담감은 매우 컸을 것입니다. 결국 사라는 인간적인 해결책을 짜내 봅니다. 자기 몸종을 남편에게 주어 아이를 낳게 한 것입니다. 그렇게 하면 자신의 문제가 해결될 줄 알았는데 더 큰 갈등이 생겼습니다. 이 몸종이 남편의 아기를 임신하게 되자 여주인을 멸시하고 업신여기게 된 것입니다. 이때 사라는 정면 돌파했습니다. 남편에게 직격탄을 날린 것입니다.

> "사래가 아브람에게 이르되 내가 받는 모욕은 당신이 받아야 옳도다 내가 나의 여종을 당신의 품에 두었거늘 그가 자기의 임신함을 알고 나를 멸시하니 당신과 나 사이에 여호와께서 판단하시기를 원하노라"(창 16:5).

이처럼 사라는 자기 생각을 분명하게 말할 수 있는 여성이었으며, 자기 비하나 열등감으로 끙끙거리기보다는 문제 해결을 위해 곧바로 뛰어드는 여성이었습니다.

지금도 사라와 같은 괴로움을 당하는 여성들이 있을 것입니다. 그런데 위기와 갈등에 이렇게 명쾌하게 부딪히는 사람도 없습니다. "당신과 나 사이에 여호와께서 판단하시기를 원하노라"(창 16:5) 하는 말은 그 상황에서 가장 영향력 있는 강력한 호소였습니다. 인간적인 정이나 편견이 아닌 분별력의 근원이 되시는 하나님 앞에서 문제를 해결하려 했던 것입니다. 평생을 하나님 앞에서 살려고 길을 떠난 남편 아브라함에게는 가장 강력한 도전이었습니다.

우리는 어떤 상황에서도 당당해져야 합니다. 왜냐하면 하나님께서 우리를 소중하고 귀하게 여기시기 때문입니다. 우리는 우리 자신을 하나님이 바라보시는 시각으로 존중할 줄 알아야 합니다.

드디어 남편 아브라함은 "당신의 여종은 당신의 수중에 있으니 당신의 눈에 좋을 대로 그에게 행하라"(창 16:6상)고 말했습니다. 그 후 사라는 하갈을 학대했고, 하갈은 참지 못하여 결국 도망치고 말았습니다. 사라가 문제의 근원을 쫓아낸 것입니다. 이렇게 함으로써 사라는 자신의 결혼생활을 지키고 유지할 수 있었습니다.

여기서 어떤 사람은 "어떻게 임신한 여자를 매몰차게 버릴 수 있는가?"라고 사라의 인격을 비판할 수도 있겠지만 그보다는 먼저 자기 위치를 당당히 지켜 낸 사라의 용기를 볼 줄 알아야 합니다. 가정과 자신의 위치를 지켜 나간다는 것은 세상의 어떤 가치보다 소중한 것이기 때문입니다. 그것은 가정을 허락하신 하나님의 뜻에 순종하는 태도입니다.

우리는 가정을 행복하게 지켜야 합니다. 남편과 아내의 위치를 지켜야 합니다. 그리고 부모와 자녀의 위치를 지켜 내야 합니다. 그것이 내 인생을 허락하신 하나님에 대한 믿음의 태도입니다. 때때로 결혼생활에 회의가 느껴지면서 후회가 되고, 나의 실수로 가정이 파탄 나게 된 것은 아닌지 고민하기도 합니다. 하지만 그런 생각들은 사탄이 즐거워하는 생각입니다. 우리가 아무리 실수한다 할지라도 하나님은 좋은 쪽으로 풀어주십니다. 하갈과 이스마엘 사건도 사라의 잘못되고 성급한 판단으로 이루어진 일이었음에도 불구하고, 하나님께서는 사라에게는 약속의 씨앗을 주셨고 반면에 하갈과 이스마엘도 보호하셨습니다. 사라가 저지른 실수를 좋게 뒤처리해 주신 것입니다.

그러므로 우리는 실수에 대해 두려워할 필요가 없습니다. 나 자신을 정죄할 필요도 없습니다. 하나님이 우리를 보호해 주심을 믿고, 창조적 원칙에 입각해서 하나님의 뜻을 용기 있게 구하며, 그 뜻에 순종하기만 하면 됩니다.

　인간적인 시각으로 바라보면 사라가 하갈에게 보여준 자세는 결연하고 매몰차기까지 합니다. 그러나 영적인 관점에서 사라의 태도는 하나님의 뜻에 따라 가정을 보호하고, 아내의 자리를 지키려는 믿음의 표현이었습니다.

　사라는 하갈의 문제 앞에 더는 인간적인 방식으로 타협하지 않았습니다. 가정을 위협하는 대상을 향해 다 포용할 수 있는 것처럼 위선을 부리지도 않았습니다. 많은 사람이 '좋은 성품'이라고 하면 '좋은 게 좋은 거지' 하는 편견에 빠집니다. 상황을 덮어놓고 억지로 이해하면서 속앓이하는 것을 좋은 성품으로 오해합니다. 중국에서 만난 여성도 처음엔 '좋은성품 세미나'라고 하니까, 남편과 이혼할 수는 없으니 상간녀를 받아들이는 '넓은 마음'을 배우는 것으로 잘못된 기대를 했습니다.

　그러나 옆집에 상간녀를 두고 아무렇지 않은 척 행동하는 것은 좋은 성품이 아닙니다. 남편의 문제를 무작정 덮어두고 타협하는 것은 순종의 성품이 아닙니다. 오히려 사라처럼 더 큰 권위이신 하나님께 순종해서, 아내의 위치를 지키고 가정을 회복시키는 결단이 순종의 태도입니다. 하나님께서 허락하신 가정의 질서를 때로는 용기 있게, 어느 때는 단호하게 지키는 것이야말로 올바른 순종입니다.

순종은
믿음이다

아브라함의 가족이 남쪽으로 이사를 하게 되었습니다. 이때 아브라함은 자기 아내가 너무 예뻐서 그 땅의 남자들이 자신을 죽이고 아내를 빼앗을까봐 걱정했습니다. 사라는 나이가 들어도 여전히 예쁜 여자였던 것입니다. 걱정에 휩싸인 아브라함은 아내에게 이렇게 제안합니다.

"하나님이 나를 내 아버지의 집을 떠나 두루 다니게 하실 때에 내가 아내에게 말하기를 이 후로 우리의 가는 곳마다 그대는 나를 그대의 오라비라 하라 이것이 그대가 내게 베풀 은혜라 하였었노라"(창 20:13).

만약 우리라면 이런 남편을 위해 어떻게 행동하겠습니까? 아마도 남편에게 서운함과 배신감이 느껴져 또 다른 갈등이 야기되었을 것입니다. 그런데 사라는 아무 말 없이 그대로 남편의 말에 순종했습니다.

아브라함의 가족이 드디어 남쪽으로 이동하여 그랄 땅에 도착했습니다. 그 땅을 다스리던 왕 아비멜렉은 사라의 미모를 전해 듣고 사람을 보내어 그녀를 궁으로 데려옵니다. 아름다운 여인인 사라를 데려다가 후궁으로 삼으려 했던 것입니다. 사라는 자신을 보호해 주지 못하고 다른 남자의 품으로 보내는 남편을 원망하지 않고 묵묵히 시키는 대로 아브라함의 누이동생 역할을 잘 감당합니다. 그런데 그날 밤, 친히 하나님께서 아비멜렉 왕에게 나타나셔서 문제를 해결해 주십니다. 꿈에 나타난 하나님께서 사라에게 손대지 말고 돌려보내라고 말씀하신 것입니다. 매우 놀란 왕은 아브라함을 불러 금은보화를 선물로 주면서 사라를 돌려보내며 사과했습니다.

그렇다면 사라는 도대체 어떤 마음으로 남편의 부당한 요구를 그대로 순종했을까요? 사라가 큰 위기가 닥쳐도 남편의 말에 순종할 수 있었던 이유는 하나님을 향한 믿음이 있었기 때문입니다. 이미 이런 일이 일어나기 훨씬 이전에 하나님의 '약속의 말씀'을 받았고 위기와 갈등이 왔을 때 그 약속을 기억한 것입니다.

"하나님이 또 아브라함에게 이르시되 네 아내 사래는 이름을 사래라 하지 말고 사라라 하라 내가 그에게 복을 주어 그가 네게 아들을 낳아 주게 하며 내가 그에게 복을 주어 그를 여러 민족의 어머니가 되게 하리니 민족의 여러 왕이 그에게서 나리라"(창 17:15-16).

"여호와께 능하지 못한 일이 있겠느냐 기한이 이를 때에 내가 네게로 돌아오리니 사라에게 아들이 있으리라"(창 18:14).

사라는 이런 약속을 하신 하나님을 신뢰하고 믿었기 때문에 결혼생활의 문제와 갈등도 참고 기다릴 수 있었습니다. 남편 너머에 계신 하나님께서 자신에게 언젠가 아들을 낳게 하시고 복을 주어 여러 민족의 어머니가 되게 해 주실 것을 믿었던 것입니다.

일반적으로 어떤 상황이 이해되거나 납득이 될 때는 순종하기 쉽습니다. 그런데 우리 머리로는 이해가 안 될 때나 자기 생각이 더 맞는 것 같을 때는 순종하기 쉽지 않습니다. 그러나 이해가 되지 않는 상황에서도 하나님께 순종하는 것이 진정한 순종의 리더십입니다.

순종한다는 것은 권위를 믿고 있다는 표시입니다. 더 나아가 우리 앞에 주신 권위에 순종하는 태도는 그 권위를 우리에게 허락하신 하나님을 향한 신뢰와 믿음을 표현하는 것입니다. 다시 말해서 순종은 믿음입니다. 그리고 믿음이 있는 사람만이 자기 인생 앞에 순종할 수 있는 용기가 있습니다.

우리가 좌절하지 않고, 기쁨으로 인생을 살아갈 힘은 우리의 근원자 되시는 하나님께서 우리 인생을 단단히 붙잡고 계신다는 믿음에서 비롯됩니다. 그 믿음의 태도가 바로 순종으로 나타나는 것입니다.

사라가 순종하자 하나님은 사라에게 오랫동안 기다려 왔던 아들 이삭을 주십니다. 경수도 다 끊어지고 도저히 불가능하다고 생각할 때, 아들을 주셔서 그 약속을 성취하신 것입니다. 또한 하나님은 사라를 높이셔서 후손들이 믿음의 어머니로서 칭송하게 하셨습니다. 무엇보다도 사라는 하나님으로부터 복 받은 여인이 되었습니다.

많은 사람이 사라가 순종과 거리가 멀다고 생각합니다. 그런데 사라는 진정으로 순종할 줄 아는 리더십을 가졌습니다. 그래서 믿음의 어머니, 여러 나라의 어머니라는 칭호를 받을 수 있었던 것입니다. 하나님이 사라에게 축복을 주신 이유는 그 여인이 믿음으로 바라보고, 자기 가정을 지켜낼 줄 아는 사람이었고 자기 인생을 하나님 앞에서 지킬 줄 아는 여성이었기 때문입니다.

그저 단순하게 남편에게 순종하라는 것이 아닙니다. 남편 뒤에 계시는 하나님을 바라보며 순종하고, 남편이 올바로 설 수 있도록 도와주는 존재가 되어야 한다는 것입니다. 나의 배우자가 주 앞에 바로 설 수 있도록, 또 나의 자녀들이 믿음 안에서 순종하도록 가정을 용기 있게 잘 지키고 믿음의 어머니로서의 자리를 지켜내는 것이 진정한 '순종의 리더십'입니다.

성령의 음성에 순종한 코리 텐 붐 여사

내면의 목소리에 순종한 한 여인이 있었습니다. 그녀는 영화 <나치의 그늘>의 실제 주인공이자 「주는 나의 피난처」를 쓴 코리 텐 붐 여사입니다.

네덜란드에서 유대인 탄압이 있었을 때, 코리 텐 붐은 네덜란드 암스테르담 유대인 지역의 중심부인 할렘에서 태어났습니다. 아버지 카스퍼 씨는 날마다 성경과 기도로 코리 가족을 경건한 신앙생활로 인도했고, 가족 모두가 신앙 아래서 철저히 하나님을 경외하는 삶을 살았습니다. 그 가족은 독일 나치군이 네덜란드를 침공하여 유대인들을 학살하는 것을 그냥 보고 넘어갈 수 없어서 유대인들과 함께 고통을 당하며, 목숨을 걸고 그들을 숨겨 주고 보호해 줍니다. 유대인에 대한 탄압이 계속 심해지고, 나치가 기승을 부릴 즈음 코리 가족은 유대인들을 숨겨 주다가 도움 받은 자의 밀고로 발각되어 강제수용소로 끌려가게 됩니다.

그때 코리 텐 붐과 그녀의 언니는 독일의 나치 수용소에서 잔인한 핍박과 학대를 받았는데 그녀의 언니는 고문을 이기지 못하고 결국 세상을 떠났습니다. 그녀는 자기를 고문했던 독일군을 증오했습니다. 그러나 하나님께서는 그녀에게 주님의 복음을 전하도록 명령하셨고 그녀는 이 사명을 받아들여 순종했습니다. 독일군들도 관심과 도움과 치유를 필요로 하는 사람들이라는 것을 알게 된 그녀는 사랑과 진정한 용서를 통한 회복의 사역을 시작했습니다. 전 세계를 순회하면서 "원수를 사랑하라"는 제목의 간증 집회를 열었고, 그녀가 가는 곳마다 많은 사람들이 눈물을 흘리며 회개하고 주님께 나오는 것을 보게 되었습니다.

그러던 어느 날 독일의 한 교회에서 사랑과 용서에 대한 말씀을 전하던 때였습니다. 놀랍게도 그 강연 자리에는 나치 수용소에서 자신과 가족들을 가장 잔인하고 가혹하게 핍박했던 그 간수가 와 있었습니다. 독일인 간수는 그녀의 강연을 듣고 난 후 코리 텐 붐에게 다가와 용서를 빌었습니다. 순간 코리 텐 붐은 수용소에서 받은 수치와 경멸이 주마등처럼 스치고 지나갔습니다. 언니와 자신을 벌거벗겨 놓고 동물 취급을 했던 그 사람의 얼굴이 또렷이 기억되면서 분노가 치밀어 올라 온몸에 경련이 일었습니다. 그녀는 그때의 순간을 일기장에 이렇게 기록했습니다.

"그 순간 내 심장은 얼어붙는 것 같았다. 나는 '하나님, 저 인간만은 용서할 수 없습니다.'라고 고백했다. 그런데 그때 내 마음속에 번개같이 스치는 생각이 있었는데, 그것은 바로 하나님의 음성이었다. 하나님은 나에게 이렇게 말씀하셨다. '나는 네가 저 사람을 용서할 수 있느냐 없느냐를 묻고 있는 것이 아니라, 용서하겠느냐 안 하겠느냐를 묻고 있는 것이다. 용서하라는 것은 나의 명령인데 내 명령 앞에 순종하겠느냐 안 하겠느냐?'"

그녀는 강단 앞에서 이렇게 기도했습니다. '주님, 저를 도와주세요.' 그리고 그때의 순간을 이렇게 회상합니다. "그 순간 저도 모르게 그의 손을 향해 내 손을 내밀고 잡았습니다. 그때 전 믿을 수 없는 일을 경험했어요. 전기가 제 어깨로부터 시작해 팔을 타고 내려와 맞잡고 있는 그의 손으로 흘러가는 듯했어요. 제 눈에는 눈물이 흘렀고 진심으로 고백할 수 있었습니다. 네, 당신을 용서합니다."

용서하라는 명령 앞에 순종했던 코리 텐 붐의 기적 같은 이야기는 우리에게 큰 감동을 줍니다. 코리 텐 붐은 자기 내면의 목소리에 순종했습니다. 그녀는 "명령을 수행할 수 있는 능력은 성령에 의지한 순종을 통해서만 가능하다."라고 말합니다. 우리를 여성으로 부르신 하나님의 본연의 부르심 앞에 순종하고 우리가 좋은 영향력으로 세상 앞에 나아갈 때 세상은 변할 것입니다.

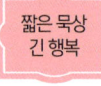

**짧은 묵상
긴 행복**

1. 사라의 결혼 생활에 찾아온 위기를 살펴보고 나의 결혼 생활의 위기는 무엇인지 생각해 보세요.

   _____
   _____
   _____

2. 사라가 자신의 결혼 생활에서 어떻게 그 위기를 극복할 수 있었는지를 찾아보고, 내가 본받아야 할 점을 찾아서 기록해 보세요.

   _____
   _____
   _____

우리가 좌절하지 않고, 기쁨으로 인생을 살아갈 힘은 우리의 근원자 되시는 하나님께서 우리 인생을 단단히 붙잡고 계신다는 믿음에서 비롯됩니다. 그 믿음의 태도가 바로 순종으로 나타나는 것입니다.

"여호와의 말씀이니라
너희를 향한 나의 생각을 내가 아나니
평안이요 재앙이 아니니라
너희에게 미래와 희망을 주는 것이니라"

(예레미야 29:11)

Chapter 4

긍정적인 태도

"한나, 긍정을 선택한 힘 있는 여성"

긍정적인 태도로 위기를 극복한 여성의 리더십

긍정적인 태도
Positive Attitude

어떠한 상황에서도 가장 희망적인 생각, 말,
행동을 선택하는 마음가짐

(좋은나무성품학교 정의)

긍정적인 태도는 성공을 만드는 필수적인 성품입니다.
환경이 악화되고 상황이 가장 나쁜 그때가 바로 이 성품이 빛날 때입니다.
생명을 낳고 양육하는 여성의 비밀은 여기에 있습니다.
어떠한 상황에서도 가장 희망적인 생각과 말을 선택하여 선포하고
가장 희망적인 행동을 선택하려고 결심할 때
비로소 힘 있는 여성이 됩니다.

기도는
가장 긍정적인
선택이다

우리의 인생에는 고난이 빠지지 않습니다. 아마도 고통과 고난을 느끼지 못한다면 그것은 죽은 사람이나 다름없을 것입니다. 한편으로 고난을 겪는다는 것은 우리가 건강하게 살고 있다는 증거가 됩니다. 다만 그 고난을 어떤 태도로 맞이하느냐가 중요합니다. 고난을 이기는 힘의 원천은 긍정의 힘을 보여 주신 하나님의 성품에 있습니다.

여성에게 '힘의 원천'은 긍정적인 태도입니다. 그런 의미에서 저는 긍정적인 태도로 자신의 역경을 극복하고 성공적인 삶을 살아낸 성경 속의 여성, 한나를 사랑합니다.

"그에게 두 아내가 있었으니 한 사람의 이름은 한나요 한 사람의 이름은 브닌나라 브닌나에게는 자식이 있고 한나에게는 자식이 없었더라"(삼상 1:2).

한나는 엘가나의 아내요 사무엘의 어머니였습니다. 한나는 원래 자녀가 없는 조강지처였습니다. 그리하여 가정 안에 위기와 갈등이 생겼습니다.

"여호와께서 그에게 임신하지 못하게 하시므로 그의 적수인 브닌나가 그를 심히 격분하게 하여 괴롭게 하더라"(삼상 1:6).

하지만 한나는 긍정적인 선택을 합니다.

"한나가 마음이 괴로워서 여호와께 기도하고 통곡하며"(삼상 1:10).

그리고 이렇게 서원합니다.

"서원하여 이르되 만군의 여호와여 만일 주의 여종의 고통을 돌보시고 나를 기억하사 주의 여종을 잊지 아니하시고 주의 여종에게 아들을 주시면 내가 그의 평생에 그를 여호와께 드리고 삭도를 그의 머리에 대지 아니하겠나이다"(삼상 1:11).

한나가 하나님께 기도를 드릴 때 고통 중에 있었습니다. 사랑하는 남편 옆에 다른 여자가 남편의 자식을 낳아 기르고 있었던 것입니다. 정작 자신은 남편의 사랑을 아낌없이 받고 있음에도 불구하고 자식이 없어 늘 고통을 받았습니다. 더욱이 그녀의 대적 브닌나는 그녀를 괴롭히고 격동하며 번민하게 했습니다. 한나는 이런 부정적인 상황에서 무엇인가를 결정해야만 했습니다. 부정적인 생각으로 포기하고 절망하면서 자신의 대적에게 머리를 숙이고 포기하며 살든지, 아니면 고통스러운 상황에서 탈출할 수 있는 길을 선택해야 한 것입니다.

한나는 그 상황에서 가장 희망적인 생각과 행동을 선택했습니다. 자신의 문제를 해결해 주실 분은 이 세상을 만드시고 인생을 주관하시는 하나님뿐이라는 것을 알고 있었기에 그분께 기도하기로 결심한 것입니다. 한나는 자신이 할 수 있는 가장 긍정적인 태도를 선택했습니다.

그녀는 한때 브닌나가 격동시켜 번민하게 할 때마다 울면서 밥도 먹지 않는 부정적인 선택을 하기도 했습니다. 그래서 남편은 "한나여 어찌하여 울며 어찌하여 먹지 아니하며 어찌하여 그대의 마음이 슬프냐 내가 그대에게 열 아들보다 낫지 아니하냐"(삼상 1:8하) 하면서 위로할 정도였습니다. 그런 그녀가 일어나 하나님의 전으로 나아갔습니다. 울며 통곡하면서 하나님께 서원 기도를 드리기로 작정한 것입니다.

기도는 우리가 할 수 있는 것 중에 가장 긍정적인 선택입니다. 기도는 우리를 지으신 하나님을 아는 것에서부터 시작됩니다. 한나가 남편만 믿고 살았다면, 남편에게 격동했을 것입니다. "당신이 내 인생을 책임져요! 나와 브닌나 중에 하나만 택하세요."라고 소리치면서 말입니다. 그런데 남편이 그 문제의 대안이 될 수 없습니다. 우리 인생의 대부분의 갈등은 남편이 아닙니다. 많은 여성은 남편을 기대합니다. 그런데 남편은 우리를 도와줄 조력자일 뿐입니다. 남편을 내 모든 문제의 해결자로 본다면, 거기서부터 비극이 시작됩니다. 우리의 해결자는 하나님이십니다. 한나는 그 대상자를 분명히 알고 있었습니다. 그래서 하나님께 기도하고 서원했습니다.

우리는 결심할 때 마음의 의지적 결단을 가지고 나아가야 합니다. '기도하다가 안 되면 말지.' 하는 생각을 가지면 아무 응답도 받지 못합니다. '하나님, 이 문제를 해결해 주세요. 그렇게 하시면 제가 이렇게 하겠습니다.' 하고 하나님께 의지적으로 기도하고 서원해야 하나님께서 그 기도를 받으십니다.

한나가 울면서 기도할 때 엘리 제사장이 그녀를 보고 술에 취한 줄 알고 다가옵니다. 그러나 그녀는 자신의 비통한 상황을 이렇게 말합니다.

> "한나가 대답하여 이르되 내 주여 그렇지 아니하니이다 나는 마음이 슬픈 여자라 포도주나 독주를 마신 것이 아니요 여호와 앞에 내 심정을 통한 것뿐이오니 당신의 여종을 악한 여자로 여기지 마옵소서 내가 지금까지 말한 것은 나의 원통함과 격분됨이 많기 때문이니이다 하는지라"(삼상 1:15-16).

한나는 자신의 부정적인 환경과 어려움을 분명하게 말했습니다. 그런 그녀를 보고 엘리 제사장은 "평안히 가라 이스라엘의 하나님이 네가 기도하여 구한 것을 허락하시기를 원하노라"(삼상 1:17)고 말했습니다. 그때 한나는 즉시 긍정적인 태도로 그 말씀을 받고 입으로 선포합니다. "당신의 여종이 당신께 은혜 입기를 원하나이다"(삼상 1:18)라고 말입니다. 그러고는 집으로 돌아가 다시는 얼굴에 근심의 빛이 없었습니다.

긍정의 원천은
하나님께 있다

 긍정적인 태도의 리더십은 어떠한 상황에서도 가장 희망적인 생각, 말, 행동을 선택하는 힘입니다. 그녀는 자신이 할 수 있는 가장 희망적인 생각을 했고, 가장 희망적인 말을 선택했으며, 가장 희망적인 행동을 실행했습니다. 그런 그녀에게 하나님은 약속대로 아들을 주셨고 한나는 자신이 서원한 대로 지켰습니다. 그러고는 자신을 극한 고통에서 건져 주신 하나님께 가장 긍정적인 태도로 노래를 불렀습니다.

 "한나가 기도하여 이르되 내 마음이 여호와로 말미암아 즐거워하며 내 뿔이 여호와로 말미암아 높아졌으며 내 입이 내 원수들을 향하여 크게 열렸으니 이는 내가 주의 구원으로 말미암아 기뻐함이니이다 여호와와 같이 거룩하신 이가 없으시니 이는 주밖에 다른 이가 없고 우리 하나님 같은 반석도 없으심이니이다 심히 교만한 말을 다시 하지 말 것이며 오만한 말을 너희의 입에서 내지 말지어다 여호와는 지식의 하나님이시라 행동을 달아 보시느니라 용사의 활은 꺾이고 넘어진 자는 힘으로 띠를 띠도다 풍족하던 자들은 양식을 위하여 품을 팔고 주리던 자들은 다시 주리지 아니하도다 전에 임신하지 못하던 자는 일곱을 낳았고 많은 자녀를 둔 자는 쇠약하도다 여호와는 죽이기도 하시고 살리기도 하시며 스올에 내리게도 하시고 거기에서 올리기도 하시는도다 여호와는 가난하게도 하시고 부하게도 하시며 낮추기도 하시고 높이기도 하시는도다 가난한 자를 진토에서 일으키시며 빈궁한 자를 거름더미에서 올리사 귀족들과 함께 앉게 하시며 영광의 자리를 차지하게 하시는도다 땅의 기둥들은 여호와의 것이라 여호와께서 세계를 그것들 위에 세우셨도다 그가 그의 거룩한 자들의 발을 지키실 것이요 악인들을 흑암 중에서 잠잠하게 하시리니 힘으로는 이길 사람이 없음이로다 여호와를 대적하는 자는 산산이 깨어질 것이라 하늘에서 우레로 그들을 치시리로다 여호와께서 땅 끝까지 심판을 내리시고 자기 왕에게 힘을 주시며 자기의 기름 부음을 받은 자의 뿔을 높이시리로다 하느니라"(삼상 2:1-10).

그러자 하나님께서는 한나에게 또 다른 자식을 허락하셨습니다. 무려 세 아들과 두 딸을 더 낳게 해 주셨으니 사무엘까지 합치면 4남 2녀, 총 여섯 명의 자녀를 낳아 양육한 어머니가 되었습니다.

여성이 고통 중에서도 생명을 낳고 양육할 수 있는 비결은 '긍정적인 태도'에서 비롯됩니다. 여성이 부정적이면 그 가정도 부정적으로 파괴됩니다. 그러나 긍정적인 태도로 여성의 리더십이 세워지면 불가능은 긍정의 기적처럼 변하고, 희망을 노래하는 가정으로 세워집니다. 이것이 바로 여성의 비밀입니다.

"긍정적인 태도는 진실로 꿈을 실현할 수 있다." - 데이비드 베일리
"얼굴을 활짝 펴고 다니면 절대로 불행이 오지 않는다." - 헬렌 켈러

그렇습니다. 긍정은 우리에게 매우 좋은 영향을 미치는 성품입니다. 긍정적인 생각과 태도는 우리의 삶을 한층 희망적으로 만듭니다. 그런데 인본주의 학자들은 긍정적인 태도를 이렇게 표현합니다. "모든 힘의 근원은 우리 안에 있다. 우리가 할 수 있다고 생각하고 모든 일에 의지적으로 임하면 우리 자신을 지킬 수 있고 더 강하게 만들며 뭐든지 할 수 있다."

그런데 긍정의 근원은 우리에게 있는 것이 아닙니다. 한나가 말한 것처럼, 우리 힘의 근원과 반석은 하나님께 있습니다. 한나가 긍정적인 선택을 할 수 있었던 근원은 바로 하나님을 분명히 알고 있었다는 것에 있습니다.

아직도 나만을 바라보고, 내가 모든 것을 해결하려는 생각 속에 빠져있다면 그 생각을 내려놓아야 합니다. 우리 인생의 구세주가 누구입니까?

긍정의 근원이요 우리의 반석이 되시는 하나님이십니다. 성경에서는 "모든 지킬 만한 것 중에 더욱 네 마음을 지키라 생명의 근원이 이에서 남이니라"(잠 4:23)고 말했습니다. 우리는 하나님께 집중하고 우리의 마음을 지켜야 합니다. 그럴 때 하나님께서 우리의 간절한 소망을 들어주시고 생명력 넘치는 삶으로 인도하실 것입니다.

긍정의 찬양 시인, 패니 크로스비

"예수께로 가면 나는 기뻐요. 걱정 근심 없고 정말 즐거워. 예수께로 가면 나는 기뻐요. 나와 같은 아이 부르셨어요."

교회학교에서 자주 부르던 이 찬양을 기억할 것입니다. 이 찬양을 부르고 있으면 걱정 근심이 다 사라지는 것 같습니다. 이런 긍정의 노래를 만든 사람이 바로 패니 크로스비입니다. 그녀는 생후 6주부터 시각장애인이 되어 아름다운 세상을 전혀 보지 못하고 살았습니다. 그렇지만 10,000여 편의 찬송 시를 쓴 세계 최고의 찬양 전도자이자 시인이었습니다. 그녀의 찬송 시 중에 '예수로 나의 구주 삼고', '나의 갈 길 다 가도록', '인애하신 구세주여', '주의 음성을 내가 들으니', '나의 영원하신 기업' 등 24편의 찬송가가 우리나라 찬송가에도 실려 있습니다.

패니 크로스비는 잘못된 약물 치료로 인해 실명을 하고 말았습니다. 가난한 집안에서 태어난 패니는 눈이 멀게 된 이후에도 제대로 된 치료를 받은 적이 없었습니다. 그녀의 아버지마저 한 살 때 세상을 떠나고 말았습니다. 패니의 어머니는 생활고에 시달리는 가족들을 보살피기 위해 일을 해야만 했습니다. 그런 어머니 대신 패니를 보살핀 사람은 바로 할머니였습니다. 패니는 항상 할머니와 시간을 보냈는데, 할머니는 패니에게 좋은 친구이자 선생님이었습니다. 할머니는 패니의 손과 발이 되어주었고, 패니가 비록 앞을 못 보지만 하나님이 창조하신 자연의 아름다움을 만끽하며 살아가길 바랐습니다.

할머니는 이런 소망을 담아 하나님의 모든 창조물에 대한 영감을 패니에게 불어넣어 주었습니다. 아름다운 꽃과 나무를 손으로 만져보고 코에 대고 향긋한 향기를 맡도록 해주면서 마치 자연의 아름다움을 패니가 눈으로 보는 것처럼 상세하게 설명해 주었습니다. 자연뿐만 아니라 할머니가 들려주는 성경 속 위인 이야기와 기적 같은 믿음의 이야기들은 어린 패니의 마음속에 깊이 새겨졌습니다.

성경책과 자연은 할머니에게 최고의 교육 자료였습니다. 패니는 어렸을 때부터 할머니의 교육 방법 덕분에 하나님의 말씀과 자연이 들려주는 소리를 경청하면서 오감과 상상력이 풍부한 시인이 될 수 있었습니다.

또한 할머니가 긍정적인 태도로 보여 준 헌신적인 교육의 힘은 앞을 못 보는 어린 패니에게 하나님을 향한 강직한 믿음을 소유할 수 있도록 도와

주었습니다. 시각장애인이 된 손녀딸을 보며 절망하고 슬퍼하며 부정적인 태도를 보이는 대신, 희망을 말하고 긍정적인 생각을 불어 넣어준 것입니다. 그런 할머니 밑에서 긍정적인 태도를 배운 패니 크로스비는 또 다른 긍정적인 태도의 리더십을 발휘하는 세계 최고의 찬양 전도자가 될 수 있었습니다.

그녀는 사람들에게 다음과 같이 말합니다.

"진실로 내가 믿기는 내가 육체적으로 어둠 속에서 살아야 한다는 것은 하나님의 찬양을 위함이요, 다른 사람들이 찬양하게 하기 위한 하나님의 뜻이라고 나는 믿습니다. 만약 나의 육신의 눈을 떠서 세상의 것으로 장애를 받았다면 내 어찌 그토록 많은 찬송 시를 쓸 수 있었겠습니까. 인생이 그다지 길지 않기에 설교를 듣지 않는 사람들에게 노래를 알게 하고 싶습니다."

긍정을 선택하는 어머니가 되라

여성들은 긍정을 선택하는 어머니가 되어야 합니다. 우리 아이들은 어머니의 긍정적인 태도에 큰 영향을 받으며 그것을 그대로 닮습니다.

한번은 미국에서 공부하는 둘째 아들에게서 전화가 왔습니다. 아들은 신이 나서 말했습니다. "엄마, 스피치 시간에 자기에게 가장 큰 영향력을 끼친 사람에 대해 이야기했는데요, 난 엄마 이야기를 해서 A^+을 받았어요."

아들은 자랑스러운 듯 이야기를 이어 나갔습니다.

"우리 엄마는 성품을 가르치는 사람인데 엄마에게서 긍정적인 태도를 배웠다고 했어요. 엄마가 성품을 가르쳤을 때 일어났던 일들, 제주도에서 코뼈가 부러졌을 때 팔, 다리는 안 다친 것이 얼마나 감사한지 모른다고 말한 이야기, 오줌 싼 것을 야단치는 아빠에게 '응가' 안 하고 쉬한 게 얼마나 다행이냐고 말했던 이야기, 교통사고가 났는데 몸은 다치지 않고 차만 고장나서 얼마나 다행이냐고 말한 이야기 등을 말했어요. 엄마가 가르치는 성품이 나에게 긍정적인 영향력이 되었다고 했더니 강의실에 있던 친구들이 다들 한바탕 웃으면서 좋아했어요. 게다가 교수님은 제 스피치가 많은 영감을 주었다면서 좋은 점수를 주었어요."

저는 아들의 이야기를 들으면서 멀리 떨어져서 공부만 하는 줄 알았던 아들이 엄마가 하는 일, 엄마에게 일어난 일들에 대해 아주 깊이 이해하고 있었고, 그것을 자기 삶에 적용할 줄 알고 있었다는 데 무척 놀라고 기뻤습니다. 이렇게 가정에서 일어난 부모의 일들은 우리도 모르는 사이에 자녀의 삶이 되고 더 나아가 자녀의 가치관이 됩니다.

가정의 비밀은 여성에게 있습니다. 여성이 긍정적인 성품으로 가정 안에 머물면, 그 가정은 긍정의 힘을 발휘하게 됩니다. 여성의 긍정적인 태도는 가정 안의 갈등과 아픔을 사라지게 하고, 웃음과 기쁨과 희망이 가득하게 만듭니다. 긍정적인 태도의 성품을 선택한 한나가 나중에 여섯 명의 자녀를 낳고 그의 자녀가 이스라엘 민족의 지도자가 되고 하나님의 선지자로 쓰임 받는 놀라운 가정이 되었던 것처럼, 하나님은 우리 여성의 상처와 아픔을 긍정적으로 사용하실 것입니다.

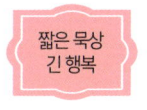

**짧은 묵상
긴 행복**

1. 한나처럼 고통스러워 말할 수 없는 나의 비밀은 무엇인가요? 오늘 긍정적인 태도로 자신의 문제를 해결했던 한나처럼 해 보세요.

   _____

   _____

   _____

2. 한나처럼 긍정적인 태도를 입으로 선포하고 가장 희망적인 행동을 선택해 보세요.

   _____

   _____

   _____

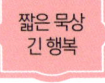

**짧은 묵상
긴 행복**

3. 나에게 있는 상처의 증세는 어떤 것들이 있나요? 이 강의에서 발견한 나의 상태를 짚어보고 나누어 보세요.

___

___

___

4. 나의 상태를 이제는 더 이상 방치하지 않겠다고 서원하세요. 말로 하는 서원은 긍정적인 태도를 실천하는 희망적인 행동입니다.

___

___

___

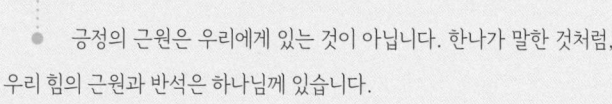 긍정의 근원은 우리에게 있는 것이 아닙니다. 한나가 말한 것처럼, 우리 힘의 근원과 반석은 하나님께 있습니다.

"하나님께서 지으신 모든 것이 선하매
감사함으로 받으면 버릴 것이 없나니"

(디모데전서 4:4)

Chapter 5

감사

"마리아, 감사로 행복의 문을 연 여성"

고난 속 감사가 위대한 이유

감사
Gratefulness

다른 사람이 나에게 어떤 도움이 되었는지 인정하고
말과 행동으로 고마움을 표현하는 것

(좋은나무성품학교 정의)

겪었던 모든 상처와 아픔 속에서 의미를 찾고
자기 수용을 통해 얻게 되는 성품이 바로 '감사'입니다.
자신을 있는 그대로 인정하고 존재에 대한 감사를 회복한 사람만이
다른 사람에게 눈뜨게 되고 주변의 크고 작은 사건과 사람들이
모두 자신을 성숙시키는 원동력이었음을 인정하게 됩니다.
존재에 대한 감사, 사건들 속에서 감사를 찾아내는 성찰력,
부정보다 긍정을 찾아내 감사로 표현하는 능력을 소유한 사람이
진정한 리더입니다.

감사는
선택이요
표현이다

간혹 부모의 원수를 갚겠다고 자기 삶을 분노와 복수심으로 채우며 살아가는 사람의 이야기를 접할 때가 있습니다. 그러나 그것은 제 살을 깎아 먹는 일밖에 되지 않습니다. 우리는 고통과 고난 가운데서도 감사할 수 있는 사람이 되어야 합니다. 비록 부모의 원수이자 심지어 나의 원수라 할지라도 그 때문에 오히려 성숙해질 수 있었다고 고백하는 사람만이 진정으로 감사하는 사람이요, 행복의 문을 여는 열쇠를 소유한 사람입니다.

감사는 저절로 찾아오는 것이 아닙니다. 우리가 결심하고 선택해야 느낄 수 있는 것입니다. 감사는 우리 삶 속에서 구체적인 말과 행동으로 표현해야 하는 선택입니다. 또한 그동안 겪었던 모든 상처와 아픔 속에서 의미를 찾고, 자기수용을 통해 얻게 되는 성품이 바로 '감사'입니다.

"감사함으로 그의 문에 들어가며 찬송함으로 그의 궁정에 들어가서 그에게 감사하며 그의 이름을 송축할지어다"(시 100:4).

하나님의 나라는 감사함으로 들어가는 행복의 문이기 때문입니다.

성경에 보면 예수님이 베다니라는 마을에 살고 있는 마리아의 집을 방문하는 이야기가 있습니다. 마리아는 오빠 나사로, 언니 마르다와 함께 살고 있었습니다. 예수님이 오신다는 소식을 들은 식구들은 기뻐하며 예수님을 위한 잔치를 준비했습니다. 자신들을 사랑으로 돌보아 주시는 예수님께 감사를 표현하고 싶었던 것입니다.

며칠 전 그들은 아주 엄청난 일을 겪었습니다. 오빠 나사로가 병들어 죽게 된 것입니다. 마르다와 마리아는 급하게 사람을 보내어 예수님께 속히 와 달라고 도움을 청했습니다. 그러나 예수님은 나사로가 죽고 난 뒤 삼 일이나 지나서 오셨습니다. 그때는 이미 무덤으로 옮겨진 다음이었습니다. 예수님은 돌문이 굳게 닫힌 나사로의 무덤을 향해 "나사로야, 나오너라."(요 11:43)고 말씀하셨습니다. 그러자 삼 일 전에 죽었던 나사로가 살아서 걸어 나왔습니다. 이 놀라운 기적을 보고 사람들은 예수님이 하나님의 아들임을 깨닫게 되었습니다.

이런 일을 경험한 마리아의 가족은 예수님이 다시 방문하시자 뛸 듯이 기뻤을 것입니다. 아침부터 나사로는 콧노래를 부르며 집 안을 청소하고, 마르다는 맛있는 음식을 장만하느라 정신이 없었을 것입니다. 그때 마리아는 아무도 몰래 예수님께 드릴 가장 귀한 선물을 준비했습니다.

잔치가 흥겨워졌을 때 마리아는 준비했던 비싼 향유를 가져와 예수님의 발에 붓고 자신의 긴 머리카락으로 예수님의 발을 씻겨 드렸고 온 집안이 향기로운 향유 냄새로 가득하게 되었습니다. 예수님의 제자 중 한 명인 가룟 유다는 이렇게 말했습니다.

"제자 중 하나로서 예수를 잡아 줄 가룟 유다가 말하되 이 향유를 어찌하여 삼백 데나리온에 팔아 가난한 자들에게 주지 아니하였느냐 하니 이렇게 말함은 가난한 자들을 생각함이 아니요 그는 도둑이라 돈궤를 맡고 거기 넣는 것을 훔쳐 감이러라"(요 12:4-6).

그러나 예수님은 마리아의 감사하는 마음을 기쁘게 받으셨습니다.

"예수께서 이르시되 그를 가만 두어 나의 장례할 날을 위하여 그것을 간직하게 하라 가난한 자들은 항상 너희와 함께 있거니와 나는 항상 있지 아니하리라 하시니라"(요 12:7-8).

사실 마리아가 드린 향유는 그 당시 꽤 값비싼 물건이었습니다. 평생 돈을 모아서 향유를 장만하여 본인이 죽었을 때 장례식에서 쓰는 향유입니다. 그래서 어떤 사람은 전 재산을 팔아 최고급 향유를 구입하기도 했습니다. 마리아는 이렇게 귀한 향유를 깨뜨려서 예수님께 드린 것입니다.

이처럼 감사란 자기에게 있는 가장 귀한 것을 예수님께 드리기로 결심하는 것입니다. 마리아가 표현한 감사는 예수님이 이 땅에 살아 계신 동안 마지막으로 받으신 귀중한 선물이 되어 훗날에도 아름다운 향기처럼 전해지고 있습니다.

감사란 고마움을 마음속에만 간직하는 것이 아니라 "다른 사람이 나에게 어떤 도움이 되었는지 인정하고 말과 행동으로 고마움을 표현하는 것"(좋은나무성품학교 정의)입니다. 가장 소중한 감사는 존재에 대한 감사입니다. 내 앞에 있어 주는 것만으로도 감사, 내 배우자가 되어 준 것에 대한 감사, 내 자녀가 되어 준 것에 대한 감사가 행복의 문을 열어 주는 열쇠입니다.

그중에서 가장 가치 있는 감사는 힘들 때 드리는 감사입니다. 절망의 상황에서 감사를 찾을 수 있는 사람은 희망을 노래할 수 있습니다. 그리고 진정한 감사는 지금까지 내가 이 세상에 존재한다는 사실 하나만으로도 감격하는 감사입니다. 어렵고 힘들 때 감사하는 사람이 승리하는 리더십을 소유합니다.

절망 속 감사가
가장 귀하다

 그렇다면 감사하는 사람은 어떤 사람일까요? 감사는 우리가 생각할 수 있는 것 중에서 가장 좋은 것들을 기억하는 능력입니다. 또한 내가 가지지 못한 것에 집착하지 않고, 가진 것에 감사할 수 있는 마음이 감사의 리더십을 발휘하게 합니다. 여러 유명한 위인도 감사에 대해 이렇게 말했습니다.

"가장 축복받는 사람이 되려면 가장 감사하는 사람이 돼라." - 캘빈 쿨리지

"감사하는 것은 우리의 마음속에 있는 좋은 것을 기억하는 것이다." - 장마시외

"내가 가지지 않은 것들을 불평하지 말고 내가 가진 것에 감사하라." - 에피

쿠로스

"가진 바 때문에 우리가 감사하는 것이 아니요 우리의 되어진 바로 인해 감사한다." - 헬렌 켈러

우리가 처한 안 좋은 상황이나 형편에 집중하다 보면 감사보다는 불평이 더 익숙해집니다. 저 역시 성품교육으로 바쁜 일정을 소화하기가 괴로웠던 순간이 있었습니다. 날마다 사람을 만나고 강의해야 하는 피곤함을 불평하기 시작했습니다. 제 안의 감사는 이미 사라지고 지쳐 있는 상태로 '왜 내가 이렇게 피곤하게 살아야 하느냐'고 원망하는 기도를 하나님께 드리고 있었습니다. 그때 하나님께서 제게 이렇게 격려해 주셨습니다. "나는 네 강의가 참 좋단다. 네가 강의할 때마다 네가 할 수 있는 최고의 예배를 드리고 있다고 생각하거라." 저는 그 순간 온 얼굴이 감사의 눈물로 범벅이 되고 말았습니다. 보잘것없는 한 사람의 강의를 절대자에게 드리는 최고의 예배라고 말씀해 주시는 하나님 아버지 앞에 엎드려 감사의 눈물을 흘리지 않을 수 없었습니다. 그 후 저는 강의할 때마다 감사의 문을 열고 하나님의 궁정으로 들어갑니다. 강의 장소에 도착하면 차 안에서 먼저 감사기도를 하나님께 드립니다. 강의하는 이 시간이 하나님께 드리는 최고의 예배가 되게 해달라고 의탁하는 기도와 함께 예배를 받으시는 하나님을 기대합니다. 이제 강의는 제가 하나님 아버지께 드릴 수 있는 유일한 향유 옥합이 되었습니다.

하나님께서는 어렵고 힘들 때일수록 감사하는 이들을 기쁘게 여기십니다. 그리고 놀라운 기적을 일으키십니다. 지금 자신이 드릴 수 있는 감사가 무엇인지 생각해 보십시오. 옥합을 깨뜨려 받기 원하시는 향유가 무엇인지 생각해 보십시오. 도저히 드릴 수 없다고 생각하는 것을 드리게 될 때 그 결단을 하나님께서 기쁘게 여기시고, 우리가 서 있는 자리를 향기로운 자리로 변화시키실 것입니다.

감사로
기적을 만든
이지선 씨

　스물세 살이라는 꽃다운 나이에 불의의 교통사고로 온몸에 3도 화상을 입은 여대생이 있었습니다. 바로 「지선아, 사랑해」의 저자인 이지선 씨입니다. 교통사고는 그녀의 삶을 단번에 벼랑 끝으로 몰고 갔습니다. 주변인들도 가망 없어 보이는 그녀를 보며 '이제 그녀의 인생은 끝이구나.'라고 생각할 정도로 그날의 사고는 끔찍했습니다.

　그녀는 녹아내린 피부와 절단된 아홉 개의 손가락, 그리고 입을 다물 수 없을 정도로 변형된 얼굴을 보며 깊은 절망감을 느낀 채 서른 번이 넘는 대수술을 감당해야 했습니다. 그래서 밤이 되면 유리창에 괴물처럼 비춰지는 자신의 얼굴을 보며 삶을 포기해야겠다는 생각도 했습니다.

화상 치료는 차라리 죽는게 낫다고 생각할 정도로 너무나 고통스러웠습니다. 그런데 이런 고통 속에서 그녀의 어머니는 매일 하루에 한 가지씩 감사할 제목을 찾아보자고 제안했습니다. 그녀는 감사는커녕 희망이라곤 찾아볼 수 없는 흉측한 자기 모습을 보며 원망과 불평거리를 쏟아냈고, 하나님이 자신을 하루빨리 데려가기를 원했습니다.

일 년이 지난 어느 날, TV 방송을 보던 그녀는 자기 또래의 예쁜 연예인들을 보면서 '난 더 이상 일 년 전의 스물세 살 여대생이 아니다.' 라는 현실을 깨닫게 되었습니다. 또 한 번의 절망을 느끼는 순간이었습니다. 하지만 그날 자신의 현실을 받아들이게 된 그녀는 교회에 가서 이렇게 기도했습니다.

"하나님, 하나님의 계획을 알고 싶습니다. 제 삶에 엄청난 일이 일어난 이 상황에서 저는 어떻게 해야 합니까? 저를 향한 하나님의 계획을 알려 주세요. 주님의 계획을 알면 제 삶을 포기하지 않겠습니다."

그런데 그때였습니다. 놀랍게도 그녀는 기도 응답으로 하나님이 자신을 사랑한다는 음성을 듣게 된 것입니다.

"사랑하는 딸아, 내가 너를 세상 가운데 세워 병들고 힘들고 약한 자들에게 희망의 메시지가 되게 할 것이다."

그녀는 마음속으로 자기 얼굴이 회복될 것이라는 응답을 받기를 원했을지 모릅니다. 하지만 하나님은 더 큰 희망을 보여 주시면서 그녀에게 용기를 부어 주셨습니다. 그날 이후 그녀는 자기 모습을 거울을 통해 정면으로 바라볼 수 있는 용기가 생겼고, 마음가짐 또한 달라지기 시작했습니다.

가장 먼저 한 일은 매일 감사할 제목을 찾는 것이었습니다. 어느 날은 제 발로 걸어서 화장실에 가는 것이 감사하고, 어느 날은 왼손으로 숟가락을 잡고 입에 밥을 넣을 수 있는 것이 감사했습니다. 또 어떤 날은 자신의 손가락으로 환자복 단추 구멍을 채울 수 있는 것이 감사하고, 딱딱해진 피부를 뚫고 처음으로 눈썹이 나게 된 것도 감사했습니다. 이렇게 그녀는 남들이 생각할 때는 아무것도 아닌 것처럼 생각되는 작은 것부터 감사하기 시작했습니다. 감사로 새로운 삶을 시작한 그녀는 인생의 큰 위기와 아픔을 겪고 있는 이들에게 '감사'의 위력을 잊지 말 것을 당부했습니다.

"저는 눈에 보이는 일들이 모두 나쁜 일 같아도 감사할 거리를 보게 됩니다. 감사가 가져다준 힘은 엄청났습니다. 제가 중환자실에서 피부가 없어 진물을 흘릴 때도 감사할 거리는 있었어요. 힘든 시간을 겪고 있다면 감사할 거리를 찾아보세요. 그리고 지금 상황이 힘들고 어렵다면 감사를 찾아 말로 표현해 보세요. 저는 지금도 힘들고 외로울 때면 감사제목을 찾아봅니다. '하나님, 호흡할 수 있는 것만도 감사합니다.'라고 말입니다. 감사는 기적을 만드는 습관입니다."

죽음보다 고통스러웠던 치료의 시간에 매일 감사의 제목을 찾았던 그녀는 삶 가운데 기적을 만들어 내며, 지금은 하나님의 약속처럼 많은 이들에게 희망의 증거가 되고 있습니다.

"사람이 얼마나 행복한가는 그의 감사하는 깊이에 달려 있다."- 존 밀러
"범사에 감사하라 이것이 그리스도 예수 안에서 너희를 향하신 하나님의 뜻이니라"(살전 5:18).

우리는 하나님의 뜻을 따라 매일매일 감사를 실천하며 살아야 합니다. 지금 우리의 환경이 어렵고 힘들더라도 작고 사소한 것부터 감사하기 시작한다면 우리의 삶은 행복으로 더 풍성해질 것입니다. 감사란 "다른 사람이 나에게 어떤 도움이 되었는지 인정하고 말과 행동으로 고마움을 표현하는 것(좋은나무성품학교 정의)"입니다. 한 가지씩 감사를 표현해 보십시오 행복의 기적은 그때부터 일어납니다.

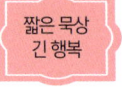

짧은 묵상 긴 행복

1. 마리아는 자신이 가지고 있는 가장 귀한 것으로 감사를 표현했습니다. 내가 가지고 있는 가장 귀한 것으로 감사를 표현할 대상을 생각해 보세요.

   _____
   _____
   _____

2. 감사는 작은 것에서부터 시작됩니다. 현재 나의 상황에서 찾을 수 있는 감사는 무엇인지 적어 보세요.

   _____
   _____
   _____

진정한 감사는 지금까지 내가 이 세상에 존재한다는 사실 하나만으로도 감격하는 것입니다.

"이 묵시는 정한 때가 있나니

그 종말이 속히 이르겠고 결코 거짓되지 아니하리라

비록 더딜지라도 기다리라

지체되지 않고 반드시 응하리라"

(하박국 2:3)

Chapter 6

인내

"나오미, 인내로 메시아 가문을 연 여성"

인내로 여는 하나님의 위대한 비전

인내
Patience

좋은 일이 이루어질 때까지
불평 없이 참고 기다리는 것

(좋은나무성품학교 정의)

좋은 일이 이루어질 때까지 불평 없이 참고 기다리는 태도를
가지고 있는 사람은 만족을 지연할 수 있는 능력을 갖추고 있는 리더입니다.
마음에 '소망'을 포기하지 않는 사람만이 '인내'할 수 있습니다.
인내란 지금 포기하고 싶은 그 순간을 참아내는 능력입니다.

하나님을 알 때 인내할 수 있다

　인생은 고해입니다. 아직 고통을 경험하지 않은 사람이라도 언젠가 이 고해의 인생을 경험하게 될 것입니다. 그러나 피하고 싶은 일, 어렵다고 생각되는 역경과 고난들이 모여 귀한 열매를 맺습니다. 고난이 없는 열매는 이 세상에 없습니다. 끝이 보이지 않아 피하고 싶은 그 순간, 딱 포기하고 싶은 그 순간을 불평 없이 참고 기다리면 성공하게 됩니다. 이처럼 인내란 "좋은 일이 이루어질 때까지 불평 없이 참고 기다리는 것"(좋은나무성품학교 정의)입니다. 이런 마음을 유지하는 사람은 소망을 포기하지 않고 어려운 순간을 참고 견딥니다.

　베들레헴의 한 여인인 나오미의 일생은 고통을 참고 견딜 때 하나님이 그 슬픔을 어떻게 기쁨으로 바꾸어 주시는지를 보여줍니다.

"사사들이 치리하던 때에 그 땅에 흉년이 드니라 유다 베들레헴에 한 사람이 그의 아내와 두 아들을 데리고 모압 지방에 가서 거류하였는데 그 사람의 이름은 엘리멜렉이요 그의 아내의 이름은 나오미요 그의 두 아들의 이름은 말론과 기룐이니 유다 베들레헴 에브랏 사람들이더라 그들이 모압 지방에 들어가서 거기 살더니 나오미의 남편 엘리멜렉이 죽고 나오미와 그의 두 아들이 남았으며 그들은 모압 여자 중에서 그들의 아내를 맞이하였는데 하나의 이름은 오르바요 하나의 이름은 룻이더라 그들이 거기에 거주한 지 십 년쯤에 말론과 기룐 두 사람이 다 죽고 그 여인은 두 아들과 남편의 뒤에 남았더라"(룻 1:1-5).

룻기 1~4장을 보면 시어머니인 나오미와 며느리인 룻의 이야기가 나옵니다. 우리는 보통 며느리인 룻에 초점을 맞추어 보는데, 여기서는 시어머니인 나오미에 대한 이야기를 나누어 보겠습니다.

　우리가 인내할 수 있는 것은 인내할 때 좋은 일이 이루어지기 때문입니다. 그러므로 인내란 믿음의 대상이 분명해야 합니다. 인내는 우리에게 소망을 주시고, 우리의 삶을 주관하시는 분이 누구인지를 알기 때문에 행할 수 있는 성품입니다. 우리가 좋은 일이 이루어질 때까지 불평 없이 참고 기다릴 수 있는 이유는 하나님께서 우리의 삶을 주관하고 계심을 알고 있기 때문입니다.

　룻기의 배경은 사사들이 치리하던 때입니다. 그 당시 이스라엘 땅에 흉

년이 들었습니다. 먹고 살기 힘들어진 나오미와 그녀의 남편 엘리멜렉은 두 자녀인 말론과 기룐을 데리고 모압 지방으로 이사를 했습니다. 하지만 그들을 기다리고 있는 것은 든든한 미래가 아니라 오히려 실망과 낙담뿐이었습니다. 남편 엘리멜렉이 죽고 홀로 남은 나오미가 두 자녀를 키우고 결혼시켜 며느리까지 맞이한다는 것은 쉽지 않은 일이었을 것입니다. 이제 행복해지나 싶었는데 이번에는 두 아들이 죽어 버리고 맙니다. 나오미라는 이름이 '기쁨'이라는 뜻을 가지고 있지만 기쁨은 온데간데없고 언제 끝날지도 모를 고통의 시기가 계속되었습니다. 이때 나오미는 이렇게 고백합니다.

"나오미가 그들에게 이르되 나를 나오미라 부르지 말고 나를 마라라 부르라 이는 전능자가 나를 심히 괴롭게 하셨음이니라"(룻 1:20).

이 말씀에서 '마라'는 '쓰다, 괴롭다'는 뜻으로, 그만큼 나오미의 고통은 이루 말할 수 없이 컸습니다.

불평 없이
인내하면 기적을
볼 수 있다

홀로 된 두 며느리를 데리고 10년이란 세월을 보낸 나오미는 고향으로부터 "여호와께서 자기 백성을 돌보시사 그들에게 양식을 주셨다"(룻1:6)는 소식을 듣습니다. 이때 나오미는 고향으로 돌아갈 결심을 합니다.

그 당시 모압의 풍습에 따르면 남편이 죽으면 며느리는 친정으로 돌아갈 수 있었습니다. 하지만 나오미의 며느리들은 시어머니와 함께 생활했습니다. 아마도 시어머니였던 나오미의 삶을 보면서 함께 있고 싶었나 봅니다. 연이어 닥친 불행 가운데서도 시어머니인 나오미가 든든하게 서있는 모습을 보며 의지하고픈 마음이 들었을지 모릅니다.

나오미는 유대 땅으로 가는 도중에 며느리들에게 "너희는 각기 너희

어머니의 집으로 돌아가라"(룻 1:8)고 말합니다. 왜 나오미는 베들레헴으로 돌아가던 중에 이런 말을 했을까요? 그것은 며느리들을 위한 인간적인 배려였습니다. 아직 젊은 며느리들이 집으로 돌아가 새 출발을 할 수 있도록 배려하면서 여호와께서 선대하시기를 원하는 마음을 담아 그들에게 권면한 것입니다. 이 말에 처음에는 며느리들이 완강하게 거부하지만 재차 설득하자 첫째 며느리인 오르바는 시어머니에게 입을 맞추고 떠납니다. 그러나 룻은 시어머니를 따라 하나님의 백성이 되는 길을 선택합니다.

베들레헴에 돌아온 두 사람은 보아스의 밭에서 이삭을 줍게 됩니다. 그리고 나오미는 보아스가 자기 집의 기업 무를 자임을 알게 되자 며느리 룻에게 이상한 제안을 합니다. 타작이 끝나는 날 목욕재계하고 예쁘게 단장해서 보아스가 잠자리에 들거든 슬그머니 그 이불 속으로 들어가서 동침하라는 제안이었습니다.

'기업을 무를 자'(룻 2:20)라는 말은 히브리어로 '고엘'이라고 합니다. 이 말은 '되찾다, 무르다, 구속하다'는 뜻을 가지고 있는데, 자기 형제나 가까운 친족이 어려움 속에 있을 때 곤경에 처한 친척을 구속해 주거나 보호해 줄 의무를 지닌 사람을 말합니다.

나오미는 며느리 룻으로부터 그동안 어떻게 보아스의 밭에 우연히 이르게 되었는지 또 마침 보아스가 밭에 이르러 룻에게 어떤 호의를 베풀었는지에 대한 이야기를 모두 들었습니다. 나오미는 보아스가 남편의 친족

중 하나라고만 생각했으나 점점 이 모든 일에 하나님이 개입하고 계시며 하나님의 깊은 뜻이 있음을 깨닫게 되었습니다. 나오미는 자기 남편과 아들들이 모두 죽어서 집안의 대가 끊겨 버리게 되었을 때 그 대를 잇는 방식으로 '기업 무를 자'의 제도를 기억하고 있었던 것입니다. 이것은 아브라함, 이삭, 야곱의 가족에게 허락하신 '언약의 대'를 잇는 하나님의 방식이었습니다.

룻은 시어머니인 나오미의 말에 순종합니다. 그리고 보아스는 룻에게 자신보다 더 가까운 친족을 만나보고 자신에게 순서가 돌아오면 룻을 책임지겠다고 말합니다. 그래서 룻과 나오미는 운명의 시간을 인내하며 기다립니다.

보아스는 약속을 지키기 위해 가까운 친족 한 사람을 만나러 갑니다. 그런데 혼자 만나는 것이 아니라 이스라엘 모든 장로를 불러 앉혀 놓고 증인을 세운 다음에 친족을 만납니다. 그리고 룻을 책임지겠냐고 물어봅니다. 그런데 책임지지 못하겠다는 대답이 돌아오자 보아스가 기업 무를 자가 되어 책임을 이행하기로 합니다. 그리고 친족이 신발을 벗어 보아스에게 줌으로 이를 증표로 삼았습니다. 이 행위는 많은 사람들 앞에서 친족이 룻을 차지할 권한이 없음을 뜻하는 것입니다. 그리하여 보아스가 장로들 앞에서 룻을 맞아들이기로 선포합니다.

사실 룻은 이방 여인이었습니다. 그때만 해도 이스라엘 민족이 아니면 개처럼 취급하던 시절이었습니다. 그런데 보아스가 용기 있게 과부가 된 이방 여인을 믿음으로 맞아들이게 된 것입니다. 그것도 모든 이스라엘의 보수적인 장로들 앞에서 합법적으로 룻을 아내로 맞이합니다.

보아스가 룻을 아내로 맞이하여 드디어 아들을 낳게 되자 베들레헴의 이웃 여인들이 나오미에게 찾아와 축복합니다. 이 모든 것이 인내의 결과였습니다.

> "여인들이 나오미에게 이르되 찬송할지로다 여호와께서 오늘 네게 기업 무를 자가 없게 하지 아니하셨도다 이 아이의 이름이 이스라엘 중에 유명하게 되기를 원하노라 이는 네 생명의 회복자이며 네 노년의 봉양자라 곧 너를 사랑하며 일곱 아들보다 귀한 네 며느리가 낳은 자로다 하니라"(룻 4:14-15).

여기서 "기업 무를 자가 없게 하지 아니하셨도다"라는 말은 룻이 낳은 아들이 법적으로 엘리멜렉의 가문을 이어 나갈 상속자가 되었다는 뜻입니다. 베들레헴의 이웃 여인들이 룻이 낳은 아들에게 이름을 지어 주면서 나오미에게 아들이 태어났다고 하여 그의 이름을 '오벳'이라 부릅니다(룻 4:17). 오벳은 다윗의 아버지인 이새를 낳았습니다. 그러니 오벳이 다윗 왕의 할아버지가 되는 것입니다. 그리고 이러한 다윗의 자손에서 주 예수 그리스도가 나왔습니다.

나오미는 모든 것을 잃어버린 사람이었습니다. 그녀의 인생은 불행해 보였습니다. 그러나 인생에 아무런 희망을 품을 수 없는 고통 가운데서도 그녀는 하나님의 섭리를 믿고 기다렸습니다. 매 순간 하나님의 약속을 기억하고 믿음의 결단을 내리자 하나님이 이방 여인 며느리 룻을 통해 감히 상상하지도 못한 엄청난 축복을 주셨습니다. 그의 가문은 훗날 메시아를 잉태하는 가문이 되었습니다. 이처럼 인내란 "좋은 일이 이루어질 때까지 불평 없이 참고 기다리는 것"(좋은나무성품학교 정의)입니다.

하나님께서는 "인내를 온전히 이루라 이는 너희로 온전하고 구비하여 조금도 부족함이 없게 하려 함이라"(약 1:4)고 말씀하셨습니다. 하나님은 우리를 포기하시는 분이 아닙니다. 우리가 포기하지 않으면 하나님도 우리를 포기하지 않으십니다. 우리도 나오미의 인생처럼 끝날 것 같지 않은 어두운 터널 가운데 있을 수 있습니다. 그러나 그 순간을 인내하고 극복하면서 믿음을 지킨다면, 분명 하나님께서 놀라운 기적을 보여주실 것입니다.

인내로
불가능을 가능으로 바꾼
설리번 선생

"헬렌 켈러" 하면 떠오르는 한 사람이 있습니다. 그는 바로 헬렌 켈러를 가르친 앤 설리번 선생입니다. 그런데 사실 그녀의 인생에 대해 아는 사람은 그리 많지 않습니다. 앤 설리번은 참으로 우울한 인생을 산 사람이었습니다. 소녀 시절, 미국 보스턴의 어느 정신 병원에 수용되어 있었습니다. 소녀의 아버지는 알코올 중독자였고 어머니는 결핵으로 사망했으며 하나밖에 없는 동생도 죽고 말았습니다. 어린 소녀가 감당하기에는 너무 어둡고 슬픈 현실이었습니다. 아무도 그녀를 돌봐줄 사람이 없었습니다.

설리번은 세상에 반항이라도 하듯 사람들이 다가오면 괴성을 지르며 사납게 공격했습니다. 더욱이 그녀는 불우한 가정의 아픔을 견디지 못하고 정신적인 충격에 실명까지 하게 됩니다. 병원에서도 회복할 수 없다고 판명하고 치료하기를 포기한 상태였습니다. 그러나 모두가 포기한 설리번을 한 사람만은 포기하지 않고 사랑해 보겠다고 나섭니다. 그는 바로 은퇴한 간호사 할머니였습니다. 그분은 마음의 문을 열지 않는 설리번을 절대로 포기하지 않고 끝까지 인내하며 사랑했습니다.

6개월 동안 설리번의 마음을 열게 하려고 한결같은 노력을 기울여 오던 간호사 할머니는 마음을 다해 외쳤습니다. "애야, 사랑한다. 너를 정말 사랑한다." 그러자 이 말에 설리번이 조금씩 반응하기 시작했습니다. 끝까지 포기하지 않고 인내한 보람이 있었던 것입니다.

이렇듯 포기하지 않는 사랑을 받아본 사람은 기적을 만들어 내는 사람이 될 수 있습니다. 포기하지 않는 사랑을 받은 설리번은 기적처럼 깨끗이 완치되었고 자신도 또 다른 기적을 만들어 내기로 결심합니다. 그리하여 자기 삶이 할머니 간호사의 사랑과 헌신으로 변화된 것처럼 자신과 비슷한 장애를 앓고 있는 한 소녀를 찾아갑니다. 자신이 받은 사랑을 되돌려 줄 다른 한 사람을 찾은 것입니다.

설리번은 48년 동안 삼중의 장애에 시달렸던 헬렌 켈러의 옆을 지키며 자신과 같은 기적의 사람으로 만들어 갑니다. 헬렌 켈러는 설리번 선생의 희생과 인내로 장애를 딛고 하버드 대학에 입학합니다. 그리고 사회 사업가로 성공한 인생을 살게 됩니다.

지금도 인내하며 포기하지 않는 사랑을 이어주는 사람들 덕분에 이 세상은 사랑의 기적으로 가득합니다. 정말 불가능하다고 생각하는 일에도 우리가 불평 없이 참고 기다리면 놀라운 기적이 일어날 것입니다.

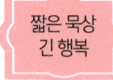
짧은 묵상
긴 행복

1. 인내는 포기하고 싶은 순간을 이겨내는 것입니다. 현재 나에게는 어떤 인내가 필요한지 적어 보고 나누어 보세요.

   _____

   _____

   _____

2. 나오미는 어려운 상황에서도 포기하지 않고 하나님의 약속을 기억하며 자신의 역할을 잘 감당했습니다. 인내의 결말은 축복입니다. 인내의 축복을 받기 위한 나의 역할을 적어 보고 즐거운 마음으로 기다려 보세요.

   _____

   _____

   _____

하나님은 우리를 포기하시는 분이 아닙니다. 우리가 포기하지 않으면 하나님도 우리를 포기하지 않으십니다.

"하나님을 닮은 여성은
세상을 더욱 행복하게 하는 힘이 있습니다.
그리고 하나님은 그런 여성들을 선택하셔서
세상을 변화시킵니다."

PART.2

치유된
여성들,

성품으로
행복하라

행복이란 '심신의 욕구가 충족되어 조금도 부족함이 없는 상태'를 말합니다. 이럴 때 사용할 수 있는 가장 적절한 말은 무엇일까요? 저는 이렇게 표현합니다. "아, 나는 더 이상 바랄 것이 없어."라고 말입니다. 행복한 사람은 자기 삶에 만족할 줄 알고 긍정적인 태도로 인생을 즐길 줄 아는 것이 특징입니다. 행복을 느낄 때 동반되는 정서기능은 즐거움, 사랑, 희망, 감사 등의 긍정적인 정서들입니다.

    미국 노스캐롤라이나대학의 긍정심리학자 바버라 프레드릭슨(2009)은 긍정적인 정서가 인지능력을 확장하고 사회적 관계를 구축하는데 크게 기여한다고 발표했습니다. 다시 말해, 확장 및 구축이라는 이론인데 기분이 좋아지면 뇌가 더 많은 정보를 얻게 하고 세상을 바라보는 사고의 폭이 더 확장된다는 것입니다. 또 이것은 창의성과 문제 해결 능력이 개선된다는 실험 결과였습니다. 그뿐만이 아닙니다. 일시적으로 긍정적인 정서 때문에 인지능력이 확장되면 긍정적인 마음의 상태가 더 오랫동안 구축된다는 것입니다. 그러니까 행복은 긍정적인 태도의 성품에서부터 시작된다고 볼 수 있습니다. 나에게 있는 어려움을 즐거워하면서 적극적으로 받아들이는 자세는 성공하는 지름길이 됩니다.

쓰나미로 인해 대환란을 겪었던 일본 사람들을 보면서 선진 시민의 모습을 눈으로 확인하게 됩니다. 수돗물이 끊겨 줄을 서서 기다리는 한 시민을 인터뷰할 때 "수돗물이 끊겼지만 우리 마을에는 지하수가 있어서 괜찮습니다."라고 대답하는 모습을 보고 큰 감동을 받았습니다.

긍정적인 태도란 "어떠한 상황에서도 가장 희망적인 생각, 말, 행동을 선택하는 마음가짐"(좋은나무성품학교 정의)입니다. 엄청난 재앙 속에서도 가장 희망적인 생각을 선택하고 말하고 행동하는 능력이 바로 긍정적인 성품이며 행복을 선택하는 지름길입니다.

특히 누구나 어려움의 시간을 살아내고 있는 요즈음에는 더욱더 고난이라는 부정의 요소가 나의 삶 속에 파고들 때 잠시 멈춤(Stop)으로 좋은 생각(Think)을 하고 긍정적인 태도를 선택(Choose)하는 긍정의 법칙을 사용하는 행복한 사람들이 되어야 하겠습니다.

행복이란 저절로 얻어지는 것이 아닙니다. 긍정의 법칙(Stop-Think-Choose)을 매 순간 연습하여 기쁨의 성품을 스스로 간직하며 사는 사람들만이 누릴 수 있는 특권입니다.

기쁨이란 "어려운 상황이나 형편 속에서도 불평하지 않고 즐거운 마음을 유지하는 태도"(좋은나무성품학교 정의)입니다. 어려울 때일수록 기쁨을 유지하며 살아내는 성품 좋은 사람들을 세상은 더욱 귀한 가치로 환영합니다.

하지만 우리 인생 속에서 욕구가 충족되어 몸과 마음의 상태가 더 이상 바랄 것이 없을 정도로 행복할 때가 얼마나 자주 있을까요? 많은 사람들은 상황이나 형편이 좋아져야 행복할 것이라고 생각합니다. 그런데 삶은 그리 녹록한 것이 아니라서 형편이 좋아질 때를 기다리면 인생이 끝날 것입니다. 그래서 행복은 마음속에 있습니다. 우리가 마음으로 행복하다고 생각하고 입으로 선포하면서 행복을 만드는 행동을 먼저 옮기면 우리 감정은 행복한 호르몬으로 흘러넘치게 되어 기쁨으로 충만할 수 있습니다.

실제로 러시아의 과학자들이 실험을 했습니다. 온실처럼 스트레스 없이 안전하고 살기 편안한 조건을 갖춘 곳과, 가끔 맹수의 공격을 받고 생존하기 위해 치열한 환경을 극복해야만 하는 곳으로 나누어 각각 동물들이 살도록 하여 양쪽 동물 중 어느 쪽이 더 오래 사는지 알아보는 실험이었습니다. 그런데 놀랍게도 가끔 맹수의 공격을 받으면서 스트레스를 받지만 그 환경을 극복하면서 사는 동물들이 더 오래 산다는 결과가 나왔습니다. 이 실험을 통해 알 수 있듯이 우리가 가끔 받는 스트레스들은 우리를 더욱 강건하게 하고 장수로 이끄는 비결인 셈입니다.

많은 여성의 삶 속에는 남성들보다 더 복잡하고 미묘한 삶의 스트레스들이 있습니다. 신체적으로도 훨씬 더 복잡하고 섬세합니다. 무엇보다도 생명을 잉태하고 출산하는 엄청난 과업이 여성이라는 인생 속에 주어집니다. 이 속에서 여성들이 지켜야 할 태도는 삶을 즐거워하면서 긍정적인 태도로 기뻐하는 것입니다. 그 비결은 여호와 하나님께 있습니다.

"근심하지 말라 여호와로 인하여 기뻐하는 것이 너희의 힘이니라 하고"(느 8:10하).

우리를 지으신 하나님 아버지를 기뻐할 때 우리 인생이 더욱 행복할 수 있습니다. 1장에서 여성의 상처로부터 치유 받고 회복된 사람들은 진정한 행복을 누리며 살 수 있는 비결을 소유하게 되었습니다. 회복(healing)이라는 뜻은 본래의 상태로 돌아가는 것을 의미합니다. 사전적 정의로 'recovery' 혹은 'get back'이라고 할 수 있습니다. 여성을 지으신 창조주 하나님의 계획과 목표대로 돌아와 여성의 정체성을 회복한 여성들에게만 일어나는 축복입니다. 이런 여성들은 이 세상을 지으신 창조주 하나님과 동역자가 되어 세상을 더욱 행복하게 만드는 영향력을 소유하게 됩니다.

리더십은 영향력을 뜻합니다. 하나님과 동역자가 된 여성들은 그분으로부터 받은 배려, 지혜, 절제, 정직, 경청, 책임감 등 하나님의 성품을 세상에 드러내는 리더십을 발휘하게 됩니다. 하나님의 성품을 닮은 여성의 성품은 세상을 더욱 행복하게 하는 힘이 있습니다. 그리고 하나님은 그런 여성들을 선택하셔서 세상을 변화시킵니다.

힐링을 위한 6가지 성품

1 배려 Caring

나와 다른 사람 그리고 환경에 대하여 사랑과 관심을 갖고 잘 관찰하여 보살펴 주는 것
Giving love and attention to the world around me.

2 지혜 Wisdom

내가 알고 있는 지식을 나와 다른 사람들에게 유익이 되도록 사용할 수 있는 능력
Using what I have and what I know to help others.

3 절제 Self-control

내가 하고 싶은 대로 하지 않고 꼭 해야 할 일을 하는 것
Choosing to do what is right even if it' not what I want.

4 정직 Honesty

어떠한 상황에서도 생각, 말, 행동을 거짓 없이 바르게 표현하여 신뢰를 얻는 것
Winning the trust of others by always telling the truth.

5 경청 Attentiveness

상대방의 말과 행동을 잘 집중하여 들어 상대방이 얼마나 소중한지 인정해 주는 것
Being thoughtful to the words and actions of others, to show you care about them.

6 책임감 Responsibility

내가 해야 할 일들이 무엇인지 알고 끝까지 맡아서 잘 수행하는 태도
Knowing what my tasks are and doing them the best I can.

하나님의 성품을 닮은 여성은 세상을 더욱 행복하게 하는 힘이 있습니다. 그리고 하나님은 그런 여성들을 선택하셔서 세상을 변화시킵니다.

"그러므로 무엇이든지

남에게 대접을 받고자 하는 대로 너희도 남을 대접하라

이것이 율법이요 선지자니라"

(마태복음 7:12)

Chapter 1

배려

"리브가, 배려로 사랑을 얻은 여성"

진짜 배려를 아는 여성이 누리는 축복

배려
Caring

나와 다른 사람 그리고 환경에 대하여 사랑과
관심을 갖고 잘 관찰하여 보살펴 주는 것

(좋은나무성품학교 정의)

배려하는 사람은 자신과 세상을 사랑하는 사람입니다.
사랑은 관심을 가지는 것이며 관찰하여
상대방의 입장을 존중하고 보살펴 주는 것입니다.

자신을
사랑해야
배려할 수 있다

인간은 원래 혼자 살 수 없는 존재입니다. 끊임없이 다른 사람들과 관계를 맺으며 살아갑니다. 이때 필요한 것이 남을 먼저 배려하고 생각하는 마음입니다. 많은 이들이 배려의 중요성을 알고 이런 말들을 했습니다.

"먼저 타인을 배려하라. 배려하는 마음, 그것이 곧 진정한 사랑이다." - 데일 카네기

"말 속에 담긴 배려는 자신감을 만들어 내고, 생각 속에 담긴 배려는 심오함을 만들어 내고, 베푸는 행동에 담긴 배려는 사람을 만들어 낸다." - 노자

"베풀 줄 모르는 사람은 타인이 베풀어 주는 배려를 받을 자격이 없다." - 영국

속담

그러나 배려는 무조건 남을 먼저 생각하고 자신을 무시하는 성품이 아닙니다. 배려하는 사람은 자신과 세상을 사랑하는 사람입니다. 사랑은 관심을 가지는 것이며 관찰하여 상대방의 입장을 존중하고 보살펴 주는 것입니다.

나를 먼저 배려할 줄 아는 사람이 다른 사람도 배려할 수 있습니다. 지금까지 우리가 배려하지 못했다면, 그 이유는 상처가 크기 때문입니다. 내 아픔이 너무 커서 다른 사람들을 객관적으로 보지 못한 것입니다. 우리는 창세기 24장에서 아름다운 배려의 여인을 만나게 됩니다. 바로 이삭의 아내가 된 리브가입니다.

어느 날 노쇠한 아브라함이 아들 이삭을 장가보내기 위해 자신의 충성스러운 늙은 종을 불러 부탁합니다.

"내 고향 내 족속에게로 가서 내 아들 이삭을 위하여 아내를 택하라" (창 24:4).

충성스러운 종은 곧 열 마리의 낙타와 함께 먼 길을 떠났습니다. 낙타의 등 위에 많은 선물도 쌓아 올렸습니다. 하지만 늙은 종은 어떻게 이삭의 신붓감을 찾아야 할지 막막하기만 했습니다. 또 처음 가보는 아브라함의 고향이었기에 가는 길도 멀고 낯설었습니다. 그러나 아브라함의 말대로 하나님이 예비해 주실 것이라는 믿음으로 나아갔습니다. 멀고 먼 길을 걷고 또 걸어 드디어 아브라함의 고향에 도착했습니다. 늙은 종은 먼 길에 지친 낙타들을 우물 옆에서 쉬게 하고는 자신도 피곤한 다리를 뻗어 한숨 돌리고 있었습니다. 저녁때가 되자 물을 길러 나온 여인들이 눈에 띄었습니다. 그 모습을 본 늙은 종은 지혜롭게도 하나님께 기도했습니다.

> "그가 이르되 우리 주인 아브라함의 하나님 여호와여 원하건대 오늘 나에게 순조롭게 만나게 하사 내 주인 아브라함에게 은혜를 베푸시옵소서 성중 사람의 딸들이 물 길으러 나오겠사오니 내가 우물 곁에 서 있다가 한 소녀에게 이르기를 청하건대 너는 물동이를 기울여 나로 마시게 하라 하리니 그의 대답이 마시라 내가 당신의 낙타에게도 마시게 하리라 하면 그는 주께서 주의 종 이삭을 위하여 정하신 자라 이로 말미암아 주께서 내 주인에게 은혜 베푸심을 내가 알겠나이다"(창 24:12-14).

그때 한 처녀가 물동이를 어깨에 메고 나왔습니다. 그녀는 아브라함의 동생 나홀의 아내 밀가의 아들 브두엘의 딸인 리브가라는 여인이었습니다. 그녀는 보기에도 아름답고 남자를 가까이하지 않은 처녀였습니다. 그녀가 우물로 내려가서 물을 물동이에 채워서 올라올 때 종이 달려가 부탁했습니다.

"종이 마주 달려가서 이르되 청하건대 네 물동이의 물을 내게 조금 마시게 하라"(창 24:17).

얼굴도 모르는 낯선 사람이 물을 청했을 때 리브가는 귀찮아할 수 있었습니다. 그런데 그녀는 먼 곳으로부터 온 지친 나그네에게 기꺼이 시원한 물을 대접했습니다. 그뿐만이 아닙니다. 그 노인이 끌고 온 낙타들에게까지 물을 마시게 하겠노라고 스스로 자원하여 물을 떠서 먹였습니다. 이 여인의 마음 씀씀이 좀 보십시오. 놀랍지 않나요? 기억하십시오. 종과 함께 길을 떠난 낙타가 열 마리나 되었다는 사실을요. 성경에는 이 대목이 이렇게 나와 있습니다.

"그가 이르되 내 주여 마시소서 하며 급히 그 물동이를 손에 내려 마시게 하고 마시게 하기를 다하고 이르되 당신의 낙타를 위하여서도 물을 길어 그것들도 배불리 마시게 하리이다 하고 급히 물동이의 물을 구유에 붓고 다시 길으려고 우물로 달려가서 모든 낙타를 위하여 긷는지라"(창 24:18-20).

참으로 놀라운 일이었습니다. 하나님께서는 리브가의 배려를 통해 종의 기도를 그대로 응답해 주신 것입니다. 낙타들은 모두 열 마리였습니다. 원래 낙타는 물을 굉장히 많이 마셔서 열 마리를 모두 마시게 하려면 우물에서 끝도 없이 물을 날라야 했을 것입니다. 여인의 몸으로 그 일을 정성스럽게 하기란 힘든 일이었습니다. 낙타들이 물을 다 마시자 늙은 종은 외모뿐만 아니라 마음마저 예쁜 아가씨에게 코걸이와 팔찌를 선물로 주었습니다. 그리고 누구의 딸인지 물었을 때 아브라함의 친척이 되는 집안의 딸이라는 것을 알게 되었습니다.

  아브라함의 충성스러운 종은 너무나 기쁘고 감사했습니다. 기도한 대로 자신뿐만 아니라 말 못 하는 낙타까지 필요한 것이 무엇인지 살피고 돌봐주는 배려의 성품을 가진 여인을 만나게 해주신 하나님을 찬양했습니다. 그 뒤로 리브가는 아브라함의 종을 따라나섰고, 이삭과 결혼하여 믿음의 조상이 되었습니다.

"이삭이 리브가를 인도하여 그의 어머니 사라의 장막으로 들이고 그를 맞이하여 아내로 삼고 사랑하였으니 이삭이 그의 어머니를 장례한 후에 위로를 얻었더라"(창 24:67).

건강한 사람이 배려할 줄 안다

배려할 줄 아는 사람에게는 사랑이 있습니다. 사랑이 없으면 다른 사람을 배려할 수 없습니다. 배려하는 방법을 구체적으로 살펴볼까요?

첫째, 나를 먼저 사랑해야 합니다. 나를 아끼고 건강을 지켜야 다른 사람을 도와주고 사랑할 수 있습니다. 리브가를 보아도 얼마나 건강했는지 알 수 있습니다. 낙타 열 마리에게 물을 먹일 정도로 건강하고 아름다운 여인이었던 것입니다.

둘째, 배려는 다른 사람의 상태를 살피는 마음입니다. 나의 입장이 아니라 상대방의 입장에서 생각하고 필요한 것을 찾아내는 세심함이 배려입니다. 리브가는 아브라함의 종만 목이 마른 것이 아니라 먼 길을 걸어온 낙타에게도 물이 필요함을 세심한 관찰을 통해 알았습니다. 그러므로 배려는 관찰을 통해 필요를 채워 주는 사랑입니다. 진정한 배려는 먼저 내가 있으면서, 다른 사람을 사랑하는 것입니다. 내가 서 있을 때, 다른 사람을 세워 주는 것입니다. 우리 여성은 결혼과 동시에 자기 인생은 없어지고, 남편과 자녀들에게 집중합니다. 하지만 이것은 결코 건강한 헌신이 아닙니다. 내가 먼저 건강히 서 있어야 다른 사람을 제대로 배려하고 돌볼 수 있기 때문입니다.

셋째, 기쁜 마음과 긍정적인 태도로 배려하는 것입니다. 다른 사람을 배려한다고 하면서 한숨을 쉬며 억지로 하는 태도는 진정한 배려가 아닙니다. 배려는 명랑하고 친절하게 진심으로 사랑을 표현하는 태도입니다.

배려라는 사랑으로
세상을 밝힌
마더 테레사

'세상의 어머니', '사랑의 천사'로 불렸던 마더 테레사 수녀는 1910년 마케도니아 공화국의 스코페라는 작은 도시에서 태어났습니다. 그녀의 어머니 드라나는 자녀들을 신앙으로 양육하면서 병자와 가난한 자들을 찾아가 배려를 몸소 실천하는 삶을 살았습니다. 그녀의 어머니는 자녀들에게 항상 이렇게 말했습니다.

"얘들아, 누군가에게 좋은 일을 할 때는 말없이 하여라. 바닷물 속에 돌을 던지듯 말이다."

어머니의 이런 모습은 어린 테레사의 삶에 큰 영향을 끼쳤으며, 훗날 인도에서 선교하겠다는 소망을 갖게 하는 동기가 되었습니다.

18세에 수녀원에 들어가 신앙생활을 시작한 그녀는 이듬해 인도의 콜카타로 들어가 빈민촌 학교에서 역사와 지리를 가르치며 버려진 아이들과 노인, 병자들을 돌보기 시작합니다. 그러나 대부분 힌두교를 믿는 인도인들은 테레사 수녀의 봉사의 손길을 오해하고 적대시했습니다. 하지만 그녀는 오직 가난하고 병들어 죽어 가는 불쌍한 사람들에게 안식과 위안을 나누어 주는 것을 목표로 삼았습니다. 그리고 사람들에게 이런 자신의 뜻을 알리기 위해 검은 수녀복을 벗고 인도의 흰색 사리를 입었습니다.

테레사 수녀의 봉사의 범위는 점차 확장되었습니다. 죽음이 임박한 사람들이 보살핌을 받으며 지내길 바라는 마음에서 그들을 위한 '임종의 집'을 짓기도 했으며, 미혼모와 고아들을 위한 집, 나병환자들을 위한 재활센터 등을 세워 그들을 사랑과 관심으로 보살폈습니다.

한편 그녀의 헌신적인 봉사와 배려에 감동하여 가톨릭 교단뿐만 아니라 세계 각국의 정부가 그녀를 후원하기 시작했고, 그녀를 돕기 위해 사람들이 하나둘 모여들었습니다. 이렇게 하여 생긴 것이 1950년에 세워진 '사랑의 선교 수녀회'인데, 이 기관에 세계 인사들이 거액의 기부금을 내면서 그녀의 활동은 더욱 탄력을 받게 되었습니다.

병들고 가난한 자들을 향한 그녀의 배려는 늘 한결같았습니다. 테레사 수녀는 그녀의 박애 정신과 공로를 인정받아 1979년에 노벨 평화상을 받았습니다. 그런데 수상 소감을 묻는 어느 인터뷰에서 그녀는 이렇게 말했습니다.

"이 돈으로 빵을 몇 개나 살 수 있을까요? 부디 이 상금과 만찬에 사용할 비용은 가난한 사람들을 위해 써 주십시오."

테레사 수녀는 이때 받은 상금을 콜카타의 가난한 사람들을 위해 모두 사용하면서 가난한 이들을 위해 힘써 줄 것을 간곡히 부탁했습니다. 평생을 인도 콜카타 빈민을 돌보는 데 헌신한 마더 테레사 수녀, 그녀는 이렇게 말합니다.

"사랑은 가정에서부터 시작되고, 내 주변의 사람들을 보살피는 것으로부터 시작됩니다."- 마더 테레사

성경에서도 이렇게 말합니다.

"네 이웃을 네 자신같이 사랑하라"(마 22:39).

배려란 "나와 다른 사람 그리고 환경에 대하여 사랑과 관심을 갖고 잘 관찰하여 보살펴 주는 것"(좋은나무성품학교 정의)입니다. 배려는 사랑이 무엇인지 행동으로 보여 주는 도구가 되며 사랑을 지켜 내는 힘이 됩니다.

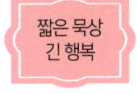

짧은 묵상
긴 행복

1. 늦은 저녁 모든 일을 마치고 돌아온 후 피곤한 몸을 이끌고 우물까지 나아와 물을 긷던 당신에게 한 노인이 와서 물을 달라고 말한다면 당신은 어떻게 하겠습니까?

_____
_____
_____

2. 리브가는 노인의 말을 듣고 노인에게만 물을 주고 떠나도 되었지만 열 마리의 낙타들에게도 물을 마실 수 있도록 배려했습니다. 이러한 리브가의 성품에서 우리가 찾아야 하는 교훈은 무엇일까요?

_____
_____
_____

"지혜가 제일이니 지혜를 얻으라
네가 얻은 모든 것을 가지고 명철을 얻을지니라"

(잠언 4:7)

"지혜가 네 영혼에게 이와 같은 줄을 알라 이것을 얻으면
정녕히 네 장래가 있겠고 네 소망이 끊어지지 아니하리라"

(잠언 24:14)

Chapter 2

지혜

"아비가일, 지혜로 왕비가 된 여성"

위기와 갈등 속에서 운명을 바꾸게 한 지혜

지혜
Wisdom

내가 알고 있는 지식을 나와 다른 사람들에게
유익이 되도록 사용할 수 있는 능력

(좋은나무성품학교 정의)

지혜롭다는 것은 사람과의 관계를 잘 풀어내어
서로에게 유익이 되도록 이끌 수 있는 능력입니다.
지식과 지혜는 다릅니다.
지식이 사물에 대한 객관적인 이해와 인식의 개념이라면
지혜는 그 지식을 나와 다른 사람들에게 유익이 되도록
사용할 수 있는 능력입니다.

지혜는
자신을 성찰하는
성품이다

 여성은 남성보다 지혜의 성품이 더 많이 요구됩니다. 왜냐하면 세심하게 풀어야 할 관계의 위기가 더 많기 때문입니다. 지혜롭다는 것은 단순히 지식을 많이 알고 있다는 뜻이 아닙니다. 많이 아는 것과 지혜로운 것은 다릅니다. 지식이 사물에 대한 이해와 객관적인 인식의 개념이라면 지혜는 사람과의 관계 속에서 풀어내는 능력입니다. 지혜로운 사람은 자기가 알고 있는 지식을 다른 사람에게 유익이 되도록 사용할 줄 압니다. 그러나 지혜롭지 못한 사람은 지식으로 다른 사람들에게 악을 행합니다. 이렇듯 지식과 지혜에는 차이가 있습니다.

"지식은 자신이 썩 많이 배운 것을 자랑하고, 지혜는 자신이 더 많은 것을 알지 못하는 것을 부끄러워한다."- 윌리엄 쿠퍼

그렇습니다. 지식은 내세우고 자랑하기에 바쁘지만, 지혜는 다른 사람에게 유익을 끼치기 위해 자신을 성찰하는 성품입니다.

"지혜가 네 영혼에게 이와 같은 줄을 알라 이것을 얻으면 정녕히 네 장래가 있겠고 네 소망이 끊어지지 아니하리라"(잠 24:14).

사무엘상에는 지혜로 앞날이 열린 여인의 이야기가 담겨 있습니다. 이 이야기는 다윗이 왕이 되기 전 앞날을 준비하면서 바란 광야에서 기거할 때 일어난 일입니다. 이스라엘 땅에 나발이라는 부자가 살고 있었습니다. 나발은 갈멜 지역에 양 3,000마리와 염소 1,000마리를 키우는 큰 목장을 가지고 있었습니다. 그의 아내 아비가일은 아름답고 총명한 사람이었고, 나발은 성격이 거칠고 속이 좁고 욕심이 많기로 유명했습니다.

때마침 사울 왕의 추격을 피해 광야에서 떠돌던 다윗은 부하들과 굶주리게 되자, 부자인 나발이 생각났습니다. 나발이 집에서 양털을 깎고 있다는 소식을 전해 들은 다윗은 그에게 양식을 구해 보기로 마음먹었습니다. 원래 양털 깎기는 중동 지역의 커다란 풍속인데, 양털을 깎으면서 잔치를 열며 이웃들에게 인심을 베푸는 날입니다. 다윗은 '예전에 나발의 목동들

을 우리가 지켜 준 적이 있으니, 그에게 먹을 양식을 부탁해 봐야겠다.'고 생각하며 자기 부하들을 나발에게 보냈습니다. 다윗의 부하는 양털을 깎느라 분주한 나발에게 말했습니다.

> "그 부하게 사는 자에게 이르기를 너는 평강하라 네 집도 평강하라 네 소유의 모든 것도 평강하라 네게 양 털 깎는 자들이 있다 함을 이제 내가 들었노라 네 목자들이 우리와 함께 있었으나 우리가 그들을 해하지 아니하였고 그들이 갈멜에 있는 동안에 그들의 것을 하나도 잃지 아니하였나니 네 소년들에게 물으면 그들이 네게 말하리라 그런즉 내 소년들이 네게 은혜를 얻게 하라 우리가 좋은 날에 왔은즉 네 손에 있는 대로 네 종들과 네 아들 다윗에게 주기를 원하노라 하더라 하라"(삼상 25:6-8).

다윗의 부하가 정중히 하는 부탁에 나발은 콧방귀를 끼며 말했습니다.

> "나발이 다윗의 사환들에게 대답하여 이르되 다윗은 누구며 이새의 아들은 누구냐 요즈음에 각기 주인에게서 억지로 떠나는 종이 많도다 내가 어찌 내 떡과 물과 내 양 털 깎는 자를 위하여 잡은 고기를 가져다가 어디서 왔는지도 알지 못하는 자들에게 주겠느냐 한지라"(삼상 25:10-11).

나발의 대답을 전해 들은 다윗은 나발의 모욕과 무례함에 화가 머리끝까지 났습니다. 다윗은 칼을 차고 400명가량 되는 부하들을 이끌고 나발에게 달려갔습니다. 한편 이 소식을 들은 나발의 아내 아비가일은 깜짝 놀랐습니다. 그녀는 서둘러 빵과 포도주, 곡식, 양고기, 건포도와 무화과를 준비하여 나귀에 싣고 다윗을 만나기 위해 산골짜기로 내려갔습니다. 저 멀리 다윗과 그의 부하들이 달려오는 것을 본 아비가일은 급히 나귀에서 내려 다윗에게로 달려가 그의 발 앞에 엎드려 말했습니다.

"원하옵나니 내 주는 이 불량한 사람 나발을 개의치 마옵소서 그의 이름이 그에게 적당하니 그의 이름이 나발이라 그는 미련한 자니이다 여종은 내 주께서 보내신 소년들을 보지 못하였나이다 내 주여 여호와께서 살아 계심을 두고 맹세하노니 내 주도 살아 계시거니와 내 주의 손으로 피를 흘려 친히 보복하시는 일을 여호와께서 막으셨으니 내 주의 원수들과 내 주를 해하려 하는 자들은 나발과 같이 되기를 원하나이다 여종이 내 주께 가져온 이 예물을 내 주를 따르는 이 소년들에게 주게 하시고 주의 여종의 허물을 용서하여 주옵소서 여호와께서 내 주에 대하여 하신 말씀대로 모든 선을 내 주에게 행하사 내 주를 이스라엘의 지도자로 세우실 때에 내 주께서 무죄한 피를 흘리셨다든지 내 주께서 친히 보복하셨다든지 함으로 말미암아 슬퍼하실 것도 없고 내 주의 마음에 걸리는 것도 없으시리니 다만 여호와께서 내 주를 후대하실 때에 원하건대 내 주의 여종을 생각하소서 하니라"(삼상 25:25-31).

아비가일의 말에 화가 가라앉은 다윗은 그녀를 칭찬하며 말했습니다.

"다윗이 아비가일에게 이르되 오늘 너를 보내어 나를 영접하게 하신 이스라엘의 하나님 여호와를 찬송할지로다 또 네 지혜를 칭찬할지며 또 네게 복이 있을지로다 오늘 내가 피를 흘릴 것과 친히 복수하는 것을 네가 막았느니라"(삼상 25:32-33).

집으로 돌아온 아비가일은 남편 나발이 잔뜩 술에 취해 있자, 다음날 아침 자초지종을 이야기합니다. 나발은 이야기를 듣고 큰 충격을 받아 낙담하여 몸이 돌과 같이 굳어지더니 열흘 후에 하나님께서 나발을 쳐서 죽고 맙니다. 이후에 나발이 죽었다는 소식을 들은 다윗은 아비가일에게 사람을 보내어 청혼하고, 아비가일은 다윗의 전령들을 따라가 다윗의 아내가 됩니다.

다윗의 아내가 된
아비가일의 지혜

지혜란 "내가 알고 있는 지식을 나와 다른 사람들에게 유익이 되도록 사용하는 능력"(좋은나무성품학교 정의)입니다. 지혜의 성품은 다른 사람을 옳은 방향으로 인도합니다. 아비가일은 훗날 왕이 될 다윗이 순간의 보복으로 인생의 오점을 남기지 않도록 도와주었습니다. 그리고 지혜의 성품으로 다윗과 자신의 집을 지킬 수 있었습니다.

다윗의 아내가 된 아비가일의 지혜를 살펴보겠습니다.

첫째, 위기와 갈등 상황을 파악하고 신속하게 처리하는 지혜입니다. 나발의 모욕과 무례함에 화가 난 다윗을 위해 아비가일은 급히 서둘러 떡 200덩이, 포도주 두 부대, 손질한 양 다섯 마리, 볶은 곡식 5세아, 건포도 100송이, 무화과 200개를 가져다가 나귀에 실었습니다.

둘째, 강한 사람에게 부드럽게 말함으로 분노를 누그러뜨리는 지혜입니다. 아비가일이 나귀를 타고 산골짜기로 내려가다가 다윗을 보고 재빨리 나귀에서 내려와 다윗 앞에서 얼굴을 땅에 대고 절하며 말했습니다.

"그가 다윗의 발에 엎드려 이르되 내 주여 원하건대 이 죄악을 나 곧 내게로 돌리시고 여종에게 주의 귀에 말하게 하시고 이 여종의 말을 들으소서"(삼상25:24).

셋째, 하나님께서 이루실 일들을 믿음의 눈으로 아는 지혜입니다. 아비가일은 다윗이 하나님이 세우신 왕이라는 것을 알았습니다. 또 여호와께서 다윗을 이스라엘의 지도자로 든든히 세우실 것을 알았습니다.

"여호와께서 내 주에 대하여 하신 말씀대로 모든 선을 내 주에게 행하사 내 주를 이스라엘의 지도자로 세우실 때에"(삼상 25:30)

넷째, 말해야 할 때를 분별하는 지혜입니다. 아비가일이 다윗의 화를 누그러뜨려 급히 떠날 때 남편 나발에게 말하지 않았습니다. 일을 다 수습한 뒤 집에 돌아와 아무 말도 하지 않다가 아침에 나발이 포도주에서 깬 뒤에 모든 일을 말했습니다.

다섯째, 겸손히 순종함으로 따르는 지혜입니다. 다윗의 전령들이 청혼

소식을 갖고 왔을 때 일어나 몸을 굽혀 얼굴을 땅에 대고 "내 주의 여종은 내 주의 전령들의 발 씻길 종이니이다"(삼상 25:41하)라고 말했습니다. 그리고 아비가일은 서둘러 나귀를 타고 하녀들의 시중을 받으며 전령들을 따라 다윗의 아내가 되었습니다.

아름다운 지혜의 여성, 오드리 헵번

"이제 전 세계가 오드리 헵번과 사랑에 빠질 것이다!"

<로마의 휴일>의 윌리엄 와일러 감독이 첫 편집을 마치고 한 말입니다. 그의 예상처럼 오드리 헵번(Audrey Hepburn)을 본 사람은 누구든 그녀의 우아함과 사랑스러움에 매료됐습니다. '만인의 연인'이라 불리며 아카데미 여우주연상까지 거머쥔 그녀는 단숨에 세계적인 스타로 떠올랐습니다.

헵번의 아름다움과 인기에도 불구하고, 그녀의 결혼은 순탄치 않았습니다. 두 번의 결혼 동안 남편들의 열등감, 외도, 사치와 폭력, 거짓말로 어두운 시기를 겪었습니다. 겉으로 보이는 헵번의 화려함 뒤에는, 믿었던 남편에게서 받는 수치감과 모멸감으로 '쉽게 걷히지 않는 그늘'이 드리워 있었습니다.

그러나 헵번은 우울함에 빠지지 않고 인생의 전환점을 찾아냈습니다. 자신과 다른 사람에게 유익을 주는 방식으로 현명하게 행동하기로 결심했습니다. 이 첫 번째 혜택은 가장 가까운 두 아들에게 돌아갔습니다.

헵번은 이루 말할 수 없는 상황에서도 자녀를 지혜롭게 키우는 일을 소홀히 하지 않았습니다. 아이들에게 동화책을 읽어주고, 정성스럽게 식사를 차려주는 일상을 소중히 여겼습니다. 엄마로서 자녀와의 깊은 관계를 형성하는 데 많은 시간과 정성을 들였습니다.

더 나아가 세계의 어린이들을 위해 자신의 아름다운 미소를 사용하기 시작했습니다. 유니세프 대사로 활동하면서 마지막 순간까지 자선과 봉사에 헌신한 것입니다. 이때부터 헵번은 아름다움을 넘어 현명하고 지혜로운 '위대한' 여성으로 존경받기 시작했습니다. "현실에 충실하며 사람들을 도울 수 있다는 것은 정말 멋진 일입니다."라고 말한 노년의 헵번은 가치 있는 삶을 사는 사람에게서만 발견할 수 있는 아름다움으로 빛났습니다.

지혜란 "내가 알고 있는 지식을 나와 다른 사람들에게 유익이 되도록 사용할 수 있는 능력"(좋은나무성품학교 정의)입니다. 헵번이 아들들에게 보여준 삶은 변하지 않는 아름다움의 비결이었습니다. 그녀가 크리스마스이브에 아들들에게 유언처럼 남긴 샘 레벤슨의 '세월이 증명한 아름다움의 비결(Time Tested Beauty Tips)'이라는 시에서 우리는 지혜로운 여성이 전하는 진한 감동을 발견할 수 있습니다.

"매력적인 입술을 갖고 싶으면 친절한 말을 해라.
사랑스러운 눈을 갖고 싶으면 사람들의 좋은 점을 보아라.
날씬한 몸매를 갖고 싶으면 배고픈 사람과 음식을 나누어라.
아름다운 머리카락을 갖고 싶으면
하루에 한 번 어린이가 당신의 머리카락을 쓰다듬게 하라.
아름다운 자세를 갖고 싶으면 혼자 걷고 있지 않음을 명심해라.
상처로부터 회복되고, 새로워지고, 치유되며, 교화되고,
구원받아야 하는 사람들이 있다는 것을 잊지 마라...(하략)...
당신이 나이가 들면 손이 두 개라는 사실을 알게 될 것이다.
한 손은 자신을 위한 손이고,
다른 한 손은 다른 사람을 도와주기 위한 손이다."

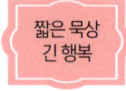

1. 당신이 아비가일이라면 다윗이 군인 400명과 함께 자기 집안을 치러 온다는 이야기를 들었을 때 어떻게 처신하겠습니까? 위기가 닥쳤을 때 당신은 어떻게 행동하는지 생각해 보세요.

   _____
   _____
   _____

2. 하나님은 하나의 문을 닫으시면 또 다른 문을 열어 두십니다. 위기를 기회로 바꾸는 힘은 무엇일까요?

   _____
   _____
   _____

"지혜가 네 영혼에게 이와 같은 줄을 알라 이것을 얻으면 정녕히 네 장래가 있겠고 네 소망이 끊어지지 아니하리라"(잠 24:14)

"자기의 마음을 제어하지 아니하는 자는 성읍이 무너지고
성벽이 없는 것과 같으니라"

(잠언 25:28)

Chapter 3

절제

"사르밧 과부, 절제로 위기를 극복한 여성"

절제로 세우는 아름다운 가정

절제
Self-control

내가 하고 싶은 대로 하지 않고
꼭 해야 할 일을 하는 것

(좋은나무성품학교 정의)

절제는 내가 하고 싶은 대로 하지 않고 감정을 잘 조절하여
꼭 해야 할 일을 선택하고 행하는 성품입니다.
절제할 수 있는 사람만이 자신이 원하는 바를 성취할 수 있으며
진정한 승리자가 될 수 있습니다.

진정한 승자가
가지는 성품

스탠퍼드대학교에서 네 살짜리 아이들을 대상으로 '마시멜로 실험'을 했습니다. 연구원이 아이들에게 마시멜로를 나눠 주면서 당장 먹지 않고 15분만 참으면 마시멜로를 하나 더 줄 거라고 말했습니다. 그러자 어떤 아이들은 그 말을 무시하고 한입에 다 먹어 버렸지만 어떤 아이들은 절제하며 자기 욕구를 참았습니다. 그 뒤로 계속해서 아이들을 관찰하며 연구한 결과, 그 순간을 참지 못하고 마시멜로를 먹은 아이들은 주변 사람을 힘들게 하고 성적도 엉망인 아이로 성장했고, 그 순간을 참아내고 절제한 아이들은 부모에게 기쁨을 주고 공부도 잘하는 아이로 성장했다고 합니다.

이렇듯 자기 마음을 잘 절제하는 사람이 진짜 욕구를 충족시킬 수 있는 힘을 가진 사람입니다. 순간의 유혹을 참아내는 사람이 분노와 충동과 화를 잘 절제할 줄 아는 것입니다. 절제는 내가 하고 싶은 대로 하지 않고 감정을 잘 조절하여 꼭 해야 할 일을 선택하고 행하는 성품입니다. 절제할 수 있는 사람만이 자신이 원하는 바를 성취할 수 있으며 진정한 승리자가 될 수 있습니다. 자신을 절제하는 힘을 가지지 못한 사람은 아무리 많은 것들을 가지고 있어도 지켜 낼 힘이 없습니다.

"자신을 절제하는 힘을 가진 사람이 강한 사람이다."- 루시우스 세네카

"절제는 최대의 승리이다."- 플라톤

진짜 승리, 절제하는 사람

　진짜 승리하고 싶은 사람은 절제하는 사람입니다. 절제할 줄 모르는 사람은 이미 성읍이 무너진 사람입니다. 누구든지 와서 침범하고 자리 잡고 똬리를 틀고 조롱하고 비웃을 수 있습니다. 게다가 성벽이 없으니 막아 낼 힘조차 없습니다. 이처럼 절제는 우리를 보호하는 탄탄한 성벽 역할을 합니다.

　열왕기상 17장에 보면 엘리야와 사르밧 과부 이야기가 나옵니다. 그 당시 엘리야는 아합왕을 피해 시냇가에 숨어 지내고 있었습니다. 그때 그에게 하나님의 말씀이 임했습니다.

"너는 일어나 시돈에 속한 사르밧으로 가서 거기 머물라 내가 그 곳 과부에게 명령하여 네게 음식을 주게 하였느니라"(왕상 17:9).

엘리야 선지자는 하나님의 말씀대로 시돈이라는 땅에 이르러 한 과부를 찾았습니다. 그러나 당시 시돈 땅은 심한 가뭄이 들어, 사람들은 먹을 양식이 없어 오랜 기간을 굶주리고 있었습니다. 이런 상황에서 엘리야는 가난한 과부의 집을 찾아가 떡을 청해야 하니 마치 벼룩의 간을 빼먹는 것 같은 기분이 들었을 것입니다. 그러나 엘리야 선지자는 하나님이 시키는 대로 시돈 땅으로 향했습니다.

엘리야가 하나님의 명령대로 시돈 땅 사르밧의 성문에 이를 때에 한 과부가 나뭇가지를 줍고 있는 것을 보았습니다. 지금도 그렇지만 당시 과부와 고아는 사회적으로 약자였습니다. 그들을 보호해 줄 울타리인 남편과 부모가 없기 때문에 매우 가난한 생활을 하고 있었습니다. 게다가 계속되는 흉년으로 너나 할 것 없이 굶주릴 지경에 놓인 그들은 겨우겨우 생계를 지탱하는 상태였습니다. 그런데 엘리야가 과부에게 물을 좀 달라고 요청합니다.

만약 지금 우리 가족이 마실 물도 부족할 판인데 낯선 사람이 다가와 물을 달라고 하면 어떻게 하겠습니까? 보통 화를 내며 무시할 것입니다.

그러나 과부는 화를 내지 않습니다. 얼굴도 모르는 낯선 선지자가 자신의 귀중한 물을 요구하자 화를 내고 거절하고 싶은 감정을 다스리면서 그 무리한 청을 들어주려고 생각합니다. 그래서 물을 가지러 몸을 돌이켜 집으로 향하자 엘리야 선지자가 그녀를 불러 세웁니다.

"그가 가지러 갈 때에 엘리야가 그를 불러 이르되 청하건대 네 손의 떡 한 조각을 내게로 가져오라"(왕상 17:11).

가뭄에 물을 달라는 것도 어이가 없는데 더욱이 양식이 다 떨어져서 죽을 판국에 떡까지 가져오라고 요청합니다. 이번엔 정말 여인이 크게 화를 내며 그냥 집에 가 버려도 뭐라고 비난할 사람은 없을 것입니다. 그런데 여인은 또다시 자신의 마음을 잘 다스립니다.

"그가 이르되 당신의 하나님 여호와께서 살아 계심을 두고 맹세하노니"(왕상 17:12 상).

이 말씀을 보니 사르밧 과부는 엘리야가 누구인지 알고 있었던 것 같습니다. 여인은 마음을 진정시키고 해야 할 말들을 천천히 이야기했습니다. 무리한 요청을 한 엘리야 선지자에게 원망이나 비난의 말을 하는 대신 감정을 절제하며 자신의 사정을 정직하게 말했습니다.

"나는 떡이 없고 다만 통에 가루 한 움큼과 병에 기름 조금 뿐이라 내가 나뭇가지 둘을 주워다가 나와 내 아들을 위하여 음식을 만들어 먹고 그 후에는 죽으리라"(왕상 17:12하).

이때 엘리야는 "두려워하지 말고 가서 네 말대로 하려니와 먼저 그것으로 나를 위하여 작은 떡 한 개를 만들어 내게로 가져오고 그 후에 너와 네 아들을 위하여 만들라"(왕상 17:13하)고 말합니다.

마침내 엘리야의 무리한 요청에도 불구하고 감정을 절제하고 순종한 여인의 믿음은 축복을 가져왔습니다. 여인의 집에 있던 통에서 가루가 바닥이 보이지 않게 되고, 기름이 떨어지지 않는 기적이 생깁니다. 사르밧 과부는 가뭄이 그칠 때까지 먹을 것에 대한 걱정이 사라지고 하나님의 축복을 경험하게 되었습니다. 이처럼 극한 위기 속에서도 절제할 수 있는 성품은 축복의 통로가 됩니다.

하나님의 기적을 경험한 후, 사르밧 과부는 먹을 것을 걱정하지 않고 살았습니다. 그런데 또다시 불행이 찾아옵니다. 어느 날 갑자기 과부의 아들이 병이 들어 죽은 것입니다. 여인은 절망 속에서도 자기 모습을 들여다봅니다. 이 여인의 위대함은 삶의 위기가 찾아왔을 때 원망과 불평보다는 자신의 연약함을 들여다보는 절제의 힘에 있습니다.

이 여인은 삶의 위기 속에서 자신의 죄를 직면하고 자신이 지은 죄의 결과로 아들이 죽었음을 한탄했습니다. 그러자 엘리야 선지자는 죽은 아들을 품에 안고 우는 여인에게 죽은 아들을 건네 달라고 합니다. 이때 보통 사람들은 어떤 반응을 보일까요? 다 필요 없다고 외치면서 엘리야의 손길을 뿌리치고 아들을 더욱 품속으로 끌어안으며 당장 집에서 나가라고 소리쳤을지 모릅니다. 그러나 그녀는 침착하게 아들을 품고 있던 팔을 풀어 엘리야에게 아들을 맡겼습니다. 또 한 번 자기 감정을 다스려 하나님의 선지자의 말을 듣는 절제의 힘을 발휘한 것입니다. 여인으로부터 아이를 건네받은 엘리야는 하나님께 부르짖었고, 아이 위에 몸을 세 번 펴서 엎드리며 호소했습니다.

하나님은 엘리야의 기도를 들으시고 과부의 아들을 다시 살아나게 하셨습니다. 드디어 사르밧 과부는 진심으로 하나님을 찬양하며 고백합니다.

"당신은 하나님의 사람이시요 당신의 입에 있는 여호와의 말씀이 진실한 줄 아노라 하니라"(왕상 17:24하).

절제란 "내가 하고 싶은 대로 하지 않고 꼭 해야 할 일을 하는 것"(좋은나무성품학교 정의)입니다. 절제는 느끼는 감정 그대로 내 마음대로 하는 것이 아니라 어떻게 해야 할지 생각해 보는 것입니다. 그녀의 절제는 하나님의 기적을 경험하고 하나님의 말씀이 진실로 이루어지는 것을 경험하게 하는 통로가 되었습니다.

위기는 축복입니다. 만약 과부에게 죽음과 같은 위기가 없었다면 하나님을 만나지 못하고 하나님의 존전에 서지 못했을 것입니다. 그런데 위기를 겪으면서 결국 하나님 앞에 서게 된 것입니다. 어려움을 통해서 하나님 앞에 서는 것은 축복입니다. 세상 무엇과도 바꿀 수 없는 축복입니다. 부부 관계에서도 마찬가지입니다. 남편과 갈등이 있다면 아내는 남편 탓을 하지 말고 자기 모습을 돌아봐야 합니다. 이것이 과부가 오늘날 우리에게 주는 메시지입니다. 내 죄가 생각나야 옳은 태도입니다.

그런데 자꾸 다른 사람에게 초점을 맞추고 원망하고 분노하고 화를 쏟으면 더 이상의 기적은 일어나지 않습니다. 그런데 이런 극한 상황에서 절제하고 참으며 오히려 내 연약함을 들여다보고 내 죄 때문이라고 말할 때 놀라운 기적이 일어납니다.

사르밧 과부에게서 우리는 위기 가운데 빛나는 절제의 힘과 절제의 리더십을 배우게 됩니다. 자신의 분노와 화의 감정을 폭발하고 싶을 때 그렇게 하지 않은 여인이 보여준 절제 리더십은 우리가 살아가는 데 있어서 귀한 가치가 됩니다.

절제의 성품으로 되찾은 행복

　절제된 사랑의 힘으로 잃었던 사랑을 되찾고 가정을 회복한 한 가정이 있습니다. 아주 오래전 좋은나무성품학교에 다니던 아이의 엄마 이야기입니다.
　어느 날 제가 분주하게 출근 준비를 하는데 한 엄마가 울면서 전화를 했습니다. 상황이 심각한 것 같아 직접 만나 이야기를 나누었습니다. 아이의 엄마는 젊고 예뻤습니다. 그녀는 자기 남편이 회사 여직원과 눈이 맞아 살림을 차렸다는 이야기로 말문을 열었습니다. 그녀는 날마다 이혼을 요구하는 남편을 붙들고 설득과 애원을 해 보고 남편의 여자를 만나 사정도 해 보는 등 할 수 있는 것은 다 해 보았다고 합니다.
　하루는 남편의 마음을 돌이키려고 남편의 바지 끝을 잡고 사정하다가

"당신이 계속 이러면 죽어 버릴 거야." 하면서 수면제를 입안에 털어 넣기까지 했다고 합니다. 그런데 남편은 그런 아내를 덤덤하게 바라만 보고 있었습니다. 그때 그녀는 갑자기 정신이 번쩍 나면서 바로 화장실로 달려가 수면제를 모두 토해 냈고, 남편은 그녀를 비웃으며 집을 나가버렸다고 했습니다.

저는 울고 있는 그녀에게 말했습니다.

"이제 그런 방법으로 남편의 마음을 잡으려고 하지 마세요. 이제부터는 제가 처방한 대로만 하세요."

"네. 그 사람 마음만 잡을 수 있다면 뭐든지 하겠습니다."

그때 저는 몇 가지 처방을 내려주었습니다. 첫째, 절대로 울지 말고 웃고 다닐 것. 둘째, 남편이 오랜만에 집에 들어와도 반기거나 화내지 말고 무덤덤하게 바라보고 무관심할 것. 셋째, 당신 없이도 딸과 잘 살 수 있다는 태도로 일관할 것. 넷째, 자신이 할 수 있는 무엇인가를 찾아 취미 생활을 시작할 것. 다섯째, 자신의 예쁜 모습에 스스로 자부심을 가지고 더 예쁘게 가꾸고 연마할 것. 마지막으로 '밀알 좋은 어머니들의 모임'을 한 번도 빠지지 않고 나와서 자신의 감정 상태를 다른 사람들에게 털어놓고, 새로운 지식으로 자신을 새롭게 준비할 것 등이었습니다.

그녀는 이 모든 것들을 성실하게 지켜 나갔습니다. 그 후 울상이었던 얼굴이 웃음으로 가득 찼고, 자신감 회복으로 점차 아름다워졌습니다. 며칠 후 오랜만에 집에 들어온 남편이 아내의 모습을 보고 깜짝 놀랄 정도였습니다. 남편은 점점 아내의 일거수일투족에 관심을 가지기 시작했습니다. 차츰 집에 들어오는 횟수가 잦아진 남편은 딸과 놀아 주기도 하고, 아내를 향한 눈길도 달라졌습니다. 그리고 끝내 아내에게 용서를 빌었습니다.

그 사이 그녀는 십자수와 퀼트로 취미 생활을 하다가 자그마한 가게를 열어 다른 사람을 가르치기도 하고 소품을 팔게 되었습니다. 자신의 세계를 만들어 자신 있게 생활해 나가는 아내를 보면서 남편은 신비로움을 느꼈는지 아내에 대한 사랑이 회복되어 처음의 사랑으로 돌아가게 되었다고 합니다.

그 집 딸아이의 졸업식 날, 온 가족이 함께 앉아 축복의 노래를 부르는 모습을 보게 되었을 때 저의 마음은 행복으로 가득 찼습니다. 눈이 마주친 그 엄마의 눈동자 속에서 절제된 사랑의 승리가 얼마나 소중한지 다시 한번 느낄 수 있었습니다.

사랑은 고무줄과 같습니다. 여성은 꽃을 준비하고 자기만의 매력을 연마해야 합니다. 당당함으로 나의 세계를 구축해야 합니다. 어려운 일이 있을 때 폭발하지 말고 하나님께로 나아와 쏟아놓고 절제의 모습을 갖추어야 합니다. 이처럼 결혼생활을 유지하기 위해 꼭 필요한 성품은 "내가 하고 싶은 대로 하지 않고 꼭 해야 할 일을 하는" 절제입니다. 우리가 힘을 가지고 절제하고 있을 때 행복이 찾아옵니다. 우리의 분노를 절제하는 힘을 통해 축복받는 인생을 꾸려 갈 수 있습니다.

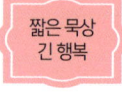

1. 당신은 삶의 위기에서 어떻게 반응하나요? '위기'라고 생각했을 때 내가 취한 행동들을 말해 보세요.

2. 위기 속에서 취한 사르밧 과부의 성품을 살펴보고 내 삶에 적용하고 싶은 모습을 생각해 보세요.

3. 우리가 배우자를 더욱 사랑하며 아름다운 가정으로 바로 세우기 위해서는 절제의 성품이 필요합니다. 자기 마음 가는 대로, 자기 마음에 좋을 대로 행동하면 가정은 온전하게 세워질 수 없습니다. 오늘, 내가 선택해야 할 절제의 제목들을 적어 보세요.

우리가 힘을 가지고 절제하고 있을 때 행복이 찾아옵니다. 우리의 분노를 절제하는 힘을 통해 축복받는 인생을 꾸려갈 수 있습니다.

"그런즉 거짓을 버리고 각각 그 이웃과 더불어 참된 것을 말하라
이는 우리가 서로 지체가 됨이라"

(에베소서 4:25)

Chapter 4

정직

"삽비라, 거짓말로 죽음을 부른 여성"

끝까지 성공시키는 정직의 위력

정직
Honesty

어떠한 상황에서도 생각, 말, 행동을 거짓 없이
바르게 표현하여 신뢰를 얻는 것

(좋은나무성품학교 정의)

현대인들은 정직하면 손해를 본다고 생각합니다.
그러나 정직한 사람만이 끝까지 성공하는 리더십을 소유합니다.
정직의 유익은 미래에 신뢰를 얻는 것입니다.
당장은 손해 볼 것 같은 유혹을 물리치고 단호하게
'Yes'는 'Yes', 'No'는 'No'라고 말할 수 있는 사람이
진정한 승리자입니다.

정직의 리더십으로 가정을 세우라

요즘 사람들은 정직하면 손해를 본다고 생각합니다. 현대의 가치관들이 실용주의에 빠져 있기 때문에 옳고 그름의 분별보다는 나에게 이익인가 불이익인가를 먼저 따지는 것입니다. 모두 정직이 중요한 성품이라는 사실을 알면서도 나만 손해 볼 수 없다는 생각에 작은 거짓말에서 큰 거짓말까지 일삼아 신뢰 관계가 깨지기도 합니다.

그러나 우리는 당장의 이익에 눈이 멀어서는 안 됩니다. 정직한 사람만이 끝까지 성공할 수 있습니다. 정직의 유익은 미래에 신뢰를 얻는 것입니다. 정직은 분별력의 덕이라고 할 수 있습니다. 하나님 앞에서 선과 악을 분별하는 덕이 정직입니다.

옛날 부모들은 정직을 강조하여 가르쳤습니다. 예를 들어 에이브러햄 링컨은 어릴 때부터 정직에 대한 가르침을 철저히 받았다고 합니다. 그가 상점 직원으로 일했을 때 거스름돈 1페니를 덜 준 것을 뒤늦게 알고 손님의 집까지 찾아가 돌려주었다는 일화는 유명합니다. 이처럼 성공한 사람일수록 정직이 필수조건이었습니다.

그런데 요즘은 정직을 가르치지 않습니다. 정직하면 손해 본다고 생각하고 무슨 수를 써서라도 이익을 빼앗겨서는 안 된다고 가르칩니다. 오히려 어른들이 아이들의 부정직함을 부채질합니다. 시험 때만 되면 아이들 커뮤니티에 커닝 도구가 많이 올라온다고 합니다. 이것들이 모두 아이들의 거짓을 부추기는 어른들의 상술에서 나오는 것입니다.

요즘 젊은 부모들은 자기 아이가 남의 물건을 말도 없이 가져와 놀고 있어도, 그것이 도둑질이 될 수 있음을 가르치기보다는 아이가 상처받을까 봐 조심조심 돌려서 이야기한다고 합니다. 언제부터인가 나만 손해 보면 억울하다는 풍조가 퍼지게 되었고, 남들이 거짓말하면 나도 같이 해야 한다는 생각들을 가지게 되었습니다.

로마의 쇠망 원인은 국력의 쇠함이 아니라 퇴폐 풍조였습니다. 나라의 지도자들이 쾌락을 위해서 부도덕함으로 일관하는 바람에 나라가 망한 것입니다. 오늘날 우리는 가정을 세우는 여성으로서 정직의 리더십을 발휘해야 가정이 바로 서고, 자녀가 올바르게 자랄 수 있습니다.

"오래가는 행복은 정직한 것에서만 발견할 수 있다."- 게오르크 리히텐베르크

"정직만큼 부유한 유산은 없다." - 윌리엄 셰익스피어

우리는 자녀들에게 정직을 유산으로 물려주어야 합니다. 그것이 우리 가정, 우리 사회가 오래도록 행복할 수 있는 방법입니다.

정직은
강한 경쟁력이다

 사도행전에 보면 아나니아라는 남자와 그의 아내 삽비라에 대한 이야기가 나옵니다. 그들은 자신들이 소유했던 땅을 팔아 예수님의 사도들에게 가져다주었습니다. 초대교회에 필요한 물질들을 서로 나누기 위한 섬김의 표현이었을 것입니다. 그 당시 부활하신 예수님이 승천하시고 예수님의 사도들이 성령 충만함을 받아 초대교회를 세워 복음을 전파할 때였습니다. 이때 많은 사람이 그 일들을 돕고자 모였습니다. 자기 재산을 팔아 서로 통용하고 함께 쓰고 헌금하면서 나누는 생활을 한 것입니다. 그런데 아나니아와 삽비라 부부는 재산에 대한 집착 때문에 꼼수를 부렸습니다. 자기 소유를 판 금액의 일부를 숨겨 두고 나머지 금액만 챙겨서 사도들 앞에 내놓은 것입니다.

"아나니아라 하는 사람이 그의 아내 삽비라와 더불어 소유를 팔아 그 값에서 얼마를 감추매 그 아내도 알더라 얼마만 가져다가 사도들의 발 앞에 두니"(행 5:1-2).

남편이 소유를 판 돈을 가지고 나갈 때 아내인 삽비라는 남편이 정직하지 못한 행동을 하고 있음을 알았습니다. 하지만 그녀는 남편과 같은 마음이었기에 아무 말도 하지 않았습니다. 베드로가 남편 아나니아에게 말했습니다.

"베드로가 이르되 아나니아야 어찌하여 사탄이 네 마음에 가득하여 네가 성령을 속이고 땅 값 얼마를 감추었느냐 땅이 그대로 있을 때에는 네 땅이 아니며 판 후에도 네 마음대로 할 수가 없더냐 어찌하여 이 일을 네 마음에 두었느냐 사람에게 거짓말한 것이 아니요 하나님께로다"(행 5:3-4).

이 말을 들은 아나니아는 그 자리에서 혼이 떠나 죽고 말았습니다. 많은 사람들이 보고 두려워 떨었고, 젊은 사람들이 시신을 메고 장사하였습니다. 세 시간쯤 지난 후 아무것도 모르는 아내 삽비라가 들어왔습니다. 베드로가 삽비라에게 "그 땅 판 값이 이것뿐이냐?"고 묻자 아내 삽비라는 "예. 이것뿐입니다."라고 정직하지 못한 대답을 했습니다.

베드로는 삽비라를 향해 "너희가 어찌 함께 꾀하여 주의 영을 시험하려

하느냐 보라 네 남편을 장사하고 오는 사람들의 발이 문 앞에 이르렀으니 또 너를 메어 내가리라"(행 5:9)고 말했습니다. 그 순간 삽비라가 베드로의 발 앞에 엎드러져 혼이 떠나갔습니다. 사람들이 들어와 죽은 것을 보고 메어다가 남편 곁에 장사하였습니다. 이 모습을 본 많은 사람이 크게 두려워했습니다.

아나니아와 삽비라의 이야기에서 중요한 것은 정직하지 못하고 거짓을 행한 것이 얼마나 두려운 죄인가 하는 것입니다. 우리는 하나님 앞에서 정직하게 행해야 합니다. 만약 삽비라가 남편의 부정직함을 이야기하며 그의 행동을 말렸다면, 죽음까지 이르는 비극은 일어나지 않았을 것입니다.

정직은 분별력을 연습하는 성품

　콜버그(Lawrence Kohlberg)와 같은 인본주의 학자들은 인간의 인지가 발달할수록 도덕성도 발달한다고 말합니다. 그러나 도덕성은 꼭 머리가 좋아지고 지능이 발달해야 높아지는 것이 아닙니다. 어린아이들도 어렸을 때부터 정직이 무엇인지 압니다. 하나님이 인간을 창조하셨을 때 그분의 형상대로 양심을 선물로 주셨기 때문입니다.

　하나님은 우리에게 양심을 주셨습니다. 그 양심으로 선과 악을 분별할 수 있습니다. 만약 양심을 거스르고 거짓을 행한다면 그것은 우리에게 양심을 주신 하나님을 시험하는 것이나 다름없습니다. 정직하지 못함은 하나님의 영을 거역하는 것입니다. 그렇기 때문에 우리는 목숨을 걸고 정직하기 위해 힘써야 합니다. 다른 사람이 보지 않는다 하더라도 하늘에 계신 하나님은 우리의 모든 행동을 지켜보고 계시기에 그분을 속일 수 없습니다.

"오직 너희 말은 옳다 옳다, 아니라 아니라 하라 이에서 지나는 것은 악으로부터 나느니라"(마 5:37).

우리는 모든 일에 변명을 늘어놓습니다. 하지만 옳은 것은 옳은 것이요 아닌 것은 아닌 것입니다. 그것을 벗어난 것은 악으로부터 난 것입니다.

"하나님이여 내 속에 정한 마음을 창조하시고 내 안에 정직한 영을 새롭게 하소서"(시 51:10).

정직의 CEO,
인드라 누이

　2007년 「포춘」지에서 뽑은 세계에서 가장 영향력 있는 여성 기업인 1위, 2008년 「포브스」지가 뽑은 세계에서 가장 영향력 있는 여성 100인 중 3위, 2009년 「월스트리트 저널」지가 뽑은 세계 경제계에서 주목해야 할 최고의 여성 2위, 그리고 2010년 50대 여자 기업인 1위, 「포춘」선정 연속 5년간 세계 최고 여성 사업가 등 화려한 경력을 가진 사람이 바로 펩시콜라의 CEO인 인드라 누이입니다. 미국 내에서도 15% 정도밖에 되지 않는다는 여성 임원들 사이에서 당당히 성공을 거둔 그녀는 자신만의 부드러운 리더십과 경영 전략으로 100년 만에 처음으로 코카콜라를 누르고 펩시를 시장 1위까지 올렸습니다. 인도에서 태어나 백인 남성들의 장막을 뚫고 최고의 자리에 오른 인드라 누이. 그녀의 독특한 이력과 함께 그녀를 분석한 경영 지침서와 자기개발서들은 날개 돋친 듯 팔려나갔고, 여성으로의 포용력과 외국인으로서 조화를 겸비한 그녀의 결단력과 실행력은 높이 평가받아 리더를 꿈꾸는 여성들에게 좋은 본보기가 되었습니다.

그렇다면 그녀의 성공 비결은 어디에 있을까요?

2006년 코카콜라에 밀려 음료업계의 만년 2위를 하고 있을 때 코카콜라 임원 여비서가 콜라 맛의 비밀이 담긴 노하우를 팔겠다는 제안을 인드라 누이에게 했습니다. 이는 엄청난 제안이었습니다. 코카콜라의 미묘한 맛을 살려주는 황금 비율을 알게 된다면 음료업계에서 1위로 올라서는 것은 당연한 일이었으니 말입니다. 그러나 인드라 누이는 즉시 거절하고 코카콜라 측에 이 사실을 알렸습니다. 그녀는 펩시 CEO로서의 자신감뿐만 아니라 정직한 리더십을 가진 사람이었던 것입니다. 이는 "모든 성공은 노력에 기초한다."라고 말하는 인드라 누이의 개인적인 신념과도 일치합니다. 다른 사람의 것을 가로채거나 빼앗지 않고 정직하게 자기 일에 최선을 다하고 노력하면 성공의 문이 열린다고 믿은 자신의 가치관대로 행동한 것입니다.

그녀는 회의 때 간편한 복장으로 격의 없는 대화를 나누는 것으로 유명합니다. 또한 임원들의 우려에도 아랑곳하지 않고 일만큼 가정도 중요하다며 근무 시간을 단축하는 등 직원 복지 정책을 크게 개선했습니다.

회사 행사에서 인기 팝송을 열창하고 전자기타를 연주하며 임직원들이 즐겁게 일할 수 있도록 만들었고, 투자자 회의 때 단상에 걸터앉아 편하게 대화를 나누는 등 부드러움을 소유한 리더의 모습을 보였습니다.

또한 그녀는 회사의 권력자인 주주들의 요구에도 단호하게 "노(No)"라고 말할 수 있는 CEO였습니다. 단기성과만 요구하는 주주들에게 "여러분이 원하는 것이 회사의 두 자릿 수 성장이라면 저는 여러분이 원하는 CEO가 아닙니다."라고 말할 정도로 분명하게 자기 생각을 표현했습니다.

정직이란 "어떠한 상황에서도 생각, 말, 행동을 거짓 없이 바르게 표현하여 신뢰를 얻는 것"(좋은나무성품학교 정의)입니다. 정직의 성품으로 자신의 위치에서 주어진 일에 최선을 다해 노력하는 CEO 인드라 누이의 리더십은 수단과 방법을 가리지 않고 1위에 올라서려는 사람들에게 정직의 성품이 가장 강력한 경쟁력임을 말해 줍니다.

정직은
미래를
성공으로 이끈다

정직은 미래를 성공으로 이끄는 가장 중요한 성품입니다. 다산 정약용의 「남과탄」(南瓜嘆)에도 정직과 관련된 이야기가 나옵니다. 가난한 성균관 유생이었던 다산은 장마로 인해 며칠 동안 집을 비우게 되었습니다. 그런데 열흘 만에 집에 도착해 보니, 어린 여종이 부인에게 회초리를 맞고 있었습니다. 단호한 부인의 모습에 다산은 영문을 몰라 자초지종을 물었습니다. 부인이 대답하기를 먹을 것이 없어서 굶주림이 심해지자, 어린 여종이 안주인과 젖먹이 아기를 먹이려고 이웃집 호박을 몰래 훔쳐 왔다는 것이었습니다. 여종은 주인마님에게 충성하려고 호박을 훔쳐 죽을 끓여 드렸지만, 오히려 다산의 부인은 여종을 엄하게 꾸짖으며 종아리를 쳤습니다. 회초리를 들어 옳은 일을 가르친 부인의 도덕성은 이 시대 부모들에게 커다란 가르침을 줍니다.

분별력이란 "인간의 기본적인 양심을 기초로 하여 선악을 구별하는 능력으로 올바른 생활과 건강한 시민정신, 도덕적인 행동을 위한 토대가 되는 덕목"(이영숙, 2005)입니다. 분별력의 덕목을 키우기 위해서는 누가 보지 않아도 옳은 것을 선택할 수 있는 정직의 성품을 가르쳐야 합니다. 있는 그대로를 표현하고 아닌 것은 "노(no)", 맞는 것은 "예스(yes)"라고 말하는 것이 바로 정직입니다.

> "그런즉 거짓을 버리고 각각 그 이웃과 더불어 참된 것을 말하라 이는 우리가 서로 지체가 됨이라"(엡 4:25).

우리는 여러 사람과 더불어 살아가는 존재입니다. 사람들과의 관계 속에서 자기 생각, 감정, 행동을 축소하거나 과장하지 않고, 손해가 되더라도 진실을 이야기할 때 우리는 신뢰를 얻고 자신감 있게 행동하는 리더가 될 것입니다.

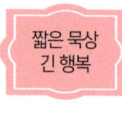

**짧은 묵상
긴 행복**

1. 당신이 삽비라였다면 남편 아나니아에게 어떤 조언을 해 주었을까요?

2. 당신이 알고 있는, 혹은 경험한 것 중에 정직하게 행동했을 때 받은 축복과 부정직하게 행동했을 때 겪은 비극을 나누어 보고, 정직의 중요성에 대해 생각해 보세요.

우리는 여러 사람과 더불어 살아가는 존재입니다. 사람들과의 관계 속에서 자기 생각, 감정, 행동을 축소하거나 과장하지 않고, 손해가 되더라도 진실을 이야기할 때 우리는 신뢰를 얻고 자신감 있게 행동하는 리더가 될 것입니다.

"너는 귀를 기울여 지혜 있는 자의 말씀을 들으며
내 지식에 마음을 둘지어다"

(잠언 22:17)

Chapter 5

경청

"마리아, 경청으로 구속의 문을 연 여성"

말하지 않은 것까지 듣는 경청의 힘

경청
Attentiveness

상대방의 말과 행동을 잘 집중하여 들어
상대방이 얼마나 소중한지 인정해 주는 것

(좋은나무성품학교 정의)

경청은 사랑입니다. 가장 강력한 리더십은
상대방의 말과 행동을 잘 집중하여 들어 상대방을
존중하여 경청해 줄 때 발휘됩니다.
경청의 태도는
첫째, 말하는 사람의 눈을 쳐다보고 잘 집중하여 듣습니다.
둘째, 말하는 사람의 속마음이 무엇인지 생각하면서 듣습니다.
셋째, 상대방의 말이 무엇을 뜻하는지
바르게 듣고 반응하는 것입니다.

경청으로
하나님의 지혜를
받으라

    탈무드에 보면 인간은 입이 하나이고 귀가 둘인데, 이것은 말하기보다 듣기를 두 배 더 하라는 의미라고 이야기합니다. 이는 다른 사람의 말에 귀를 기울이는 것이 그만큼 중요함을 역설하고 있습니다.

    가장 강력한 리더십은 상대방의 말과 행동을 잘 집중하여 들으면서 상대방을 존중할 때 발휘됩니다. 경청의 태도는 첫째, 말하는 사람의 눈을 쳐다보고 잘 집중하여 듣습니다. 둘째, 말하는 사람의 속마음이 무엇인지 생각하면서 듣습니다. 셋째, 상대방의 말이 무엇을 뜻하는지 바르게 듣고 반응합니다. 이러한 경청의 태도를 보인 인물을 성경에서 찾는다면, 예수의 어머니 마리아를 들 수 있습니다. 마리아는 나사렛 마을에 사는 여인이었습니다. 그리고 다윗의 자손인 요셉과 약혼한 사이였습니다. 그런데 그녀 앞에 하나님이 보내신 천사 가브리엘이 나타났습니다.

그리고 그녀에게 인사를 건넵니다.

"그에게 들어가 이르되 은혜를 받은 자여 평안할지어다 주께서 너와 함께 하시도다 하니"(눅 1:28).

이때 마리아는 깜짝 놀라며 도대체 무슨 일인가 생각하며 가브리엘의 말에 귀를 기울입니다. 천사 가브리엘은 계속해서 말을 이어 갑니다.

"천사가 이르되 마리아여 무서워하지 말라 네가 하나님께 은혜를 입었느니라 보라 네가 잉태하여 아들을 낳으리니 그 이름을 예수라 하라 그가 큰 자가 되고 지극히 높으신 이의 아들이라 일컬어질 것이요 주 하나님께서 그 조상 다윗의 왕위를 그에게 주시리니 영원히 야곱의 집을 왕으로 다스리실 것이며 그 나라가 무궁하리라"(눅 1:30-33).

여기서 마리아는 천사의 말에 귀를 기울이고 생각합니다. 이 태도가 바로 경청입니다. 상대방의 말이 무엇을 뜻하는지 생각하며 바르게 듣고 반응하는 것입니다. 그러나 마리아는 천사 가브리엘의 말을 이해할 수 없었습니다. 남자와 관계를 맺지도 않았는데 어찌 잉태하는 것이 가능할 수 있다는 말인가 궁금하여 천사에게 물어봅니다.

"나는 남자를 알지 못하니 어찌 이 일이 있으리이까"(눅 1:34하).

경청은 이해되지 않는 것이나 모르는 것을 바로 질문하는 것이기도 합니다. 그러자 가브리엘이 대답합니다.

"천사가 대답하여 이르되 성령이 네게 임하시고 지극히 높으신 이의 능력이 너를 덮으시리니 이러므로 나실 바 거룩한 이는 하나님의 아들이라 일컬어지리라 보라 네 친족 엘리사벳도 늙어서 아들을 배었느니라 본래 임신하지 못한다고 알려진 이가 이미 여섯 달이 되었나니 대저 하나님의 모든 말씀은 능하지 못하심이 없느니라"(눅 1:35-37).

천사 가브리엘은 마리아가 믿지 못하는 눈치를 보이자 세례 요한을 임신한 엘리사벳에 관해 이야기하며 하나님의 말씀은 능하지 않은 것이 없음을 강조했습니다. 그러자 마리아는 더 이상 토를 달지 않고 "주의 여종이오니 말씀대로 내게 이루어지이다"(눅 1:38)라고 대답합니다. 이렇듯 경청은 다른 사람의 속마음이 무엇인지 바르게 듣고 반응하는 것입니다. 마리아는 천사 가브리엘의 말을 정확하게 받아들이고 수긍했습니다. 그리고 찬양함으로 반응했습니다. 인간적으로 걱정하고 두려워한 것이 아니라 온 영혼을 다해 하나님을 찬양하고 구주를 기뻐한 것입니다.

　마리아는 하나님께서 말씀하신 의미를 바르게 알았기에 찬양할 수 있었습니다. 마리아의 바른 경청으로 온 인류가 구원을 얻게 되었고, 하나님을 더 높이 찬양할 수 있게 되었습니다. 마리아는 비천한 여종을 보살피시고 만세에 복이 있도록 인도하시는 하나님께 감사할 줄 아는 여인이었습니다. 그만큼 하나님이 어떤 분이신지를 알았던 것입니다. 그렇기 때문에 하나님이 하시는 일에 실수나 잘못이 있을 수 없다는 것을 알고 경청하는 믿음을 보일 수 있었습니다.

　만약에 우리가 마리아와 같은 상황에 놓여있다면 어떤 반응을 보였을까요? 천사가 전하는 하나님의 말씀을 경청하고 이해하려 하기보다는 자신에게 일어날 상황에 대해 걱정하고 당황했을 것입니다. 그러나 마리아는 하나님이 말씀하시는 뜻과 목표와 내용이 무엇인지 금세 깨달았고 그 말씀에 순종했습니다. 마리아는 그만큼 하나님의 아들을 품을 수 있는 넉넉하고 경청할 줄 아는 여인이었던 것입니다.

"너는 귀를 기울여 지혜 있는 자의 말씀을 들으며 내 지식에 마음을 둘지어다"(잠 22:17).

　우리는 마리아처럼 하나님의 말씀을 경청하고 그분의 지혜를 받아들이며 마음에 두어야 합니다.

마리아의 태도에서 우리는 경청의 모습을 배울 수 있습니다. 첫 번째는 상대방의 말을 집중해서 잘 듣고 생각하는 것입니다. 두 번째는 질문하는 것입니다. 상대방의 말이 무슨 뜻인지 모르면서 아는 척하고 입을 다물다 보면 더 큰 오해를 빚을 수 있습니다. 그러므로 적절한 타이밍에 질문하는 것이 필요합니다. 마리아의 질문에 천사 가브리엘은 상세하게 대답해 줍니다. 마리아가 이해할 수 있는 언어로 친척 엘리사벳을 예로 들어 설명합니다. 이것이 바로 진정한 대화입니다.

경청으로 성공한
여성 CEO,
메리 케이 애시

　메리 케이 애시는 1963년 자신의 전 재산인 5,000달러를 투자해 '메리 케이 화장품' 회사를 설립하여, 2001년 사망하기까지 수십억 달러 가치의 대기업으로 성장시킨 전설적인 여성 기업인입니다. 현재 미국에서 일하는 여성 가운데 연간 10만 달러 이상의 고소득을 올리는 사람은 3%에 불과한데, 그중 90% 이상이 메리 케이의 뷰티 컨설턴트라고 할 정도로 직원의 잠재력을 극대화해 탁월한 성과를 창출한 경영자입니다. 전문가들이 전 세계에서 비즈니스로 성공한 여성으로 뽑은 메리 케이 애시. 그녀의 회사에 다니는 직원들은 "다시 태어나도 이 회사에서 근무하고 싶다."고 자랑스럽게 말할 정도입니다.

메리 케이 애시는 여성 모두가 개인적인 성장과 재정적인 독립을 실현하고 삶의 행복을 느낄 수 있는 회사를 꿈꾸며, 사람들을 진심으로 사랑한 리더였습니다. 그녀는 회사의 이윤을 남길 수 있도록 하는 것은 직원들을 행복하게 만들어 주는 것이라 생각했습니다. 메리 케이 애시는 "남에게 대접받고 싶은 대로 먼저 남을 대접하라!"는 리더의 황금률을 적용하며 자신이 대우받고 싶어 하는 것처럼 직원과 거래처, 그리고 고객들을 대한다면 반드시 회사는 성공할 것이라고 믿었습니다. 이는 단순하지만 매우 강력한 원칙으로 그녀가 했던 모든 일의 원동력이 되었고, '다른 사람에게 최선인 것을 추구하면 이익은 저절로 따라온다.'고 생각하며 실천했습니다.

메리 케이 애시 회장은 훌륭한 리더의 필수 조건으로 경청하는 능력을 제시했습니다. 그녀는 "듣는 것은 하나의 기술이다. 북적대는 방에서 누군가와 이야기를 할 때 그 방에 둘만 있는 것처럼 상대를 대한다. 모든 것을 무시하고 그 사람만 쳐다본다. 고릴라가 들어와도 나는 신경 쓰지 않을 것이다."라고 담대히 말하면서 경청을 실천했고, 직원들 스스로 자신이 매우 중요한 존재라는 느낌을 주는 것이 리더의 임무라고 생각했습니다. 그녀는 경청만큼 상대방을 존중해 주는 방법은 없다고 말하면서 경청의 기술로 세 가지를 언급했습니다.

첫째, 귀담아듣는다

둘째, 사소한 메일이나 메시지에도 반드시 회신한다.

셋째, 작은 제안도 인정한다.

많은 경영자는 직원들이 이윤을 낼 수 있도록 헌신하기 위해서 높은 급여, 직원의 안정성과 다양한 복리 후생이 가장 중요하다고 말합니다. 그러나 메리 케이 애시는 돈보다 사람을 위한 경청의 리더십으로 상대방을 사랑하고, 존중하며, 배려하고, 인정한다면 어떤 비용 없이도 직원들의 잠재력을 끌어낼 수 있다고 말했습니다. 상대방의 소리에 귀 기울인 메리 캐이 애시. 그녀가 세상을 떠난 지금도 최고의 기업가로 불리는 이유는 그녀의 따뜻한 사랑과 경청의 위력이 지금까지도 전해지고 있기 때문입니다. 이처럼 경청의 성품은 비즈니스를 하는 데 있어서 중요한 기술이고 성공의 비결이 됩니다.

성공하는 사람들의 뒷모습에는 반드시 경청의 리더십이 숨어 있습니다. 가장 좋은 경청은 말하지 않아도 상대방이 경청하고 있음을 느끼게 해 주는 것입니다. 경청을 잘할 수 있는 비결은 상대방의 눈을 쳐다보고 말하는 것입니다. 고개를 끄떡이면서 몸을 개방적인 태도로 상대방에게 열어 주면서 웃음으로 지지하며 말하는 것입니다. "그렇군요.", "아, 네.", "저런!" 등 상대방의 말에 장단을 맞춰 주는 것입니다. 이렇게 하면 상대방은 자신을 소중하게 대접해 주는 그 사람을 존경하게 됩니다. 자신을 집중해 주는 그 사람을 소중하게 생각하게 되는 것은 당연한 이치입니다. 그래서 경청은 세상을 향한 또 다른 사랑의 표현이 됩니다. 하나님께서도 우리의 작은 믿음 하나까지도 경청해 주심으로 우리를 향한 사랑을 표현하십니다. 그러므로 세상을 경청하는 여성은 숨겨져 있는 막힌 담도 무너뜨리는 능력을 갖추게 됩니다.

**짧은 묵상
긴 행복**

1. 마리아는 천사 가브리엘의 말을 어떤 태도로 경청했나요?

   _____
   _____
   _____

2. 마리아의 경청법을 보고 우리가 오늘 배워야 할 경청의 태도는 무엇인지 생각해 보세요.

   _____
   _____
   _____

　　경청은 세상을 향한 또 다른 사랑의 표현이 됩니다. 하나님께서도 우리의 작은 신음 하나까지도 경청해 주심으로 우리를 향한 사랑을 표현하십니다. 그러므로 세상을 경청하는 여성은 숨겨져 있는 막힌 담도 무너뜨리는 능력을 갖추게 됩니다.

"그 주인이 이르되 잘하였도다
착하고 충성된 종아 네가 적은 일에 충성하였으매
내가 많은 것을 네게 맡기리니
네 주인의 즐거움에 참여할지어다 하고"

(마태복음 25:21)

Chapter 6

책임감

"에스더, 책임감으로 민족을 살린 여성"

책임감으로 무너진 세상 바로 세우기

책임감
Responsibility

내가 해야 할 일들이 무엇인지 알고
끝까지 맡아서 잘 수행하는 태도

(좋은나무성품학교 정의)

부부와 부모에게 꼭 필요한 성품은 책임감입니다.
남편과 아내의 역할이 무엇인지 알고
끝까지 맡아서 잘 수행하는 태도인 책임감으로
서로 사랑할 때 자연스럽게 훌륭한 부모가 될 수 있습니다.
또한 부모의 책임을 다할 때 자녀들은 자연스럽게
자신의 역할을 알고 끝까지 잘 수행하는
책임감의 성품으로 자라납니다.

세상을
바로 세우는 능력,
책임감

현대는 '하나' 되어 사는 것이 참으로 어려운 시대입니다. 많은 사람이 외딴섬처럼 고독하게 혼자 살아가는 것이 더 편하고 쉬운 길이라고 스스로를 위로하면서 살아갑니다. 그래서 관계를 맺고 살아가는 것을 어렵게 생각하고 하나 되기를 노력하지 않습니다. 그래서 가정이 하나 되지 못하고 공동체가 하나 되지 못한 채 외로움과 고독 속에서 힘들어 합니다. 이런 세상에서 어떻게 하면 우리의 가정, 직장, 교회가 서로 행복한 관계를 맺으며 하나 되는 기쁨을 누릴 수 있을까요? 그것은 바로 책임감의 성품으로 가능합니다. 세상의 모든 관계는 약속과 언약을 수반하고 있기 때문입니다. 그래서 좋은 관계를 유지하기 위해서는 책임감의 성품이 필요합니다.

여러 관계 중에서 특히 부부는 책임감을 꼭 필요로 합니다. 남편과 아내의 역할이 무엇인지 알고 끝까지 잘 수행하며 책임감 있게 서로 사랑해야 훌륭한 부모도 될 수 있습니다. 또한 부모의 책임을 다할 때 자녀들은 자신의 역할을 깨닫고 무슨 일이든 책임감 있게 임하는 사람으로 자라납니다.

"인격이란 책임 능력이다." - 임마누엘 칸트

"책임감이 있을 때에야 주변의 상황이나 자기 기분과 상관없이 스스로에게 한 약속을 지키고 실천할 수 있다."- 스티븐 코비

"책임감은 자기와 다른 사람을 돌보는 일을 포함하며 맡은바 본분을 올바르게 수행하게 하고 공동체에 헌신하게 하며 고통을 줄이고 더 나은 세상을 만들게 하는 원동력이다."- 토머스 리코나

그렇습니다. 모든 인간관계가 자기 기분에 따라 좌지우지될 수 없습니다. 기분과 감정을 떠나서 서로 책임지는 관계로 존중하고 배려할 줄 알아야 우리 사회가 유지될 수 있는 것입니다. 우리는 책임감을 가지고 스스로 한 약속을 실천하고 지켜나가야 합니다. 이처럼 책임감은 수많은 관계로 얽혀 있는 세상이 제대로 굴러갈 수 있게 만드는 성품입니다.

우리가 맡은 본분을 정확히 알고 그것을 끝까지 수행하는 책임감이라

는 성품은 공동체를 튼튼하게 다지는 기반이 됩니다. 구약성경 에스더에는 책임감 있는 태도와 지혜로 자신뿐만 아니라 민족을 살린 한 여인이 나옵니다. 그 여인은 바로 에스더 왕비입니다.

책임감으로
민족을 살린 왕비,
에스더

사실 에스더가 왕비가 되기 전에 와스디라는 미모의 왕비가 있었습니다. 아하수에로 왕은 자신의 아름다운 왕비를 자랑스럽게 여겼습니다. 어느 날 아하수에로 왕은 "그의 영화로운 나라의 부함과 위엄의 혁혁함"(에 1:4)을 드러내기 위해 계속 잔치를 베풀었습니다. 아하수에로 왕은 술에 취해 자기 왕비를 많은 대신들 앞에서 자랑하고 싶어 와스디 왕비를 불러오라고 말합니다. 왕후의 관을 정제하고 왕 앞으로 나아오게 하여 그녀의 아리따움을 뭇 백성과 지방관들에게 보이고 싶었던 것입니다.

그러나 왕후 와스디는 내시가 전하는 왕명을 거절합니다. 왕비는 늦은 밤 술에 취해 면류관을 정제하라고 부르는 왕이 싫었습니다. 왕비의 아름다움을 사람들에게 보여 줌으로써 자신의 권위를 높이려 했던 왕은 오지 않겠다는 왕비의 대답을 듣고 진노하여 마음속이 불붙는 듯했습니다. 분노한 왕은 "왕후 와스디가 내시가 전하는 아하수에로 왕의 명령을 따르지 아니하니 규례대로 하면 어떻게 처치할까"(에 1:15) 하고 대신들에게 묻습니다. 그때 므무간이 왕과 지방관 앞에서 이렇게 대답합니다.

> "므무간이 왕과 지방관 앞에서 대답하여 이르되 왕후 와스디가 왕에게만 잘못했을 뿐 아니라 아하수에로 왕의 각 지방의 관리들과 뭇 백성에게도 잘못하였나이다 아하수에로 왕이 명령하여 왕후 와스디를 청하여도 오지 아니하였다 하는 왕후의 행위의 소문이 모든 여인들에게 전파되면 그들도 그들의 남편을 멸시할 것인즉 오늘이라도 바사와 메대의 귀부인들이 왕후의 행위를 듣고 왕의 모든 지방관들에게 그렇게 말하리니 멸시와 분노가 많이 일어나리이다"(에 1:16-18).

이 말의 뜻은 왕비의 행위가 남편을 존경하지 못한 행위이기에 백성들에게 본이 되지 못한다는 것입니다. 그러자 왕은 그 말을 옳게 여겨 가정의 체통을 지킨다는 명분으로 와스디를 폐위시킵니다. 와스디는 왕비로서의 체통을 지켰는지는 몰라도 아내로서는 실패했습니다. 그녀는 결국 폐위된 왕비가 되었고, 아하수에로 왕의 가정은 풍비박산이 나고 말았습니다. 가정을 지키는 책임감은 남편과 아내에게 똑같이 있습니다. 남편에게는 아내를 존중하고 사랑해야 할 책임이 있고 아내에게는 남편을 존중하고 존경해야 할 책임이 있습니다.

이렇게 왕비 와스디는 폐위당하고, 두 번째 왕비를 간택하는 일이 일어납니다. 여기서 바로 에스더가 등장합니다.

그 당시 에스더는 삼촌 모르드개와 함께 유대인으로서 포로로 끌려와 있는 아름다운 여인이었습니다. 에스더는 부모가 없었으나 그의 부모가 죽은 후에 모르드개에게 순종함을 배우며 용모가 곱고 아리따운 처녀로 성장했습니다. 여성의 입장에서 자신을 아름답게 가꾸고 표현하는 것도 일종의 책임감이라 할 수 있습니다.

드디어 아하수에로 왕이 왕후를 간택하기 위해 궁녀를 모을 때 삼촌 모르드개는 에스더를 왕비 후보생으로 들여보내고 절대로 유대 민족에 대한 이야기를 하지 말라고 신신당부합니다. 이에 에스더는 자기 종족을 말하지 않고 왕에게 나아갈 준비를 합니다. 에스더가 왕 앞에 나아갔을 때 왕은 그녀를 가장 사랑하여 왕비로 삼았습니다.

그런데 왕비가 된 에스더에게 위기가 찾아옵니다. 하만이 유대인들을 죽이려고 조서를 붙인 것을 알고 모르드개가 "옷을 찢고 굵은 베 옷을 입고 재를 뒤집어쓰고 성중에 나가서 대성통곡하며"(에 4:1) 엎드린 것입니다. 이 소식을 전해 들은 에스더는 구체적인 진상을 파악하기 위해 내시인 하닥을 모르드개에게 보내 하만이 어떤 일을 행했는지를 알아봅니다. 모르드개가 이 일에 대해 왕에게 나아가서 고하라는 말을 들은 에스더는 왕이 부르지도 않았는데 나아가면 죽게 된다고 하면서 안 된다고 대답했습니다. 그 당시에는 왕이 부르지 않았는데도 왕 앞에 나아가는 자는 죽임을 당했기 때문입니다.

그러나 모르드개는 포기하지 않고 다시 에스더를 설득합니다.

"이때에 네가 만일 잠잠하여 말이 없으면 유다인은 다른 데로 말미암아 놓임과 구원을 얻으려니와 너와 네 아버지 집은 멸망하리라 네가 왕후의 자리를 얻은 것이 이때를 위함이 아닌지 누가 알겠느냐 하니"(에 4:14).

에스더에게 또다시 갈등의 상황이 찾아왔습니다. 결국 그녀는 이스라엘 민족을 위해 자기 목숨을 걸고서라도 책임을 다하기로 결단합니다. "죽으면 죽으리라"(에 4:16)는 태도로 지도자의 책임감을 발휘한 것입니다. 죽겠다는 각오로 나섰지만 에스더도 한 여인이었습니다. 그녀는 자신의 연약함을 알았기에 자신을 위해 기도해 달라고 부탁합니다.

에스더는 이러한 위기 속에서 어떻게 왕 앞에 나아갈 수 있었을까요? 그녀가 준비한 방법은 매우 특별했습니다. 자신의 아름다움을 잘 가꾸어서 왕이 자신에게 사랑스러운 마음을 갖도록 한 것입니다. 에스더는 믿음의 결단을 하고 민족을 위해 왕의 법을 어기고 아하수에로 왕 앞에 자신을 드러냈습니다. 이런 에스더를 본 아하수에로 왕은 그녀가 너무나 사랑스러워서 자신이 들고 있는 왕의 홀을 그녀에게 내밀게 됩니다.

왕은 사랑스러운 에스더에게 이렇게 말합니다.

"왕후 에스더가 뜰에 선 것을 본즉 매우 사랑스러우므로 손에 잡았던 금 규를 그에게 내미니 에스더가 가까이 가서 금 규 끝을 만진지라 왕이 이르되 왕후 에스더여 그대의 소원이 무엇이며 요구가 무엇이냐 나라의 절반이라도 그대에게 주겠노라"(에 5:2-3).

이처럼 에스더가 가지고 있던 아름다움과 사랑스러움은 위기를 극복할 수 있게 만든 지혜로운 방법이었습니다. 에스더는 왕 앞에 나와서 싸우지 않았습니다. 그리고 유대인들을 다 죽이려고 하는 하만을 죽이려고 하지도 않았습니다. 큰소리 지르고 삿대질하고 언쟁하지 않았습니다. 그저 아름다운 여성의 모습으로 정원 앞에 서 있었습니다. 그런데 왕이 아리따운 에스더를 발견하고 사랑스러운 마음이 들어 그녀를 불러서 소원을 말해 보라고 말한 것입니다. 여성의 책임감은 끝까지 자신의 아름다움을 지키는 것입니다.

에스더는 아하수에로 왕이 베푸는 사랑을 받으면서도 결코 서두르거나 섣불리 행동하지 않았습니다. 그래서 에스더는 자신이 왕을 위해 베푼 잔치에 하만과 함께 오기를 청합니다. 왕은 사랑스러운 아내의 말에 급히 하만을 불러 잔치에 가게 됩니다. 왕은 에스더에게 또 한 번 묻습니다.

"그대의 소청이 무엇이뇨 나라의 절반이라 할지라도 시행하겠노라 하니"
(에 5:6하).

왕은 에스더에게 소원을 말하라고 합니다. 그러자 에스더가 왕과 하만을 한 번 더 잔치에 오게 함으로써 하만을 궁지에 몰아넣습니다. 하만은 왕후가 자신을 왕과 함께 초대한 사실에 한껏 기분이 좋아져서 돌아갑니다. 돌아가는 길에 계속 자신을 높이지 않는 모르드개를 보고 노하여 그를 장대에 달아 죽이려는 음모를 꾸밉니다.

왕은 하만과 함께 에스더의 두 번째 잔치에 갑니다. 왕은 다시 에스더에게 소원을 말해 보라고 말합니다. 이때 에스더는 자기 민족을 살려야 한다는 책임감으로 지혜롭게 대답합니다.

"왕후 에스더가 대답하여 이르되 왕이여 내가 만일 왕의 목전에서 은혜를 입었으며 왕이 좋게 여기시면 내 소청대로 내 생명을 내게 주시고 내 요구대로 내 민족을 내게 주소서 나와 내 민족이 팔려서 죽임과 도륙함과 진멸함을 당하게 되었나이다 만일 우리가 노비로 팔렸더라면 내가 잠잠하였으리이다 그래도 대적이 왕의 손해를 보충하지 못하였으리이다 하니"(에 7:3-4).

왕이 에스더 왕비와 그녀의 민족을 죽이려 하는 자가 누구냐고 묻자 에스더는 주저하지 않고 하만이라고 대답합니다. 드디어 하만의 악이 드러난 것입니다. 왕은 노하여 자리를 떠나 후원으로 나갔고, 하만은 왕이 자신을 죽이기로 결심한 줄 알고 에스더에게 엎드려 살려 달라고 구합니다. 그런데 이때 다시 잔치 자리로 들어온 왕은 하만이 왕후를 건드리는 줄 알고 모르드개를 달아 죽이려 한 장대에 하만을 매달아 죽여 버립니다. 에스더는 침착하게 다시 왕에게 요청합니다.

> "이르되 왕이 만일 즐거워하시며 내가 왕의 목전에 은혜를 입었고 또 왕이 이 일을 좋게 여기시며 나를 좋게 보실진대 조서를 내리사 아각 사람 함므다다의 아들 하만이 왕의 각 지방에 있는 유다인을 진멸하려고 꾀하고 쓴 조서를 철회하소서 내가 어찌 내 민족이 화 당함을 차마 보며 내 친척의 멸망함을 차마 보리이까 하니"(에 8:5-6).

마침내 에스더는 특별한 방법으로 민족적 큰 환란과 위기를 극복한 책임감 있는 여성이 되었습니다. 그 비결을 주목해 보면 여성으로서의 아름다움과 사랑스러움을 유지하는 여성의 책임감으로 세상을 이긴 것입니다. 여성의 무기는 "아름다움과 사랑스러움"입니다. 부드러운 성품의 여성이 세상을 얻습니다.

여성의 리더십은 부드러운 리더십입니다. 에스더는 칼 한 번 휘두르지 않고 이스라엘 민족을 멸하려 했던 하만을 물리쳤습니다. 그녀는 자신이 할 수 있는 최선을 다하여 아름답고 고귀한 왕비의 모습을 유지하고 지키는 것으로 왕의 마음을 움직였습니다. 태초부터 여성에게 주신 아름다운 정체성을 유지하고 지키는 것이 바로 세상을 이기는 비결입니다. 그러기에 여성의 책임감은 하나님이 지으신 여성으로서의 고귀한 정체성을 지키는 것입니다. 아름다움을 변질시키지 않는 여성의 책임감이 세상을 위기 가운데서 구합니다. 세상의 혼란과 위기 앞에 서 있는 우리의 자녀들을 구할 수 있는 사람은 바로 여성입니다. 세상을 아름답게 만드시고 더 풍성하게 되기를 소망하시는 하나님 아버지의 소원을 이룰 존재가 바로 여성입니다.

조나단 에드워즈 가문의
축복의 비결

세계 명문가들을 들여다보면 어머니나 아버지가 집안의 분위기를 주도적으로 이끌어 가는 모습을 볼 수 있습니다. 어머니의 교육철학 또는 아버지의 생활신조가 습관이 되어 가풍으로 대대로 이어지기도 합니다. 명문가는 하루아침에 이루어지지 않습니다. 또한 한 사람의 재능만으로 명문가를 탄생시킬 수도 없습니다. 정신과 철학(원칙과 신념)이 자리 잡게 되면서 몇 대를 걸쳐 가문 깊이 뿌리 내릴 때 가능한 것입니다.

미국 어느 연구소에서 가문 연구를 했습니다. 그중 조나단 에드워즈(Jonathan Edwards) 가문이 매우 훌륭한 자손들을 배출했음을 알게 되었습니다. 18세기 말 조나단 에드워즈는 부인 사라를 만나 결혼했습니다. 그들은 비록 가난했지만, 정직과 성실한 성품으로 가정을 이끌어 가면서 자녀들을 사랑과 축복으로 키웠습니다. 그의 가문은 대대로 18세기 말부터 5대 이상 걸쳐 1,394명의 자손을 얻었습니다. 그중 295명이 대학을 졸업했고, 65명의 교수, 3명의 상원의원, 2명의 주지사, 1명의 부통령, 30명의 판사, 102명의 변호사, 56명의 외과 의사, 300명의 선교사 및 목사들을 배출했습니다. 조나단 에드워즈 가문은 어떻게 이런 영향력 있는 후손들을 계속 배출할 수 있었을까요?

이 가문에서 볼 수 있는 것은 바로 독실한 기독교 신앙으로 부모가 서로 사랑하며 아름다운 가정을 이루었다는 것입니다. 즉 '부부가 깊이 사랑했다'는 것입니다. 그의 자녀들은 부부의 사랑이라는 울타리 안에서 안정감을 얻고 자랐으며, 부부의 사랑이 크면 클수록 자녀들의 마음속 그릇도 커져서 많은 유산을 담을 수 있었습니다.

이 연구를 통해 전문가들을 비롯한 그의 후손들은 "부부가 믿음, 소망, 사랑의 질서 속에서 서로 존경하며 사는 모습을 자식들에게 보여 주는 것만큼 큰 유산은 없다."고 말하면서 명문가가 된 원인을 세 가지로 정리했습니다. 그것은 첫째, 신앙, 둘째, 교육, 셋째, 부부의 사랑이었습니다. 그들은 큰 꿈을 품고 사랑하며 살았기 때문에 세상에 선한 영향력을 끼치는 명문 가문이 될 수 있었던 것입니다.

데이비드 옥스버그 박사는 조나단 가문을 참고로 부모로부터 받은 영적 유산을 물질적인 값으로 환산해 보았습니다. 그의 계산에 따르면 부모가 서로 사랑하고 존경하는 모습을 한 번 볼 때마다 자녀는 4천 달러(약

4~500만 원)의 유산을 받게 됩니다. 이는 물론 학문적으로 인정된 사실은 아닙니다. 하지만 아침 일찍 부모님이 정답게 마주 앉아 예배드리는 모습이나 아버지가 퇴근해 돌아와 저녁을 준비하는 어머니에게 사랑을 속삭이는 모습을 두세 번만 보여 줘도 자녀들은 하루에도 만 달러(1천만 원)가 넘는 유산을 받는 셈이 됩니다. 이런 유산을 마음속에 받은 아이들이 잠자리에 들었을 때의 기쁨과 충만감을 어찌 말로 다 표현할 수 있을까요? 어머니와 아버지의 사랑이 아이들을 크게 만들고 위대한 가문으로 만들고 또 한 가문의 가장 위대한 유산은 다름 아닌 가족 간의 사랑이라는 것을 조나단 가문의 연구 결과가 일깨워 주고 있습니다.

사랑한다는 것은 책임지는 것입니다. 책임감이란 "내가 해야 할 일들이 무엇인지 알고 끝까지 맡아서 잘 수행하는 태도"(좋은나무성품학교 정의)라고 했습니다. 또한 하나님께서는 "착하고 충성된 종아 네가 적은 일에 충성하였으매 내가 많은 것을 네게 맡기리니"(마 25:21)라고 말씀하셨습니다. 우리가 작은 일 하나하나에도 충성된 마음으로 책임감 있게 행할 때 하나님께서는 우리 가정에 더 좋은 것들을 가득 채워 주실 것입니다.

자녀들에게 배우자를 끝까지 책임지는 사랑의 모범을 보여 주십시오. 자녀들은 그 책임감을 통해 진정한 사랑이 무엇인지 배우게 될 것입니다. 사랑할 수 없을 때 포기하지 않고 끝까지 사랑하는 책임감은 무너진 울타리를 다시 세웁니다. 다시 말해 부모와 자녀로서 해야 할 일이 무엇인지 아는 것이 곧 책임감입니다.

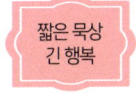

**짧은 묵상
긴 행복**

1. 에스더가 위기와 환난을 극복할 수 있었던 것은 여성으로서의 "아름다움과 사랑스러움"이었습니다. 그렇다면 나는 위기에 닥쳤을 때 어떻게 대처하는지 생각해 보세요.

_____
_____
_____

2. 아내가 남편을 부드럽게 칭송하며 왕으로 대접해 주면 아내는 행복한 왕비가 됩니다. 남편이 아내를 끝까지 사랑하고 아내의 위치를 지켜서 여왕으로 대접해 주면 남편은 멋진 왕이 됩니다. 서로에게 왕과 왕비가 될 것을 다짐하며 서약해 보세요.

남편 – "당신을 나의 왕비로 섬기겠습니다."
아내 – "당신을 나의 왕으로 섬기겠습니다."

"모든 인생에는 위기와 갈등이 있기 마련인데
그 속에서 빛을 내는 것이 바로 성품입니다.
좋은 성품이란 갈등과 위기 상황에서 더 좋은 생각, 더 좋은 감정,
더 좋은 행동으로 문제를 해결하는 능력입니다."

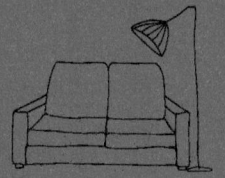

PART. 3

성품으로 '나' 마주하기

Chapter 1

나를 사랑할 수 없을 때

자존감

자기 능력을 비롯한 자신의 모든 모습에 대해
스스로 내린 평가, 즉 관심과 인정 및
존재에 대한 판단적인 개념

자존감을 회복하는 방법은 바로
내가 얼마나 소중한지 알고 즐거워하는 기쁨의 태도에 있습니다.
어려운 상황이나 형편 속에서도 불평하지 않고
즐거운 마음을 유지하는 기쁨의 성품을 통해
우리는 자존감을 회복하고 귀한 존재로서의 에너지 넘치는
삶을 살 수 있습니다.

나를
사랑할 수
없을 때

행복을 결정짓는 것은?

• • •

많은 사람이 어떻게 하면 행복한 인생을 살 수 있을지 궁금해 합니다. 이 문제에 대해 하버드대학교 베일런트 교수는 '잘 사는 삶의 일정한 공식'이 존재한다고 밝혔습니다.

지난 2009년, 장래가 촉망한 하버드 2학년 학생 268명을 대상으로 72년에 걸쳐 추적한 연구 결과가 시사월간지 「애틀랜틱 먼슬리」 6월호에 발표되어 학계의 주목을 받았습니다. 하버드대학교 생리학, 약학, 인류학, 심리학 분야의 '최고의 두뇌들'이 연구진으로 동원되고, 하버드 의대의 베일런트 교수가 주도한 이 연구는 '잘 사는 삶의 일정한 공식'을 찾기 위한 노력의 일환으로 이루어졌습니다. 연구대상으로 선정된 268명은 하버드 수재 중에서도 가장 똑똑하고 야심 찬 최고 엘리트 그룹이었습니다. 이들 중에는 연방상원의원과 유명한 소설가, 대통령이 된 존 F 케네디, 워싱턴 포스트 편집인으로서 닉슨의 워터게이트사건 보도를 총괄 지휘했던 벤 브래들리(현재 부사장)도 포함되어 있었습니다.

그러나 화려한 출발과는 달리 연구가 시작된 지 10년이 지난 1948년부터 20명은 심각한 정신질환을 호소하기 시작했습니다. 이들이 50세가 될 무렵엔 약 3분의 1이 정신질환의 이력을 가지고 있었습니다. "하버드 엘리트라는 껍데기 아래에는 고통받는 심장이 있었다."고 이 잡지는 묘사했습니다.

연구 결과 47세 무렵까지 형성돼 있는 '인간관계'가 이후 생애를 결정하는 데 가장 중요한 변수임이 밝혀졌습니다. 행복한 성공을 이루는 데 필요한 7가지 요소는 고통에 적응하는 성숙한 자세, 교육, 안정적인 결혼, 금연, 금주, 운동, 적당한 체중이라는 결론을 내렸는데, 이 요소들은 바로 성품의 요소들이라고 볼 수 있습니다. 7가지 중 50세에 5~6개를 갖춘 집단은 80세에도 행복하고 건강한 삶을 살고 있었다는 연구 결과를 발표했습니다. 결국 행복한 인생을 결정짓는 열쇠는 지성이나 계급이 아니라 폭넓은 인간관계를 만드는 '좋은 성품'이었습니다.

또 긍정심리학자인 마틴 셀리그먼은 행복한 성공을 이룬 사람들은 폭넓은 인간관계(부부, 부모-자녀 관계, 우정)와 보람 있는 사회생활을 하고 있는 것이 특징인데 다음과 같은 6가지 요소를 가지고 있다고 말합니다.

1. 자아존중감 행복한 사람은 자기를 좋아하고 사랑합니다.
2. 자기통제감 행복한 사람은 스스로 자기 운명을 선택할 수 있다고 믿습니다.
3. 외향성 행복한 사람은 외향적이고 사교적입니다.
4. 긍정적인 태도 행복한 사람은 긍정적이고 희망에 차 있습니다.
5. 긍정적 대인관계 행복한 사람은 다른 사람과 긍정적인 관계를 맺고 풍성한 삶을 삽니다.
6. 뚜렷한 목표 의식 행복한 사람은 자신이 왜 살아야 하는지에 대한 존재의 이유와 목적을 분명히 알고 있습니다.

위의 요소 중 행복한 성공을 이루는 가장 중요한 요소는 자아존중감이라고 말합니다.

자존감이란 무엇인가

자아존중감(자존감)이란 자신의 능력을 비롯한 모든 모습에 대해 스스로 내린 평가, 즉 관심과 인정 및 존재에 대한 판단적인 개념이라고 말할 수 있습니다.

로젠버그(Rosenberg, 1995)는 자아존중감(self-esteem)이란 어떤 내적 기준이나 기대와 비교하여 자기 능력을 판단하는 자아개념의 일부로서 자아에 대한 긍정적이거나 부정적인 태도라고 정의했습니다. 그의 연구에 따르면, 낮은 자존감을 가진 사람들은 우울, 불안, 그리고 낮은 성취 수준을 보였다고 합니다. 높은 이상은 있지만 성공하기 위한 필수적인 재능이 부족하다고 스스로 생각하기 때문에 결코 그들이 원했던 성공이나 더 좋은 직업을 얻으려고 노력하지 않고 사회적 고립감이 두드러지게 나타난다고 보고했습니다.

반면 높은 자존감을 가진 사람들은 자기표현 능력, 자기 확신, 인내, 잠재적인 지도력, 재주, 좋은 인상을 주는 능력, 사회적인 기술, 실용적인 지식을 소유하고 자신을 긍정적으로 평가하는 특성이 있다고 보고했습니다.

긍정적 자아개념의 소유자는 자기 평가가 정확하다고 보고 자신의 잘못을 객관적으로 판단할 줄 알며, 적응력이 좋고, 공격에 대해서도 확신을 가지고 있기 때문에 근심이나 걱정을 적게 합니다. 반면 부정적인 자아개념의 소유자는 자신에 대한 열등감이나 불확실함을 갖게 되어 실패를 두려워하고, 현실 도피적인 성향을 띄기도 합니다.

쿠퍼스미드(Coopersmith, 1967)는 자아존중감이란 개인이 평소 자신에 대해 내리는 평가를 뜻하는데 이것은 자신을 능력 있고 의미 있으며 성공적이고 또 가치 있는 존재로 믿는 정도를 나타낸다고 말했습니다.

그는 자아존중감에 대한 주요 기준을 네 가지로 보고 있습니다. 첫째, 자기가 중요하다고 생각하는 사람에게 사랑을 받으며 인정받고 있다고 느끼는 정도, 둘째, 자신이 중요하다고 여기는 작업을 수행함에 있어서 성취 의욕을 만족시킬 수 있는 실력의 정도, 셋째, 도덕과 윤리적인 규범을 달성한 정도, 넷째, 다른 사람에게 영향을 미치고 통제할 수 있는 능력의 정도라고 봅니다.

자존감이 왜 중요한가?

자존감은 자신을 수용하는 것과 자신을 평가하는 태도에서 비롯되고 이것은 그 사람을 둘러싼 주변 사람들의 평가에 많은 영향을 받게 됩니다. 자존감이 높은 사람이 성품도 좋습니다. 어쩌면 성품교육의 첫 번째 목적이 자존감을 키워 주는 것이라고 말할 수 있을 정도로 자존감은 중요합니다.

브레이든(Braden, 1992)은 자아존중감을 첫째, 우리 자신에게는 생각하는 능력과 인생의 역경에 맞서 이겨낼 수 있는 능력이 있다는 자신에 대한 믿음이라고 말했습니다. 둘째, 우리 스스로가 가치 있는 존재임을 느끼고, 필요한 것과 원하는 것을 주장할 자격이 있으며 행복해질 수 있고 또 자신의 노력으로 얻은 결과를 스스로 즐길 수 있는 권리가 있다는 자신에 대한 믿음이라고 말하면서 그 중요성을 강조했습니다.

자존심 vs 자존감
• • •

자존심은 차곡차곡 받은 상처를
자존감은 차곡차곡 받은 애정을 기초로 한다.

자존심은 스스로를 지키려는 마음을 통해
자존감은 누군가 불어넣어 준 것을 통해 형성된다.

자존심은 자신을 할퀴려는 사람에게 사나운 발톱을 드러내고
자존감은 맹렬히 맞서는 대신
집에 돌아와 일기를 쓰며 자신을 위로한다.

자존심은 좋은 조건을 채우기 위해 이기심이라는 커다란 호주머니를 달고
자존감은 따뜻함을 전하기 위해 자기애라는 목도리를 두른다.

― 김기열

이 글을 보면 자존심과 자존감이 너무 다르다는 것을 알 수 있습니다. 자존심(self-respect)은 남에게 굽히지 않고 스스로 자신의 품위를 지키는 마

음입니다. 약점보다는 강점에 대한 자부심에 치중하기 때문에, 약점이 드러나면 금방 상처를 받고 맙니다. 반면 자존감은 자신의 가치를 존귀하게 여기는 감정입니다. 자존감은 더 좋은 생각, 감정, 행동을 선택하게 하는 원동력이 됩니다.

오늘날 많은 사람이 자신의 약점을 '자존심'이라는 방패로 가린 채 자존감 없는 것을 숨기려 합니다. 자신의 존귀함을 전혀 모르고 살아가는 것도 문제지만, 가치보다 조건을 앞세워 남과 나를 비교하며 자존심을 내세우는 것도 심각한 문제입니다. 자존감이 낮은 사람들은 '부정적 자아상'을 가지고 있습니다. 부정적 자아상을 가진 사람들의 10가지 특징을 살펴보면 다음과 같습니다.

부정적 자아상을 가진 사람들의 10가지 특징들

1. 늘 자신의 부족하고 열등한 면에만 집중합니다.
   - 자신의 장점보다 단점을 확대하는 경향이 있습니다.
   - 잘한 것 아홉 가지보다 못한 것 한 가지를 더 크게 여깁니다.
2. 마음속에 늘 높은 기준의 목소리가 있습니다.
   - 이 목소리는 은연중에 마음속의 높은 기준을 따르게 합니다.
   - 기준에 다다르지 못하면 자신을 가차 없이 비난합니다.
3. 마음속에 자신을 부끄러워하는 수치감이 있습니다.
   - 남들이 자신을 알까봐 두렵습니다.

4. 기분이 우울합니다.

　- 마음에 왠지 모를 불안과 긴장이 있습니다.

5. 대인관계에서 맺고 끊는 것이 불분명합니다.

　- 쉽게 감정에 압도당하므로 대인관계에서 끌려다니거나 군중 속의 고독을 느낍니다.

6. 실수나 부정적인 과거에 집착합니다.

　- 완벽주의자 성향을 띠며 자신을 늘 괴로워합니다.

7. 충돌이 있을 때 타협하지 못하고 고집을 부립니다.

　- 건강하게 타협하는 방법을 알지 못하고 무조건 자기 의견을 관철합니다.

8. 늘 변명합니다.

　- 어떤 일에 스스로 책임을 지기보다는 늘 잘못을 다른 사람 탓으로 돌립니다.

9. 불안하고 죄의식에 민감합니다.

　- 내면에 근본적인 분열이 있기 때문입니다.

10. 사는 것 자체가 무의미하다고 생각합니다.

　- 쉽게 좌절하고 타성에 젖어 허무해하면서 우울해합니다.

상담심리학자 레스 패로트(Les Parrott)는 "자아정체감이 확립되지 않은 상태에서 다른 사람과 친밀한 관계를 시도해 봤자, 그 대인관계는 자기 자아를 완성하려는 부질없는 노력으로 시종일관하게 된다."고 말했습니다. 그리고 '나는 누구인가'에 대한 확고한 자아상을 정립하는 것이야말로 변치 않는 우정과 인생의 반려자를 발견하기 위한 가장 기초적인 작업이다."라고 했습니다.

자존감을 회복하는 방법은 바로 내가 얼마나 소중한지 알고 즐거워하는 기쁨의 태도에 있습니다. 어려운 상황이나 형편 속에서도 불평하지 않고 즐거운 마음을 유지하는 기쁨의 성품을 통해 우리는 자존감을 회복하고 귀한 존재로서의 에너지 넘치는 삶을 살 수 있습니다.

Chapter 2

마음의 상처가 콕콕 찌를 때

성인아이

아직도 해결되지 않은
어린 시절의 문제를 안고 있는 성인

인생이라는 커다란 위험 앞에서 긍정을 선택하고
기쁨을 유지하는 비결을 배워 나가는 지혜가 필요합니다.
상처받은 사람만이 상처를 치유할 힘이 있기에
'상처받은 치유자'가 되어 성숙하게 인생을 바라보며
희망을 선포할 수 있는 자격이 주어집니다.

마음의 상처가
콕콕
찌를 때

상처를 어떻게 받아들여야 하는가

　인생에서 상처는 필수적인 삶의 요소입니다. 상처 없이 살고 싶다면 세상 밖으로 나가는 생의 마지막 이후가 되어야 할 것입니다. 살아있다는 것은 여전히 삶 속에서 갈등과 위기가 있다는 것을 인정하고, 사건과 사고를 만날 때마다 역경의 나이테를 늘려가며 스스로 극복해 나가는 과정입니다. 상처를 긍정적인 태도로 잘 극복하는 사람이 성공하는 인생을 살고 이 상처를 극복하지 못하는 사람은 평생 부정적인 생각과 감정, 태도들 속에서 엉겨 자신뿐만 아니라 또 다른 사람에게 고통을 주고받는 힘든 인생이 되어 좌절하게 됩니다.

　상처 중에는 어린 시절에 받은 상처, 즉 초기 고통이 인생을 고통스럽게 하는 원인이 됩니다. 이때 받은 상처들이 자신의 또 다른 내면아이가 되어 성장한 어른이 되어서도 부정적인 영향력을 발휘하게 됩니다.

　상처받은 사람들의 특징은 다른 사람과의 인간관계, 특히 결혼생활에서 상처를 주고받는 관계를 형성하며 고통스럽게 살아간다는 것입니다. 이는 현재 어른이 된 너와 나 속에 과거의 상처받은 내면의 어린아이가 함께 살아가기 때문입니다. 이런 사람들은 가족 안에서 극단적이고 고집이 센 병적인 부모 역할을 하기도 하고 사람들과의 관계를 기피하면서도 특정한 사람에게 극심한 의존 중독 현상을 보이기도 하고 그 밖의 다른 종류의 중독 증세들이 나타납니다.

　사실 상처는 '후회할 수 있는 것이 아닙니다. 상처의 특징이 스스로 선택할 수 없는 고통이기 때문입니다. 내가 잘못해서 오는 것이 아니라 인생 속에서 가장 무기력하고 의존적인 시기에 부모, 양육자, 형제 등 나와 가장 가까운 관계에 있는 사람들로부터 받는 것이기 때문에 상처가 되고 좌절이 됩니다.

　그렇다면 우리는 상처를 어떻게 받아들여야 할까요? 긍정적인 태도로 내 상처가 된 초기 고통을 받아들여 보십시오. 나에게 초기 고통이 되는 어린 시절의 아픔들은 내가 스스로 선택할 수 있는 상황이 아니었습니다. 하지만 인생이라는 커다란 위험 앞에서 긍정을 선택하고 기쁨을 유지하는 비결을 배워 나가는 지혜가 필요합니다. 상처받은 사람만이 상처를 치유할 힘이 있기에 '상처받은 치유자'가 되어 성숙하게 인생을 바라보며 희망을 선포할 수 있는 자격이 주어집니다.

상처는 어린 시절의 부정적인 경험에서 온다

태어난 후 최초의 몇 년이 그 이후의 성장과 발달에 지대한 영향을 끼치게 됩니다. 낮은 자존감으로 발생하는 자기애적 인격장애는 생애 최초의 2년 동안 겪은 부적절한 발달 경험들과 연결됩니다. 부정적인 경험을 이른 시기에 경험했을수록, 또한 그 후에 그 경험을 해소할 만한 기회가 적었을수록 어른이 된 후에 심리적인 고통을 받을 가능성이 커집니다. 시간이 흐를수록 상처가 없어지는 것이 아니라 부정적인 자아 형성이 더욱 확고하게 자리 잡기 때문입니다. 특별히 어린 나이에 버림받은 경험은 성인이 된 이후에도 치명적인 고통을 수반하게 됩니다.

다음의 두 실험은 어린 시절의 분리 경험을 긍정적으로 소화해 내지 못한 채로 성장하는 경우 끔찍한 상처로 남게 된다는 것을 알려줍니다.

> **르네 스피츠(Rene spitz) 실험**
>
> 생후 6~8개월 된 아이가 엄마는 물론, 아빠, 형제자매, 할머니 등 기타 엄마의 역할을 대신해 줄 사람이 없는 상태에서 3~5일 간 방치될 경우 아

이는 심각한 우울 증세를 보인다는 것을 증명했다. 그런 아이들을 보육원에서 관찰한 결과 처음에는 강한 저항을 보이다가, 차츰 절망에 빠지고 나중에는 외면해 버린다는 것을 알게 되었다. 이후 사람들과의 접촉을 점점 줄이고, 눈물을 자주 흘리면서 슬퍼하고, 후에는 그네 타기와 같은 놀이를 하면서 혼자서 기분을 전환하는 방법을 개발하게 된다. 또한 아이는 표출하지 못한 내면의 분노를 벽에 머리를 찧는 등 자학을 통해 발산하기도 한다. 이런 형태의 심리적 충동을 '의존 우울증'(anaclitic depression)이라고 부른다.

즉 의존 우울증이란 어린 나이에 특별히 생후 6~7개월 된 시기에 부모나 형제 등 자신을 양육하는 사람들에게 분리 경험을 겪은 아이들에게 일어나는 우울증으로 성인의 우울증과는 다른 형태이다. 이런 우울증은 3~5일 간의 분리 기간이 짧아지거나 이미 엄마와 긍정적인 유대관계가 이루어진 상태라면 우울 증세가 쉽게 사라질 수 있다.

로버트슨 부부 실험

아이의 연령, 성격, 양육자의 존재 여부가 분리 불안을 소화하는 방법에 큰 영향을 준다는 것을 증명한 실험이다. 아이의 연령이 높거나, 자아발달이 더 많이 진행된 아이거나 타인과의 관계를 수용할 능력이 발달한 아이일수록 마음속의 슬픔을 겉으로 표출하면서 분리 경험을 더 잘 극복한다는 것을 밝혀냈다. 또한 엄마가 없을 때 아빠나 할머니, 혹은 다른 형제가

> 있던 아이는 우울증에 빠지지 않았고 큰 손상 없이 분리 기간을 잘 극복해 나갔다. 그런데 엄마가 우울증을 앓거나 문제가 있었던 아이의 경우는 오히려 엄마와 잠시 떨어져 있던 기간이 아이의 성장 발달에 더 긍정적인 영향을 주기도 하였다. 어떤 아이는 엄마와 떨어져 사는 동안 점점 더 소극적으로 변해갔고 나중에 엄마와의 관계를 회복하는데 수주일이 걸렸으며 보육원을 나간 뒤 3년이 지난 후에도 극심한 분리 불안을 나타냈고 매우 공격적인 성향을 드러내는 아이가 되었다.

아이의 생존 여부가 전적으로 부모에게 달린 어린 시절에 겪는 부모와의 분리는 치명적인 인생의 위협이고 위험이 됩니다. 어린 시절 부모와 물리적, 심리적으로 안정적인 애착이 형성되고 다양한 사람들과의 긍정적인 유대 관계를 맺어본 경험이 있는 사람들은 후일 생활에서 오는 상처들을 더욱 유연하게 처리하는 능력이 생기고 자기 삶을 행복하게 이끌어가는 능력이 있습니다.

어린 시절의 돌봄이 중요하다

애착이론의 창시자 존 볼비(John Bolby)와 대상관계 이론가 도널드 위니캇(Donald W. Winnicott)은 세계대전 중에 전쟁으로 부모를 잃고 시설 기관에 맡겨진 어린아이들을 관찰 연구하였습니다. 연구 결과 유아들이 가장 크게 받는 정신적 충격을 받는 것은 '분리불안'이라는 결론을 내리게 됩니다.

건강한 자아로 응집되기 위해서는 반드시 가까이서 자신을 돌보는 '대상'이 곁에 있어야 하고 항상성(homeostasis)이 깨져 불안에 압도당하지 않도록 유아의 필요에 즉시 민감하게 응답해 주는 '돌봄'이 중요합니다.

애착이론은 존 볼비가 엄마와 아이 사이에 오가는 친밀성의 정도에 따라 아이가 성인이 된 후 어떤 행동을 보이는지를 발견한 분야로 약 3-24개월까지의 유아를 관찰하고 연구하여 창시한 이론입니다. 애착이론의 중요 주제로 행복은 애착과 사랑을 통한 친밀감을 형성하는 것입니다. 애착이론의 유형에 따라 가지고 있는 생각과 상태는 다음과 같습니다.

애착 이론의 유형별 가지고 있는 생각

안전 애착형	불안 회피형	불안 저항형	불안 혼란형
・인생은 즐겁고 좋은 것으로 가득하다. ・믿을 만한 대상이 내게 있다.	・혼자서 살 궁리 하자. ・누구도 믿지 말자. ・감정을 숨겨라.	・한두 번 속아보나 생떼가 제일이다.	・두렵고 무서운 게 삶이다. ・어떻게 해야 할지 모르겠다.

상처받은 성인 아이의 11가지 특징

어린 시절 양육자의 돌봄을 제대로 받지 못하고 마음의 상처를 받은 사람은 성인 아이로 자라게 됩니다. 존 브래드쇼(John Bradshaw, 1990)에 의하면 상처받은 성인 아이들에게는 다음과 같은 특징이 있다고 말합니다.

1. 상호 의존증(Co-Dependence) : 정체성 상실의 병(Loss of Identity)
   - 의미 자신의 정체성을 찾기 위해 그들 바깥에 있는 어떤 것들에 전적으로 의존합니다.
   - 증상 자아존중감을 키워 나가는 능력을 잃어버리고 바깥세상으로 눈을 돌려 거기에만 모든 관심을 가지게 됩니다.
   - 원인 어린 시절에 마땅히 받아야 할 욕구들이 채워지지 않을 경우 생깁니다.

2. 공격적 행동(Offender Behaviors)
   - 증상 학대의 고통에서 살아남기 위해 자기 정체성을 잃어버리고, 자신을 가해자와 동일시하는 것입니다.
   - 원인 어린 시절의 폭력과 학대(신체적, 성적, 정서적 학대, 해결되지 않은 슬픔)로 생깁니다.

3. 자기애성 성격장애(Narcissistic Disorders)
   - 의미 자기애적 욕구들(자신이 소중한 존재이고 사랑받고 환영받고 있는가를 아는 것)이 손상된 상태. 자기중심적인 성인 아이로 언제나 자기

욕구들이 충족되지 않습니다.

- **증상**
  - 언제나 다른 사람과의 관계에서 실망하고 좌절을 경험합니다.
  - 항상 자신의 부족함을 메워 줄 수 있는 완벽한 사랑의 대상을 찾아 헤맵니다.
  - 무엇인가에 중독되어 버립니다.
  - 물건이나 돈을 통해 자신의 존재 가치를 보상받으려 합니다.
  - 배우나 운동선수 같은 유명인이 되고 싶어 합니다.
  - 자기도취적인 욕구를 채우기 위해 어린 자녀들을 이용하기도 합니다.
- **원인** 건강한 자기애적 욕구들이 충족되지 않을 경우 자존감에 심각한 상처가 생깁니다.

4. 신뢰의 문제(Trust Issues)

- **증상**
  - 어떤 것에 중독되기도 하고 타인을 지나치게 믿지 않거나 다른 이를 지나치게 믿습니다.
  - 친밀한 것과 맹목적인 것, 관심과 집착, 보호와 통제를 혼동하게 됩니다.
  - 세상을 신뢰하지 못하기에 자기 자신이 늘 경계하고 통제하려 듭

니다.
- **원인** 양육자나 가까운 사람들과 최초의 발달 과제인 기본적인 신뢰감을 형성하지 못해서 생깁니다.

5. 표출된 행동(Acting Out)과 내면적 행동(Acting in Behaviors)

- **표출된 행동 증상**
    - 자신이 받은 폭력을 다른 사람들에게 그대로 행사하는 것을 말합니다.
    - 자신은 한 번도 해 본 적이 없고, 말해 본 적도 없는 것을 자기 아이들에게 하거나 말하게 합니다.
    - 자연 발생적인 연령 퇴행 : 짜증나는 기분, 삐죽거리는 것 등 무절제하게 반항적으로 되는 것입니다.
    - 지나치게 이상적인 양육 규칙들을 가지고 있거나 마음속에 높은 기준의 목소리가 있습니다.
- **표출된 행동 원인** 어린 시절에 받은 분노, 두려움, 슬픔의 감정들을 적절하게 해결하거나 표현하지 못해서 생긴 파괴적이고 비정상적인 행동들입니다.

- **내면적 행동 증상**
    - 어렸을 때 다른 사람에게 받았던 학대를 자기 자신에게 표출합니

다.
- 신체적인 학대를 받았던 사람이 자기 자신에게 똑같은 방식으로 감정을 표출합니다.
- 분노를 표출하지 않고 밖으로 표현하지 않으면 결국 의기소침해지고 냉담해지며, 인생 목표들을 성취하려는 어떤 열정도 없는 아주 무기력한 사람이 되기도 합니다.
- 감정의 에너지가 안으로 표출되는 경우에는 심각한 신체적 증상들을 일으키기도 합니다(위장 장애, 두통, 요통, 목의 통증, 근육 긴장, 심장병, 암 등).
- 사고를 자주 일으키는 경향도 내면적 행동의 또 다른 형태입니다. 사고를 통해서 자기 자신을 다치게 하는 경향을 말합니다.
- **내면적 원인** 과거의 해결되지 않은 감정들이 자기 자신을 향해 적대적으로 돌아오는 것입니다.

6. 마술적인 믿음(Magic Beliefs)

- **증상** 자신의 상황을 바꾸기 위해서 스스로 무언가를 하기보다는 어떤 사건이나 사람이 자기 현실을 바꾸어 줄 것이라고 아이처럼 믿는 것입니다.

> **마술적인 믿음의 예**
> - '내가 돈이 많아지면 행복해질 수 있을 거야.'
> - '내가 성형수술을 해서 예뻐지면 남자들이 줄을 설 거야.'
> - '일류대학 학위가 날 지적인 사람으로 만들어 줄 거야.'
> - '복권을 계속 사다 보면 어느 날 벼락부자가 될 거야.'
> - '계속 기다리면 좋은 결과가 올 거야.'

- 원인
  - 발달단계에서 아이에게 꼭 필요한 의존적인 욕구들이 채워지지 않을 때 생깁니다.
  - 역기능 가정에서 자란 양육자에 의해 성장한 자녀에게 보이는 현상들입니다.

7. 친밀감 장애(Intimacy Dysfunctions)

- 증상 혼자 버려지는 것에 대한 두려움과 다른 사람들에게 휩쓸리는 것에 대한 두려움, 또는 다른 사람이 자신을 거절할까 두려워 거절하지 못하고 자신의 진정한 욕구를 인식하지 못합니다. 외부 세계로부터 스스로를 영원히 고립시킵니다. 진정한 자기에 대한 의식이 없기 때문에 관계 속에서 친밀감을 경험하지 못합니다.
- 원인

- 부모가 아이들의 감정이나 욕구나 바람이 무엇인지 알아주지 않았을 때, 진정한 자아를 거부하고 거짓 자아가 만들어지게 됩니다.
- 부모가 아이의 성별에 대해서 실망하거나 창피를 주거나 발달상 필요한 아이의 의존적인 욕구들을 무시한 상황에 해당합니다.

8. 무질서한 행동(Nondisciplined Behaviors)

- 증상 훈련이 안 된 무질서한 내면 아이는 반항적이며 빈둥거리거나 늑장을 부리고, 자기 욕구가 빨리 충족되지 않으면 참지 못하고 고집을 피웁니다. 또한 생각 없이 충동적으로 행동하는 경향이 강합니다. 반면 지나치게 규율적인 아이는 융통성이 없거나 강박관념에 사로잡혀 있고, 지나치게 억제되어 있거나 순종적입니다.
- 원인 부모가 제대로 된 모델이 되어 주지 못했을 때 또는 부모의 규율이 지나치게 엄격할 때 생깁니다.

9. 중독적이고 강박적인 행동(Addictive / Compulsive Behaviors)

- 증상
  - 삶에 위험한 결과를 가져오고, 기분 전환을 위한 감정적 대체물에 병리적 반응을 보입니다.
  - 자기 훈련이 안 된 부모가 잘못된 모델링을 보여 줄 때 자녀는 무

질서한 행동을 하게 됩니다.
- 원인 상처받은 내면 아이가 원인이며 만족할 줄 모르게 되는 뿌리입니다.
- 종류 섭식 중독, 활동 중독, 감정 중독, 인지적인 중독, 알코올 중독, 마약, 물건 중독, 일중독, 도박, 섹스 중독 등을 말하며 슬픔 중독, 기쁨 중독도 이에 해당합니다.

10. 사고의 왜곡(Thought Distortions)

- 증상
    - 생각과 감정을 어떻게 구분하는지 알지 못하여 일반화와 상세화의 사고 과정에 왜곡이 나타납니다.
    - 감정에 대해서 생각할 줄 알고 생각에 대해서 느끼는 법, 즉 생각과 감정을 구분하는 방법을 배우기 위해서는 양육자의 건강한 모델링이 필요합니다.
    - 일반화(Universalizing) : 어린 시절 필요한 욕구들이 제대로 충족되지 못했을 때 어른이 된 후에도 어린아이 같이 자기중심적인 생각들을 표현하는 현상입니다.
- 원인 성장 발달에서 필요한 의존 욕구들이 제대로 충족되지 못했을 때 생깁니다.

11. 우울감(Depression), 공허감(Emptiness), 무관심(Apathy)

- 증상
  - 우울감 : 자신이 원하는 진짜 욕구가 채워지지 않은 채, 진짜 원하는 자기 모습은 숨기고 거짓 자아를 받아들인 결과로 생깁니다.
  - 공허감 : 영혼의 구멍, 진정한 자아를 버린 만큼 사람의 마음에 생긴 빈 공간입니다. 만성적인 우울의 한 형태입니다.
  - 무관심 : 자기 주변에서 일어나는 일과 사람들에 대해 방임하는 모습으로 일관합니다.
  - 원인 어릴 때의 상처나 억압 등을 처리하지 못한 채 만성적으로 갖게 된 분노와 좌절의 결과입니다.

상처는 수치심을 가지게 하고 반복될수록 처음과 달리 무감각해져서 점차 중독되는 특징이 있습니다. 그래서 상처받은 사람은 수치심을 갖게 됩니다. 내면의 수치심 때문에 다른 사람과 말을 나누지 않고, 자신의 부족한 모습을 들킬까 봐 두려워합니다. 그러다가 이러한 상황이 반복되면 점차 무감각해지고, 더 나아가서는 중독에 이르게 됩니다. 상처를 받은 사람은 그 고통을 축소하기 위한 방어기제가 스스로 일어나는데, 부정과 억압, 분열, 투사, 전환, 최소화 같은 현상으로 그 반응들이 일어납니다.

> **방어기제의 종류**
> - 부정(denial) '이건 실제로 일어난 일이 아니야.'
> - 억압(repression) '그건 절대로 일어난 적이 없어.'
> - 분열(dissociation) '무슨 일이 있었는지 기억나지 않아.'
> - 투사(projection) '그건 너한테 일어나는 일이지, 나한테 일어난 게 아니야.'
> - 전환(conversion) '그런 일이 일어난다고 느낄 때는 먹거나 섹스를 하면 돼.'
> - 최소화(minimizing) '벌써 일어나 버렸지만 별일 아니야.'

처음에 상처받으면 자신에게 일어난 일이 아니라고 '부정'하게 됩니다. 이것을 초기 고통의 치유라고 하는데, 고통이 너무 커서 뇌에서 그 상처를 지워 버리려 하는 것입니다. 상처가 크고 많을수록 자신에게는 상처가 없다고 말합니다. 상처의 고통이 크기 때문에 부정하는 것입니다. 그 다음에는 '억압'을 가합니다. 그 일이 진짜로 일어난 적이 없다고 강하게 외치다가 기억나지 않는 단계로 넘어가서 분열을 일으킵니다. 그리고 다른 사람에게 '투사'를 하고 그 일을 회피하기 위해 다른 일을 하거나 반대의 감정 표현을 합니다. 자기 고통을 줄이고 최소화하기 위해 스스로 위로하는 말을 건네기도 합니다.

상처를 최소화한 사례

한번은 성품치유 프로그램을 진행하던 중에 한 여인을 만났습니다. 그녀는 재혼한 가정에서 자라났습니다. 새 아빠의 딸인 언니가 자신을 늘 심하게 때렸다고 합니다. 하지만 그녀는 아무리 맞아도 입 밖으로 말을 꺼내지 않았습니다. 하루는 언니에게 엄청나게 얻어맞고 얼굴이 퉁퉁 부어 집에 왔는데, 엄마 아빠가 아무 소리도 안 하는 것이었습니다. 자신의 엄마가 달려와 걱정하며 무슨 일이냐고 물어 주길 원했는데, 엄마는 못 본 척 고개를 돌렸습니다. 어린 나이의 그녀는 혼자 그 상처를 보듬고 잠이 들었습니다.

그녀는 자신의 어린 시절 이야기를 하며 눈물 한 방울 흘리지 않았습니다. 마치 남의 이야기를 하듯이 말했습니다. 이것은 자기 감정을 제대로 표현하지 못하는 것입니다. 그저 그때의 일이 어느 집에나 있는 평범한 일이고, 별일 아니라고 최소화했습니다. 자신의 아픈 상처를 직시하지 못하고 아무 문제 없다고 말하는 그녀를 보면서 안타까운 마음이 들었습니다. 저는 그녀에게 자기 감정을 억누르지 말고, 방어하는 마음을 풀고 마음껏 표출해 보라고 권유했습니다. 어린 시절의 상처는 그녀의 잘못이 아니므로, 아프고 억울하고 슬픈 감정을 솔직히 털어놓아도 된다고 했습니다. 그제야 그녀는 소리치고 흐느껴 울며 마음속의 이야기를 모두 꺼내 놓을 수 있었습니다.

우리는 마음속의 상처를 인정하고 그것을 입으로 털어놓는 것을 두려워하지 않아도 됩니다. 울음은 우리를 '힐링'하는 첫걸음입니다. 옷장 안의 곰팡이를 없애는 방법이 무엇입니까? 숨길수록 곰팡이는 퍼져 버립니다. 그러나 햇빛 속에 펴 놓기만 해도 금방 곰팡이는 사라집니다. 우리 마음속 깊은 곳에서 상처로 숨어 있던 과거의 아픔들을 원망과 좌절이라는 그늘 속에 숨기지 마시고 하나님의 햇빛 속으로 가져오시면 됩니다. 안전한 밝음 속에서 과거의 일들을 훌훌 털어내 버리면 됩니다. 상처는 소장할 가치가 없습니다.

어렸을 때 받아야 했을 보살핌과 사랑을 받지 못했을 때 욕구가 충족되지 못한 아이의 모습이 내 안에서 울고 있습니다. 너무 긴 시간 동안 내 안에서 울고 있는 아이가 있다면 치유하여 기쁨을 회복해 보십시오.

상처에서 치유된 사람들의 특징

• • •

누구나 마음속에 상처 하나씩은 가지고 있을 것입니다. 그 상처는 우리 마음을 불편하게 만들고 괴롭혀서 하나님 앞에 가까이 나아가지 못하게 하는 도구가 되기도 합니다. 우리 안의 상처로 인해 빈틈을 보인다면, 적들은 기뻐하며 우리 마음속의 어둠이나 불평, 그리고 원망을 심어놓을 것입니다. 그렇다면 상처를 극복하고 거기에서 해방된 사람들은 어떤 모습으로 변화될까요?

첫째, 상처에서 해방된 사람들은 감사의 성품이 있습니다.

자기 삶 속에서 감사를 찾아내고 말과 행동으로 표현하는 능력이 있는 것입니다. 자신에게 없는 것보다는 가지고 있는 것에 집중하여 감사하며 만족해합니다. 자신의 존재 자체에 감사하며, 자신과 타인을 너그럽게 이해하는 수용의 폭이 큰 사람입니다. 감사란 "다른 사람이 나에게 어떤 도움이 되었는지 인정하고 말과 행동으로 고마움을 표현하는 것"(좋은나무성품학교 정의)입니다.

둘째, 세상을 바라볼 때 경이감으로 감탄하는 긍정적인 태도의 성품이 있습니다. 오감을 통해 자연 속의 숨겨진 아름다움을 느끼며 호기심으로 세상을 바라봅니다. 긍정적으로 세상을 바라보는 힘이 있기에 세상의 아름다움에 감탄합니다. 집 안에만 있지 않고 밝은 세상으로 나와 사람들을 만나고 자신의 놀라운 변화에 관해 이야기를 나누고 싶어 합니다. 긍정적인 태도란 "어떠한 상황에서도 가장 희망적인 생각, 말, 행동을 선택하는 마음가짐"(좋은나무성품학교 정의)입니다.

셋째, 세상을 향한 믿음으로 기쁨의 성품이 있습니다. 지금까지 그래왔던 것처럼 자신의 욕구가 세상에서 자연스럽게 충족될 수 있다고 믿고 낙천적으로 생각하고 행동합니다. 기쁨이란 "어려운 상황이나 형편 속에서도 불평하지 않고 즐거운 마음을 유지하는 태도"(좋은나무성품학교 정의)입니다. 반면에 상처가 있는 사람들은 조그마한 일에도 실망하고, 다른 사람들 앞에 서기를 두려워합니다.

넷째, 책임감의 성품으로 자신의 인생을 지켜냅니다.

이것은 인생을 매우 활기차게 살아갈 힘이 되어 줍니다. 상처가 많은 사람이 엄마가 되면, 자신의 아기를 예뻐하다가 힘든 순간에 회피하고 방임해 버리기도 합니다. 상처가 회복된 사람은 자기 인생을 책임감으로 지켜내는 힘이 있습니다. 책임감이란 "내가 해야 할 일들이 무엇인지 알고 끝까지 맡아서 잘 수행하는 태도"(좋은나무성품학교 정의)입니다.

다섯째, 순종의 성품으로 건강한 의존성이 있습니다.

사람은 성장과 성숙의 과정 가운데 있기 때문에 의존적입니다. 그러나 자라면서 적절한 때에 욕구가 충족되지 않고 무시되어 상처받게 되면, 내면의 아이는 고립되어 뒤로 물러나서 아무의 도움도 받지 않은 채 혼자가 되려고 합니다. 또는 누군가에게 집착하거나 다른 이들을 곤란하게 만듭니다. 사실 부부 사이에서도 적절한 의존성이 필요합니다. 나의 아픔을 상대방에게 이야기하고, 상대방의 아픔을 받아들일 줄 알아야 하는 것입니다. 내가 먼저 변하고 상대방에게 다가가면, 상대방도 마음의 문을 열고 변화됩니다. 서로 의지하면서 돕고 사는 아름다움을 회복하십시오 순종의 성품은 건강한 성장과 성숙을 위해서 필수적인 성품입니다. 순종이란 "나를 보호하고 있는 사람들의 지시에 좋은 태도로 기쁘게 따르는 것"(좋은나무성품학교 정의)입니다.

여섯째, 풍부한 감정을 가지고 주변을 경청하는 성품이 있습니다.

상처 입은 사람은 감정을 싫어하고, 객관적인 사실만 보려 합니다. 그 아픈 감정을 느끼기 싫어서 피하는 것입니다. 그러나 풍부한 감정 표현은 인생을 편안하게 살게 하는 힘이 됩니다. 특히 눈물은 고통의 신호로, 내면의 아이를 더 편안하게 해 주고 도와줄 수 있는 역할을 합니다. 눈물이 나면 참지 말고 계속 흘리십시오. 울 수 있는 사람이 건강한 사람입니다. 잘 웃고 잘 울 수 있는 사람이 건강하고 행복하게 오래 삽니다. 자기 감정을 잘 경청하고 다른 사람과 주변의 소리를 잘 경청할 수 있는 성품은 상처를 치유한 사람들만이 누리는 여유입니다. 경청이란 "상대방의 말과 행동을 잘 집중하여 들어 상대방이 얼마나 소중한지 인정해 주는 것"(좋은나무성품학교 정의)입니다.

일곱째, 절제의 성품으로 돌아오는 회복 탄력성(resilience)이 있습니다.

이것은 환경적인 영향으로 인해 생긴 고통으로부터 회복할 수 있는 능력입니다. 환경으로부터 충격과 고통을 받지만, 그 충격에 좌절하지 않고 훌훌 털어내고 다시 돌아오는 것입니다. 절제란 "내가 하고 싶은 대로 하지 않고 꼭 해야 할 일을 하는 것"(좋은나무성품학교 정의)입니다.

여덟째, 자신에 대한 지혜의 성품으로 자유로운 선택을 할 수 있습니다.

상처받은 사람은 자꾸 다른 사람을 탓하고 핑계를 댑니다. 하지만 상처에서 자유롭고 마음이 건강한 사람은 자신이 선택하고, 그것을 즐길 줄 압니다. 보통 아이들은 자유에 대한 감각을 가지고 태어나며 그들이 안전하다고 느낄 때 자유롭게 움직입니다. 자유와 자발성으로 스스로 원하는 활동들을 선택할 힘이 있을 때 행복함을 맛보게 됩니다. 스스로 자유로운 선택을 하면서 자기 인생을 지혜로 이끌어가는 능력이 있습니다. 지혜란 "내가 알고 있는 지식을 나와 다른 사람들에게 유익이 되도록 사용할 수 있는 능력"(좋은나무성품학교 정의)입니다.

아홉째, 창의성의 성품으로 자신의 독특성(uniqueness)을 인정하는 것입니다.

나의 나됨을 알고 있는 것이 진정한 영성입니다. 미성숙하지만 '나됨'이라는 온전함에 대한 유기체적 감각이 있습니다. 이러한 온전함이 각각의 아이들을 특별하고, 유일하고, 훌륭하게 만듭니다. 내가 가지고 있는 환경은 하나님이 아름다운 나를 만드신 재료입니다. 그것을 다른 사람과 비교하거나 비판하는 것은 잘못된 것입니다. 미숙하지만 나의 나됨을 인정하고, 온전히 갈망하는 것이 건강한 사람입니다. 창의성이란 "모든 생각과 행동을 새로운 방법으로 시도해 보는 것"(좋은나무성품학교 정의)입니다.

열째, 사랑(love)입니다.

아이들은 천성적으로 사랑과 애정을 좋아하지만 사랑을 받아 보아야만 사랑하는 법을 배울 수 있게 됩니다. 자신의 있는 모습 그대로 사랑받지 못할 때 아이는 심각한 상처 속에서 성장하게 됩니다. 우리는 상처를 두려워하기보다는 그 상처 속에서 사랑하는 법을 배워야 합니다.

새로운 탄생을 위한 비밀

• • •

이미 우리는 선택의 여지 없이 부모님을 만났고 어린 시절을 보냈습니다. 싫든 좋든 그 환경으로부터 영향을 받고 자랐습니다. 부모님의 양육 태도에 따라 우리의 자존감과 삶에 필요한 모든 요소들이 이미 형성되어, 굳어진 채 우리의 인생이 되어 버렸습니다. 안정된 양육을 받아 좋은 애착을 가지고 세상을 신뢰하며 살아가는 사람은 다행이지만 불안한 양육으로 상처가 많은 인생을 살아가는 사람도 있을 것입니다. 앞으로 세상을 어떻게 살아야 할까요? 이제 우리의 자아도 다시 새롭게 시작할 수 있습니다. 여러분이 알든 모르든 우리에게 완전한 부모님이 계셨다는 사실을 아십니까? 그분을 부모님으로 모시고 새로운 자아의 탄생을 기뻐하십시오.

첫째, 부모보다 더 큰 부모가 있음을 알아야 합니다.

나의 부모보다 더 완전하시고 크신 분이 나를 기뻐하심을 인정하고 그분을 영접하십시오.

"내 부모는 나를 버렸으나 여호와는 나를 영접하시리이다"(시 27:10).

"네가 내 눈에 보배롭고 존귀하며 내가 너를 사랑하였은즉 내가 네 대신 사람들을 내어 주며 백성들이 네 생명을 대신하리니 두려워하지 말라 내가 너와 함께하여 네 자손을 동쪽에서부터 오게 하며 서쪽에서부터 너를 모을 것이며 내가 북쪽에게 이르기를 내 놓으라 남쪽에게 이르기를 가두어 두지 말라 내 아들들을 먼 곳에서 이끌며 내 딸들을 땅 끝에서 오게 하며"(사 43:4-6).

둘째, 나보다 더 나를 알고 사랑하는 그 분을 부모님으로 모시고 안심하십시오.

그분은 우리 인생의 시작과 끝을 아시는 분입니다. 우리가 우리의 존재로 인하여 불안해할 때 그분은 나의 앉고 일어섬을 아시며 멀리서도 우리의 생각까지 아십니다. 그분을 여러분의 부모님으로 모시고 안심하시고 여러분의 미래를 맡기십시오.

"주께서 내가 앉고 일어섬을 아시고 멀리서도 나의 생각을 밝히 아시오며"(시 139:2).

셋째, 새로운 피조물로 새롭게 탄생한 나를 기뻐하십시오.

환영받지 못한 채 태어난 나의 탄생으로 인해 늘 괴로웠다면, 이제는 새로운 피조물로 태어난 나의 존재를 기뻐하십시오. 이전 것은 지나갔고 새로운 인생이 시작되었습니다.

"그런즉 누구든지 그리스도 안에 있으면 새로운 피조물이라 이전 것은 지나갔으니 보라 새 것이 되었도다"(고후 5:17).

넷째, 늘 함께 계시는 나의 부모님이신 하나님과 안식하십시오.

"강하고 담대하라 두려워하지 말며 놀라지 말라 네가 어디로 가든지 네 하나님 여호와가 너와 함께하느니라"(수 1:9).

"볼지어다 내가 세상 끝날까지 너희와 항상 함께 있으리라 하시니라"(마 28:20하).

이전의 부모님이 늘 바쁘고 부재중이어서 혼자 외로운 시절을 슬퍼하며 두려움 속에 성장했다면 이제는 새로운 나의 부모님이신 하나님의 품 안에 안식하면서 힘차게 사십시오. 과거의 기억들이 아직도 나를 괴롭히고 있다면 그 문제들을 입으로 선포하며 치유를 위해 기도해 보십시오.

좋은 성품 힐링 기도문

내가 알거나 알지 못했던 내 안의 모든 부정적인 생각과 이미지, 그리고 나의 세포들이 기억하는 고통의 순간들이 하나님의 사랑과 생명으로 깨끗하게 치유되기를 원합니다.
예수 그리스도께서 흘리신 보혈의 능력으로 이 치유의 효과가 내 몸 안에서 100배, 1,000배로 확대되어 가기를 원합니다.
예수님의 이름으로 기도합니다. 아멘.

하나님이 만드신 귀한 내 몸에 손을 얹고 기도해 보십시오. 그동안 부정적이었던 모든 믿음을 긍정의 믿음으로 바꾸는 진짜 이야기를 자신에게 계속적으로 들려주십시오.

Chapter 3

나와 우리를 채우는 행복 에너지, 성품리더십

성품리더십

한 사람의 성품이 다른 사람과의 관계 속에서
영향을 끼쳐 그 사람의 생각, 감정, 행동을
긍정적으로 변화시키는 영향력

(이영숙, 2005)

지금은 감성 시대, 다양화 시대, 개성 시대, 하이테크 시대입니다.
현대에 가장 필요한 리더십은 사람을 이해할 줄 아는 능력이 있으며
마음을 서로 열어서 공감해 주고 다른 사람이 말할 때 그렇다고 말해 주고,
함께 마음을 나눠줄 수 있는 공감의 리더십입니다.
그래서 성품리더십이 더욱 필요합니다.

나와 우리를 채우는 행복 에너지, 성품리더십

성품이란 무엇인가?

성품이란 과연 무엇일까요? 사전에서 찾아보면 '사람의 됨됨이'라고 풀이해 놓았습니다. 너무 추상적이지요? 그래서 저는 이렇게 정의 내렸습니다. 성품이란 "한 사람의 생각, 감정, 행동의 표현"(이영숙, 2005)이라고 말입니다. 성품은 생각과 감정 그리고 행동의 표현입니다. 좋은 성품이란 구체적으로 좋은 생각을 하는 것이고 위기와 갈등의 순간에 폭발하지 않고 좋은 감정을 유지하고 표현하는 것입니다. 그리고 좋은 행동으로 자신을 표현하는 것입니다. 그래서 성품은 눈으로 보이는 것이며 그 사람의 현재 모습이라고 말할 수 있습니다.

성품을 가르칠 때마다 성품은 유전적으로 타고나는 것이 아니냐는 질문을 많이 받았습니다. 의외로 대부분 성품은 가르치고 노력해서 되는 것이 아니라는 생각을 많이 하고 있었습니다. 그래서 우리는 눈에 보이는 외적인 조건이 성공의 조건이라는 생각들을 가지고 인생을 달려갑니다. 그런데 성품을 가르치면 더 좋은 생각, 더 좋은 감정과 더 좋은 행동들로 변화됩니다. 좋은 성품은 더 행복한 삶으로 들어가는 문입니다.

기질, 성격, 성품이란

한편 타고난 유전적인 요소들도 성품을 형성하는 중요한 요소가 됩니다. 기질이 바로 그렇습니다. 기질이란 사람마다 타고난 유전적인 요소입니다. 부모의 DNA는 외향적 혹은 내성적인 경향을 결정짓기도 하고 다혈질, 담즙질, 점액질, 우울질 같은 개인의 고유한 특질을 소유하게 합니다. 그리고 그것이 밖으로 드러나는 것이 바로 성격입니다. 그래서 성격이란 특징적이고 지속적이며 안정적인 방식으로 생각하고 느끼고 믿게 되는 개인의 고유한 특징이라고 말할 수 있습니다.

기질과 성격은 우리가 삶을 살아가는 전반적인 전략으로, 우리의 생각, 감정, 행동 속에 표현되고 드러납니다. 사람마다 타고난 성격은 IQ처럼 고정된 것으로 보입니다. 그러나 타고난 성격이나 기질 위에 더 좋은 가치와 경험을 교육하면 성격이 품위 있게 바뀔 수 있습니다. 그것이 바로 성품의 유익성입니다. 좋은 성품을 소유하기 위해서는 유전적으로 타고난 기질의 특징들을 잘 살펴서 장점은 강점으로 키우고 단점은 스스로 보완하도록 노력해야 합니다. 덕을 세워나가는 것을 훈련하고 연습한다면 누구나 더 좋은 성품으로 행복을 가꾸어 나갈 수 있게 됩니다.

성품은 생각입니다. 한 사람이 소유하고 있는 생각의 패턴이 바로 그 사람의 성품입니다. 그런데 그 생각의 패턴은 그 사람이 경험한 관계에서부터 시작됩니다. 그래서 한 사람의 생각은 과거의 기억으로부터 출발한다고 볼 수 있습니다.

특히 내면의 상처들은 5-13세 전후의 것들이 많습니다. 대인 관계에 영향을 끼치는 기억들은 최소한 다섯 살은 되어야 남기 때문입니다. 어린 시절의 기억들이 현재 나의 모습이 되어 대인관계의 틀을 만들어 갑니다. 자기 부모와 재미있게 이야기하고 놀아본 경험이 있는 부모는 내 아이와도 재미있게 놀아주고 몸으로 함께해 줄 수 있습니다. 그러나 자기 부모에게 응석을 부리지 못하고 감정을 이해받지 못했던 부모는 내 아이와도 어떻게 놀아주어야 할지 어디로 데리고 가야 좋아할지 모릅니다. 그래서 가장 안전한 지대인 자신 안에 꼭꼭 숨어서 꼼짝하지 않는 부모가 되어 버립니다.

그러면 기억나지 않는 5세 이전의 기억들은 어떤 영향을 미치게 될까요? 그것은 현재 자신이 다른 사람들과 함께 있을 때 어떤 느낌이 드는지,

어떻게 행동하는 경향이 있는지 살펴보면 알 수 있습니다. 예를 들면 자녀를 반기고 기대하며 양육한 부모 밑에서 건강한 애착관계를 형성하며 자란 사람들은 자신을 좋아하고 다른 사람들과의 관계를 편안해하며 사람들과의 만남을 기대하고 좋아합니다. 그러나 왠지 다른 사람과 함께하는 것이 힘들고 혼자 있는 것이 편한 사람들은 부모로부터 거부나 무시를 당했거나 좋은 애착관계를 형성하지 못하고 자랐을 확률이 높습니다.

살아 있는 모든 유기체는 어떤 자극을 받으면 반드시 반응하게 마련입니다. 강렬한 자극이든 미세한 세포 단위의 자극이든 반복되면 우리 몸 어딘가에 저장됩니다. 심지어 엄마 배 속 태아 시절의 자극도 훗날 기억으로 남습니다. 한마디로 모든 사람은 온갖 자극에 반응하는 고성능 세포로 이루어진 몸과, 모든 경험을 기억으로 저장하는 고성능 뇌를 가지고 태어난다고 볼 수 있습니다.

이러한 과거의 기억들은 후일 그가 어떠한 사람이 될 것인지를 결정하는 중요한 원인이 됩니다. 과거에 경험한 모든 자극이 기억으로 남아 생각을 형성하면서 평생에 영향을 주고 있다는 것을 알게 된다면, 모든 부모들이 자녀에게 무심코 주는 자극들을 신중하게 생각할 것입니다. 과거의 기억이 부정적이었다면 부정적인 생각을 하는 사람이 되어있을 것입니다. 과거의 기억이 긍정적이고 행복한 경험이 많은 사람은 긍정적인 생각들로 가득 찬 사람이 되어 있을 것입니다.

성품은 감정입니다. 감정이란 '느낌'입니다. 즉 느낀다고 말할 수 있는 모든 것이라고 정의할 수 있습니다. 그런데 슬픔, 분노, 공포, 쾌감, 즐거움, 부끄러움, 혐오감 등의 감정은 자연스럽게 생기는 것이 아니라 사실 생각에서 기인합니다. 뇌가 물질의 집합이라면 감정은 그 작용입니다. 그래서 감정은 '어떤 자극에 대한 몸의 반응'이라고도 말할 수 있습니다.

똑같은 상황에도 어떤 사람은 감정을 폭발시켜 절망에 빠지고, 또 어떤 사람은 긍정적인 마음으로 그 상황을 받아들여 감정을 절제하며 평강을 유지합니다. 사실 태어나면서부터 사람들은 각자 감정을 표현하고 받아들이는 방식이 다를 수 있습니다. 그래서 타고난 성격이라고 말하기도 합니다. 그러나 감정을 표현하고 처리하는 타고난 성격이 어떠하든 교육과 훈련을 통해 감정을 잘 조절하고 표현하며 더 좋은 방향으로 나아갈 수 있습니다. 이것이 바로 성품교육입니다. 더 자세히 말하자면 성품교육에서 말하는 감정 영역은 사물과 상황에 대한 느낌(feeling)의 영역을 넘어서 이성을 활용하는 감성(sensibility)의 영역으로 전환하는 과정입니다. 좋은 성품은 위기와 갈등 상황에서 멈추고(Stop), 생각해서(Think), 가장 좋은 것을 선택(Choose)하고 표현하는 것입니다.

성품은 행동입니다. 행동이란 살아 있는 유기체의 모든 움직임을 말합니다. 우리는 사람들의 행동을 보고 그 사람이 어떠한 사람인지 평가합니다. 왜냐하면 한 사람의 행동 뒤에는 그 사람의 생각과 감정이 숨어있기 때문입니다.

그래서 우리는 그 사람의 행동을 보면 내면의 심리상태를 알 수 있고 그 사람의 생각을 이해할 수 있습니다. 행동 뒤에는 그 사람의 마음이 숨겨져 있고 생각들이 담겨 있는 법입니다. 다시 말하면 생각이 행동으로 표현됩니다. 그 행동을 반복하면 버릇이 되고 버릇이 반복되면 습관이 됩니다. 그 습관들이 바로 그 사람의 성품이 되고 성품은 곧 운명이 된다는 말이 있습니다.

사실 바꾸어 보면 사람들에게 보이는 문제행동들은 바로 그 사람의 성품에 부족한 점이 있기 때문입니다. 그래서 각 성품의 특징을 살펴 보고 그 성품이 부족할 때 나타나는 행동의 유형을 알아본 후에, 구체적으로 그러한 행동을 바로잡는 방법을 모색해야 합니다.

성품은 리더십이다

• • •

2005년부터 성품을 가르치면서 느끼고 경험한 것은 '성품이 가장 강력한 영향력'이라는 사실입니다. 좋은 성품으로 다른 사람의 생각, 감정, 행동에 끼친 영향력은 행복한 관계로 나타납니다. 좋은 성품은 행복을 만드는 가장 강력한 리더십입니다.

리더십이란 무엇일까요? 우리는 '리더' 하면 "통솔력이 있다"고 생각합니다. 무리를 다스리거나 이끌어가는 지도자로서의 능력을 '통솔력'이라고 일컫습니다. 많은 사람이 나와 내 자녀가 통솔력 있는 지도자로 영향력을 끼치며 살아가기를 소망합니다. 그리고 그런 사람들을 우리는 "리더십이 있다"고 말합니다. 한마디로 리더십이란 "한 사람이 다른 사람의 태도, 비전, 가치에 영향을 미칠 때 그들 사이에 형성되는 관계"(월터 C. 라이트)를 말합니다. 이런 사람이 바로 '리더십이 있는' 사람입니다.

리더십 중에 가장 영향력 있는 리더십은 바로 성품리더십입니다. 성품리더십이란 "한 사람의 성품이 다른 사람과의 관계 속에 영향을 끼쳐서 그 사람의 생각, 감정, 행동을 긍정적으로 변화시키는 영향력"(이영숙, 2005)입니다. 생각을 더 좋은 가치로, 감정을 더 좋은 감정으로, 행동을 더 좋은 행동으로 표현하고 좋은 성품으로 영향을 끼치는 사람은 가만히 있어도 사람들이 모입니다.

한 연구에 의하면 사람들이 진심으로 원하는 리더십은 성품 좋은 사람이라고 합니다. "당신의 지도자에게 어떤 모습을 보고 싶습니까"라는 한 설문에 "정직한 지도자를 원합니다." "성품 좋은 사람이었으면 좋겠습니다." "인성 좋은 사람이었으면 좋겠습니다." 등 많은 사람이 성품 좋은 지도자를 손꼽았습니다. 성품이 좋다는 것은 그만큼 사람들에게 영향력을 끼친다는 뜻입니다. 예전에는 '리더' 하면 강력한 이미지에, 결단력 있고 단호하고 추진력이 있어야 좋은 리더라고 생각했습니다. 강력한 이미지를 가진 카리스마 있는 리더가 '진짜 대장감이다'라고 생각하고 추종했지만 지금은 다릅니다.

지금은 감성 시대, 다양화 시대, 개성 시대, 하이테크(High Tech) 시대입니다. 그래서 우리는 인성의 개념을 내포하고 있는 성품리더십이 더욱 필요한 시대에 살고 있습니다. 현대에 가장 필요한 리더십은 사람을 이해할 줄 아는 능력이 있으며 마음을 서로 열어서 공감해 주고 내가 말할 때 그렇다고 말해 주며 함께 마음을 나누는 리더십입니다. 이것이 정말 이 시대가 원하는 리더십입니다.

성품리더십이 가장 강력한 리더십이다

'아는 것이 힘이다'라는 말이 있습니다. 현대의 부모들은 자녀를 열심히 가르치려고 애씁니다. 자녀들을 힘 있는 사람으로 키우고 싶기 때문입니다. 그런데 그 힘이 잘못된 방향으로 갔을 때를 생각해 본 적 있습니까? 리더십은 좋은 영향력이 되기도 하고 치명적인 영향력이 되기도 합니다.

우리나라 부모와 유대인 부모는 공통점이 있습니다. 바로 자녀 교육에 열심을 품은 부모라는 것입니다. 그러나 공부를 열심히 시키는 목적에는 차이점이 있습니다. 유대인 부모는 아이들을 교육하면서 이렇게 말합니다. "네가 이렇게 공부하면 다른 사람을 도와줄 수 있겠니?"라고 묻습니다. "네가 이렇게 공부해서 네가 알고 있는 지식으로 얼마나 다른 사람을 도울 수 있겠니?"라고 묻는 이것이 바로 지혜의 성품입니다. 지혜란 "내가 알고 있는 지식을 나와 다른 사람들에게 유익이 되도록 사용할 수 있는 능력"(좋은나무성품학교 정의)입니다. 결국 지혜롭다는 것은 '다른 사람에게 내가 얼마나 유익을 끼칠 수 있느냐?' 하는 것에 달려 있습니다. 그러나 한국의 부모들은 "너 이렇게 공부해서 네 밥그릇이라도 챙길 수 있겠어?"라고 말합니다. 우리는 똑같은 교육을 하더라도 밥그릇 싸움을 하는 것입니다. 이 차이는 대단합니다.

유대인은 다른 사람에게 유익이 되도록 자신의 지식을 사용합니다. 그렇기 때문에 노벨상을 받은 사람 중에 유대인이 많습니다. 이제는 생각을 바꿔야 합니다. 더 큰 힘을 얻는 목적은 '아는 것이 힘이 되게 하는 것 즉 밥그릇 싸움'이 아니라 '다른 사람에게 얼마나 유익을 줄 수 있느냐'의 문제가 되어야 합니다. 그리고 그만큼의 유익을 주기 위해서 우리가 더 많이 공부해야 한다는 차원으로 가야 합니다.

우리가 다른 사람에게 영향을 주고 유익을 주는 것이 성품입니다. 리더십의 차이는 바로 성품에서 비롯됩니다. 성품으로 영향력을 끼친 독일의 두 사람을 소개합니다. 한 사람은 긍정의 성품리더십, 프리드리히 프뢰벨(Friedrich Wilhelm August Fröbel, 1782-1852)입니다. 다섯 형제 중 막내로 태어난 그는 불우한 어린 시절을 보냈습니다. 태어난지 9개월 만에 어머니가 돌아가셔서 양어머니 밑에서 자랐습니다. 야단도 많이 맞고 밖에서 마음대로 뛰어놀지도 못했습니다. 그래서 프뢰벨은 한 가지 꿈을 가지게 됩니다. "나는 나중에 커서 다른 사람에게 좋은 영향력을 끼치는 사람이 될 거야. 나처럼 불우한 어린 시절을 보내는 사람은 더 이상 없어야 해."라고 긍정적인 꿈을 가집니다. 그리고 그 꿈대로 세계 최초의 유치원을 만들었습니다. 아이들이 뛰어노는 정원이라는 의미의 '킨더 가르텐'을 만들어 어린

이들이 어린 시절을 행복하게 보낼 수 있도록 했습니다. 이 사람은 좋은 영향력을 끼친 좋은 성품의 리더십을 가지게 되었습니다.

또 다른 사람은 부정의 성품리더십, 아돌프 히틀러(Adolf Hitler, 1889-1945)입니다. 히틀러 역시 어린 시절을 불행하게 보냈습니다. 특히 아버지가 구박하고 채찍으로 때리기도 했습니다. 그래서 그는 반항심, 앙갚음, 증오를 키우며 자랐습니다. 결국 제2차 세계대전을 일으켰고 죄 없는 600만 명이나 되는 사람들을 죽음으로 몰아간 장본인이 되었습니다.

위의 두 사람처럼 성품은 어떤 방향이든지 큰 영향력을 끼칩니다. 좋은 성품의 지도자는 좋은 영향력, 나쁜 성품의 지도자는 나쁜 영향력을 끼치게 됩니다. 힘을 강조하고, 힘을 소유한 사람이 되려고 한다면 엉뚱한 힘만 키우는 꼴이 됩니다. 이런 사람은 자랄수록 폭력적이고 절제하지 못하며 뭔가 영향력을 끼치고 싶어 합니다.

이제는 건강한 영향력, 사람들에게 행복을 줄 수 있는 영향력이 되는 좋은 성품을 연습해야 합니다. 좋은 성품은 선택하는 것입니다. 화내고 싶다고 화내는 것이 아니라 그 순간 생각하고 멈춰야 합니다. 더 좋은 생각을 선택하고 더 좋은 감정을 선택하고 더 좋은 행동을 선택하는 것이 좋은 성품입니다.

공감의 리더십이 행복을 만든다

● ● ●

21세기의 강력한 지도력은 감성지수가 높은 지도자에게 달려 있습니다. 감성지수가 높은 지도자는 공감할 줄 아는 '공감의 리더십'을 소유하고 있는 사람입니다. 다른 사람의 마음과 생각에 "아~ 그렇습니까"라고 공감해 주는 성품이 바로 리더십이 됩니다. 공감의 리더십이란 "다른 사람의 기본적인 정서 즉 고통과 기쁨, 아픔과 슬픔에 공감하는 능력으로 동정이 아닌 타인에 대한 이해를 바탕으로 하여 정서적 충격을 감소시켜 주는 능력"(이영숙, 2005)입니다.

공감의 리더십을 갖기 위해서는 첫째, 다른 사람의 감정을 이해하고 배려할 줄 아는 능력을 훈련해야 합니다. 둘째, '어떻게 하면 다른 사람과 정서적인 갈등을 피하고 상대방에게 상처 주지 않는 행동을 할 수 있을까' 하고 이성적으로 생각할 수 있는 능력이 필요합니다. 셋째, 이것을 생각만 하는 것이 아니라 다른 사람과 정서적으로 공감하고 관계를 맺고 잘 표현할 줄 아는 행동으로 옮길 수 있는 능력을 키워야 합니다.

요즘 많은 현대인이 관계의 어려움을 호소합니다. 우울증이 국민적인 질병이 되었습니다. OECD 국가 중에서 청소년 우울증과 자살률이 1위인 나라가 되었습니다. 점점 사람들과 단절된 채로 인터넷 중독에 빠지는 청소년들이 많아졌습니다. 왜 그럴까요? 우리가 일찍부터 다른 사람과 공감할 줄 아는 능력을 배우지 않았고, 그런 경험을 주지 않았기 때문입니다.

예를 들어 공감인지능력이란 이런 것입니다. 어린 자녀가 엄마와 손을 잡고 걸어가고 있습니다. 그런데 아이가 말합니다. "엄마, 저 할아버지 봐. 너무 추운데 신발도 안 신고 얼음 바닥에 앉아 계시네. 너무 불쌍하지"라고 말합니다. 그때 우리는 어떻게 말합니까? 아마 이렇게 말했을 것입니다. "똑바로 봐! 그래서 너 공부하라고 하는 거야. 너도 공부 안 하면 저렇게 돼!"라고 말입니다. 아이가 다른 사람의 불행, 고난, 아픔을 보고 공감하는 좋은 리더십을 발휘할 때 부모들은 오히려 그 순간을 방해합니다. 만약 그때 우리의 반응이 "정말 그렇구나, 너무 춥겠다. 어떻게 하면 도와줄 수 있을까?"하고 아이의 말에 공감해 주고 반응하며 도와주는 모습을 보였다면 아이는 공감이 무엇인지 경험할 것입니다. 그리고 '아, 어려운 사람이 있으면 엄마처럼 이렇게 도와주는 것이구나'하고 공감인지능력을 키우는 계기가 되었을 것입니다.

그러나 우리는 이런 기회를 많이 놓쳐 왔습니다. 그저 공부 잘하고 성취를 많이 하는 아이로 키우려고 노력했습니다. 하지만 사실은 성품이 좋아야 성취가 일어나고 학업능력도 좋다는 연구 결과가 있습니다.

공감인지능력은 다른 사람에게 어떤 모습으로 보여집니까? 공감인지능력은 경청, 긍정적인 태도, 기쁨, 배려, 감사, 순종의 성품으로 나타납니다. 이런 단어만 들어도 우리 마음이 행복해지지요? 그 이유는 우리 모두가 공감받고 싶은 욕구, 내 마음을 알아줬으면 하는 욕구, 나도 그런 사람이 되고 싶은 욕구가 있어서 그렇습니다.

그동안 우리는 너무 생각하지 않고 지냈습니다. 한 번만이라도 상대방의 입장을 생각할 힘이 있다면 우리와 다음 세대의 아이들이 공감의 리더십으로 이 세상에서 좋은 성품의 영향력을 끼치는 사람으로 살 수 있을 것입니다.

「인격론」의 저자인 새뮤얼 스마일즈(Samuel Smiles)는 더 좋은 세상을 만들고 행복한 세상을 살도록 고민했습니다. 더 좋은 사회를 만들기 위해 자원봉사와 같은 사회공헌 활동도 많이 했지만, 결국 그는 진정으로 행복한 삶을 만드는 것은 한 개인의 변화에 달렸다고 결론지었습니다. "성품이란 성공을 이끄는 지름길, 동력"이라고 말입니다. 좋은 성품으로 공감할 줄 아는 리더십이 세상을 변화시킵니다.

분별의 리더십이 세상을 변화시킨다

● ● ●

분별력이란 무엇일까요? 분별력은 "인간의 기본적인 양심을 기초로 하여 선악을 구별하는 능력으로 올바른 생활과 건강한 시민정신, 도덕적인 행동을 위한 토대가 되는 덕목"(이영숙, 2005)입니다.

양심의 기능에 따라서 옳고 그름을 스스로 판단할 줄 아는 능력이 분별력입니다. 부모에게 혼날까 봐 또는 누가 시켜서 하는 것이 아니라 스스로 생각해서 '이것은 아니야', '이것이 옳으니까, 난 이것을 선택할 거야'라고 내면의 옳은 소리를 듣는 것이 바로 분별력입니다. 이러한 분별력은 건강하고 올바른 시민으로서 도덕적인 행동을 가능하게 하는 가장 중요한 정서입니다.

우리 사회는 자녀가 올바르지 못한 선택을 하거나 분별력이 약해도 공부만 잘하면 면죄부를 주며 넘어가는 잘못된 풍토가 만연해 있습니다. 또 바쁜 부모 때문에 아이들이 집에 오면 TV를 켜기 때문에 자연스럽게 TV 속의 가치관을 배웁니다. 친구들 사이에서 잘못된 가치관을 배우고 인터넷을 통해 잘못된 지식을 습득합니다. 그러다 보니 성장하면서 올바르고 자신에게 이로운 것들을 선택해 나가야 하는데, 갈수록 더 부정적인 선택을 하고 맙니다.

우리나라의 많은 교육 현장에서는, 자신의 의지를 사용해 선택해 보는 경험이 간과되고 있습니다. 아이들 마음속에 자기 자신도 뭔가 내 의지를 가지고 선택할 수 있다는 경험을 심어 줘야 하는데, 현실은 그렇지 않습니다. 아이가 태어나면 부모들은 자녀의 청사진을 만들어 자녀를 평생 코치하려고 합니다. 학교에서는 선생님이 하는 대로 그저 끌려가는 학생들도 많습니다. 이러한 사회적 영향력 속에서 자란 아이들은 어른이 되어도 옳은 것을 선택하는 능력이 부족합니다. 그래서 상황이 어려워지고, 절망감이 들면 쉽게 목숨을 내던지고 맙니다. 우리나라가 OECD 국가 중 청소년 자살률이 1위인 것만 봐도 아이들이 옳은 선택을 해보는 경험이 얼마나 부족했는지 짐작할 수 있습니다.

분별력의 리더십은 내면에 확고한 분별의 기준이 있을 때 가능합니다. 내면에 깃들어 있는 양심의 기능을 강화하여, 내면의 옳은 음성을 듣게 하는 것이 바로 건강한 판단을 하여 더 행복한 성공을 이루게 하는 지름길입니다.

마음의 소리를 경청하는 분별력

미국의 16대 대통령인 에이브러햄 링컨은 남북전쟁을 승리로 이끌고 노예제도를 폐지한 미국의 역사상 가장 존경받는 지도자입니다. 하루는 한 기자가 링컨에게 이런 질문을 했습니다.

"대통령님, 어려운 일들을 성공적으로 수행하는 비결이 무엇입니까?"

그러자 링컨이 대답했습니다.

"나는 어려운 일들을 결정할 때마다 내 마음의 소리를 들습니다. 어느 때는 포기하라는 부정의 소리, 어느 때는 낙심하라는 절망의 소리가 들립니다. 그러나 나는 늘 주님이 내게 주시는 소리를 들으려고 노력합니다. 그분의 말씀을 경청하고 따라가려고 노력합니다."

링컨 대통령은 매일매일 나에게 힘을 주는 소리, 옳은 것들을 선택하라는 음성을 잘 분별하여 들은 것입니다. 이러한 모습이 바로 분별력 있는 지도자의 모습입니다. 내 안의 셀 수 없는 많은 소리 중에서, 어떤 것이 생명을 살리는 소리인지, 어떤 것이 중요한 소리인지 잘 분별하여 듣고 그 음성에 따라 옳은 행동을 할 줄 아는 능력이 바로 세상을 바꾸는 힘이 됩니다.

제가 고안한 분별의 리더십을 갖게 하는 좋은 성품은 인내, 책임감, 절제, 창의성, 정직, 지혜의 6가지 성품입니다. 올바른 행동이 무엇인지 알고 행동하면서 좋은 성품으로 사람들에게 더 좋은 가치를 이해시키고 경험시키는 지도자가 옳은 영향력을 끼칠 수 있습니다. 분별력의 리더십을 소유한 성품 좋은 지도자는 인내하는 모습, 책임감 있는 모습, 절제하는 모습, 창의성 있는 생각, 정직한 모습, 지혜로운 행동으로 세상을 변화시킵니다.

성품리더십은 영원히 빛나는 리더십이다
• • •

"지혜 있는 자는 궁창의 빛과 같이 빛날 것이요 많은 사람을 옳은 데로 돌아오게 한 자는 별과 같이 영원토록 빛나리라"(단 12:3).

성품리더십은 다른 사람들을 옳은 길로 인도하고 바른 생각을 갖게 하며 행복한 감정을 갖게 하고 더 옳은 행동을 하도록 영향력을 끼치는 리더십입니다. 우리와 다음 세대의 자녀들이 반드시 갖춰야 할 리더십이 성품리더십입니다. 성품리더십으로 자녀를 양육하고, 가정을 돌보고, 학교를 변화시키고, 직장을 세워나간다면, 우리가 만나는 사람마다 생각, 감정, 행동이 바뀌게 될 것입니다. 더 좋은 생각, 더 좋은 감정, 더 좋은 행동으로 더 좋은 가치관을 선택하는 사람들이 영원히 빛나는 하늘의 복을 누리게 됩니다.

더 좋은 생각, 더 좋은 감정, 더 좋은 행동으로 표현하고
좋은 성품의 영향을 끼치는 사람은
가만히 있어도 사람들이 모입니다.

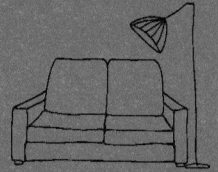

PART.4

성품으로

'부부'

마주보기

Chapter 1

성품 통(通)!
통하는 부부생활을 위한 비밀 이야기

행복이란 '심신의 욕구가 충족되어 더이상 바랄 것이 없는 상태'를
말합니다. 이젠 스트레스에 집중하지 말고
"나는 더이상 바랄 것이 없을 정도로 행복하다."고 말해 보십시오.
우리의 뇌에서 행복 호르몬이 생겨나 더 행복한 기분을 느낄 수 있을 것입니다.
이 세상을 행복하게 하는 배려의 시작은
바로 여성 자신인 나의 몸부터 배려하는 것입니다.

성품 통(通)!
통하는 부부생활을 위한
비밀 이야기

여성 행복의 숨겨진 키워드, 호르몬

이 장에는 여성이면서도 그동안 알지 못하거나 놓치고 있었던 여성만을 위한 비밀 이야기를 모아두었습니다. 여성이 행복하기 위해서는 먼저 여성인 나 자신을 잘 관찰하고 사랑하는 마음을 가져야 합니다. 여성인 나 자신을 먼저 배려하는 성품이 행복을 만든다는 사실을 잊지 마시기 바랍니다.

인간이 진정한 성인이 되기 위해서는 두 번의 탄생을 거쳐야만 합니다. 첫 번째는 어머니의 자궁에 열 달간 머물다가 세상과 마주하는 생물학적 탄생이고, 두 번째는 여성과 남성으로 생식 능력을 거쳐 탄생하는 성인(性人)입니다. 즉 아이가 두 번의 탄생을 거쳐 생식 능력을 갖춘 여성과 남성이 되는 것인데, 여성을 더욱 여성답게, 남성을 더욱 남성답게 만드는 것이 있습니다. 바로 호르몬입니다. 사춘기에 접어든 아이에게 각각의 성에 따라 여성 호르몬과 남성 호르몬이 분비됩니다. 이 호르몬의 영향으로 신체와 정신이 어린아이에서 여성과 남성으로 다시 한번 태어나는 것입니다.

여성 호르몬, 에스트로겐

특히 여성은 남성보다 더 복잡하고 섬세합니다. 그 이유는 여성성을 대표하는 에스트로겐(estrogen)때문입니다. 에스트로겐은 여성의 난소에서 분비됩니다. 여자아이의 몸이 더욱 여성스럽게 성숙되면서 가슴이 커지고 자궁내막이 발달하여 월경을 시작하게 됩니다. 남성보다 높은 목소리, 매끄러운 피부, 월경 증후군 등 여성의 몸 구석구석에 그 영향을 미치지 않는 곳이 없을 정도로 에스트로겐은 다양한 기능을 합니다. 또한 골반을 커지게 하여 여성만이 누릴 수 있는 특권인 엄마가 될 수 있도록 돕는 역할을 합니다.

여성 호르몬인 에스트로겐은 여성의 몸이 제대로 기능하는 데 더없이 중요한 역할을 하지만, 나이가 들면 노화로 인해 호르몬의 분비가 줄어들게 됩니다. 그리고 에스트로겐의 역할이 아주 컸기 때문에 변화 또한 남성에 비해 급격하게 다가옵니다.

여성이 겪는 대표적인 변화 중 하나는 생식이 불가능해지는 폐경입니다. 여성은 보통 12~13세가 되면 초경을 시작하여 약 40년간 월경을 합니다. 월경은 배란 후 정자와 수정이 되지 않으면 임신을 위해 두텁게 자랐던 자궁벽이 허물어지는 것을 말합니다. 그러나 나이가 들어 에스트로겐의 양도 급격히 줄어들면서 배란이 되지 않아 월경을 멈추게 되는데 이 때 중년 여성들에게 '갱년기 증상'이 나타납니다. 갱년기 증상'으로는 땀이 많이 흐르고 안면홍조, 심장이 빠르게 두근거리며 손발이 저리는 등의 증상이 있습니다. 또한 머리숱도 줄고 목소리도 걸걸해지며 골다공증을 유발하기도 합니다.

이처럼 에스트로겐은 여성을 더욱 여성답고 아름답게 하며, 여성으로서 건강을 유지하는 데 중요한 역할을 하는 소중한 것입니다.

에스트로겐은 얼마나 많냐보다 얼마나 균형이 잘 맞느냐가 중요합니다. 왜냐하면 너무 많아도 안 되고 너무 적어도 안 되는 것이기 때문입니다. 특히 아이를 임신하기 위해 준비하는 가임기 여성은 더욱 조심해야 합니다. 에스트로겐은 워낙 섬세하여 몸의 건강 상태와 심리적인 상태에 따라 변화되기 때문입니다. 각종 스트레스를 받게 되면 호르몬에 변화가 오게 되어 생리불순으로 불임의 원인이 됩니다. 따라서 여성은 자기 몸부터 제대로 알고 배려해야 합니다. 이때에는 스트레스에 집중하지 말고 긍정적인 태도를 유지해야 합니다. 어떠한 상황에서도 가장 희망적인 생각, 희망적인 말, 희망적인 행동을 실천해야 하는 것입니다.

이왕 호르몬 이야기가 나온 김에 한 가지 더 하겠습니다. 우리의 몸에는 행복 호르몬이 있습니다. 바로 '세로토닌(serotonin)'입니다. 세로토닌은 뇌에서 분비되는 신경전달물질입니다. 대뇌피질의 예민한 기능을 억제하고 스트레스와 갈등을 줄이며 격한 마음을 가라앉히는 호르몬입니다. 이 호르몬은 사람이 행복한 기분을 느낄 때 분비됩니다. 반대로 스트레스를 받으면 분비량이 줄어들게 됩니다. 이런 효과 때문에 우울증을 치료하기 위해 세로토닌 재흡수 억제제(SSRI, Selective Seroronin Reuptake Inhibitors)를 사용하기도 합니다.

행복이란 '심신의 욕구가 충족되어 더 이상 바랄 것이 없는 상태'를 말합니다. 이젠 스트레스에 집중하지 말고 "나는 더 이상 바랄 것이 없을 정도로 행복하다."고 말해 보십시오. 우리의 뇌에서 행복 호르몬이 생겨 나 더 행복한 기분을 느낄 수 있을 것입니다. 이 세상을 행복하게 하는 배려의 시작은 바로 여성 자신인 나의 몸부터 배려하는 것입니다.

여성의 비밀, 케겔 운동

프랑스의 작가 앙셀(Ancelle, Myste`re Du couple, 1967)이 쓴 시를 소개합니다.

기쁨, 오직 남편만 누리는 것인가

고통스러운 이 몸
타오르는 석탄처럼
결합하지만
목표에 도달하는 일이 드물다.
진동하기 시작할 뿐!

온 마음으로 바라며
온 의지를 다해 갈망하는데
아무것도 일어나지 않는다.

마치 발동이 걸리지 않는 기계처럼
혹은 발동이 걸려도 헛바퀴만 돌 뿐
조금도 움직이지 않는 기계처럼
내가 밉다.

그이는 만족하는 것 같다.
정말 만족했을까?

나는 그가 어떻게 만족시키는가를
알지 못하는 것에 대한 불만족을 그에게 숨기고 만다.

기쁨, 그것이 남편만이 누리도록
되어 있는 것일까

그렇지만
서로 나눌 수 없는 기쁨이 무슨 소용이랴.

내 속엔 긴장만 쌓인다.
어떤 목적으로
나는 모르겠다.

전 세계 여성들은 문화가 달라도 이 시에 전적으로 공감하고 있습니다. 왜냐하면 이 시가 결혼생활에서 성적 만족에 도달하지 못하는 아내의 고통을 잘 표현해 주었기 때문입니다. 결혼의 기쁨인 성생활이 원래 이렇게 비극적으로 계획된 것일까요? 그렇지 않습니다. 세상을 창조하신 분의 계획은 "오직 우리에게 모든 것을 후히 주사 누리게 하시는"(딤전 6:17) 계획이라는 것을 우리는 분명히 알아야 합니다. 그러기 위해서는 무엇보다도 여성 스스로가 자기 몸을 이해하고 용납하는 것부터 시작해야 합니다. 여성 자신의 몸을 알아가는 지식이 인생을 좀 더 풍요롭게 살아가는 지혜를 가지게 할 것입니다.

1. 화살과 거울

남성을 상징하는 의학적 표시는 화살이 달린 원입니다. 남자는 그 관심이 바깥세상을 향한 화살과 같습니다. 여성에 대한 의학적 상징은 금성(미와 사랑의 여신)의 표시에서 따온 거울입니다. 아내란 눈에 보이지 않는 부분을 반영하고 남편에게서 받은 사랑에 반응하는 존재이기 때문입니다.

2. 생각(thinking)과 느낌(feeling)

남성은 생각하고 여성은 느낍니다. 또한 남성은 이성적인 경향이 있고, 여성은 감성적인 경향이 있습니다. 그러므로 여성은 남성의 논리적이고 이성적인 면을 이해해야 하고, 남성은 여성의 감성적이고 직관적인 느낌을 중요하게 여기는 이유를 이해해야 합니다.

3. 건초 불과 목탄 불

남자의 육체적 욕망은 빨리 일어나고 빨리 만족합니다. 성의학자들에 의하면 남자의 욕구는 절정에 이르는 사정까지 2~3초면 해결된다고 합니다. 그러나 여자의 욕구는 남자의 시간보다 10배나 늦게 서서히 시작됩니다. 그래서 여성의 욕구가 타오르기 위해서는 20~30분의 애무와 사랑의 분위기가 절대적으로 필요합니다.

4. 개울물과 깊은 호수

남자는 개울물에서 첨벙거리며 노는 어린아이들처럼 재미에 쉽게 노출됩니다. 그러나 여자는 산속의 맑고 깊은 호수에서 수영하는 것과 같습니다. 여성이 산속 호수에서 수영하는 경험을 가지기 위해서는 자기 몸을 관찰하여 자기 용납의 단계를 거쳐 더 깊은 만족을 얻을 수 있도록 자신을 개발해야 합니다. 여성이 첫 번째 성적 만족을 음핵 자극에서 얻는 것보다는, 여성의 질에서 찾을 수 있는 만족을 경험하도록 노력해야 합니다.

케겔 운동이란 무엇인가

케겔 운동은 미국 캘리포니아 의과대학 부인과 교수인 아놀드 케겔 박사가 만든 여성 질 운동입니다. 그는 여생을 '케겔 근육'(Kegel Muscle)이라고 부르는 치골미골근육(pubococcygeus muscle) 연구에 바쳤습니다.

여성의 진짜 아름다움은 외모보다 속이 예뻐야 하는데, 케겔 운동은 여성의 속이 예뻐지는 비결입니다. 여성의 방광과 질과 직장의 입구를 조절해 주는 근육이 약하거나 너무 늘어져 있으면 요실금으로 고생하게 되고 깊은 오르가슴을 느끼지 못하게 되며 부부관계에 만족을 주거나 받지 못합니다.

1. 케겔 운동의 방법

질 근육을 강화하기 위한 케겔 운동은 다음의 3단계로 나눠서 실시합니다.

- **1단계** 소변을 참을 때를 연상하며 질을 1초 동안 수축했다가 긴장을 푸는 것을 반복합니다.
- **2단계** 1단계가 익숙해지면 질을 5-10초 동안 수축했다가 긴장을 푸는 것을 반복합니다.
- **3단계** 질의 근육을 마치 질이 물을 빨아올리듯이 뒤에서 앞으로 수축

하고 다시 물을 내뱉듯이 풀어 버립니다. 한 번에 10회씩 하루 다섯 번 반복합니다.

케겔 운동은 쉽게 말해 소변을 참을 때를 연상하며 질을 조였다 풀기를 반복하는 것입니다. 이때 질 근육만을 수축하고 다리, 엉덩이 근육은 움직이지 않는 것이 요령입니다. 하루에 20회 정도로 시작해서 점차 400회 정도까지 늘려 갑니다.

2. 케겔 운동의 효과

케겔 운동의 효과는 여성의 요실금 치료 및 예방 목적과 평소 약해진 질 근육을 탄력 있고 튼튼하게 해 줌으로 부부 관계 시 성적 만족도를 향상시키는 효과가 있습니다. 또한 지속적인 운동을 통해 질 근육의 강화뿐만 아니라 질 주위에 혈액의 흐름을 잘 통하게 하여 건강한 세포 재생에 큰 도움을 줍니다.

부부의 친밀감을 높이는 방법

부부의 친밀감을 높이는 방법은 친밀한 성생활을 하는 것입니다. 고든 맥도날드 목사는 '앎'(knowing)의 차원에서 친밀한 성생활을 위한 6가지 원칙을 다음과 같이 제시합니다.

원 칙	내 용
1 한없는 헌신의 원리	성경의 십계명 "간음하지 말라"를 기초로 부부는 일부일처의 관계이므로 오직 남편만이 아내와 성적 관계를 맺을 수 있다.
2 전희 행동의 원리	전희 역할은 남편이 아내를 부드러움과 존중하는 마음으로 대하는 것이다.
3 투명한 고백의 원리	부부간에 고백하지 않은 죄나 상처가 있다면 아내는 같이 누울 수는 있어도 '진정한 앎'의 정상에는 오르지 못하기에 서로의 관계를 반성하고 살펴보아야 한다.
4 사생활의 원리	성적 경험은 두 사람에게만 허용된 것이기 때문에 관련된 배우자와만 나누어야 한다. '앎'은 오직 두 사람 사이에서만 비밀리에 이뤄지는 것이다.
5 '배우자가 만족할 때까지'의 원리	부부의 '성'의 목표는 '배우자가 만족할 때까지'이다. 이 목표를 이루기 위해서는 자신을 완전히 배우자에게 맡기는 자세가 필요하다. 따라서 부부는 무엇이 자기를 기쁘게 하는지 터놓고 대화할 수 있어야 한다.
6 균형의 원리	남자와 여자의 성적 차이는 너무 크다. 그렇기 때문에 배려의 성품으로 잘 맞추어 균형을 잡아 나가는 것이 필요하다.

만족스런 성생활을 위한 10가지 지침

• • •

임상심리학자 닐 워렌(Neil Warren, 1995) 박사는 "모든 부부의 성관계를 10%만 더 향상시킬 수 있다면, 10% 이상 이혼율을 감소시킬 수 있을 것"이라고 말합니다. 또한 35년간 미국 전역에서 성생활 세미나를 인도하고 「성의 선물」(The Gift of Sex)을 비롯해 6권의 성생활 지침서를 저술한 성 치료사 페너 박사 부부는 "근사한 성생활을 위한 10가지 결정적 요인"을 다음과 같이 제시하고 있습니다.

첫째, 결혼 안에서 근사한 성관계를 하기 위해 가장 중요한 요인은 남자의 역할입니다. 비록 여자가 성관계를 방해하는 입장이라 할지라도 결혼에서의 성적 패턴은 남자가 변화하면 극적으로 변화하기 시작합니다. 남성이 먼저 적극적인 성생활을 위한 비밀의 문을 여시기 바랍니다.

둘째, 남자는 여자의 필요와 욕구를 채워 주는 쪽으로 움직여야 합니다. 남편은 할 수 있는 한 아내의 영적, 정서적 욕구에 민감해질 필요가 있습니다. 여자는 여유 있게 시간을 보내는 것을 포함하여 안전하고, 특별하며, 아름답다고 느낄 때 남편을 향해 자신의 마음과 몸이 성적으로 반응하고 서로의 충족감을 증진시킵니다.

셋째, 여자는 어떻게 '취하는지'를 배울 필요가 있습니다. 아내는 자기 몸에 관심을 기울이고 무엇이 욕망을 만족시킬 것인지를 알아봐야 합니다. 아내는 대개 남편을 기쁘게 해주고 싶어 하지만 똑같은 수준의 쾌감을 받을 준비를 갖춰야 합니다.

넷째, 여자는 성적 경험을 주도할 자유를 느껴야 합니다. 성적으로 극적 향상을 가져올 수 있는 세 단계 과정으로 1단계는 남자가 여자를 긍정해야 한다는 것입니다. 2단계는 여자가 리드하는 것입니다. 자신의 속도에 따라 움직이고 남자에게 계속 자기 생각과 욕망을 알려줍니다.

3단계는 남자가 반응하는 것입니다. 아내의 말에 경청하며 그녀의 욕망에 대해서만 반응합니다.

다섯째, 남자는 매우 느리게 진행해야 합니다. 여자는 '느리고 부드러운 손'을 가진 남자를 좋아합니다.

여섯째, 남자는 자기 머릿속에 '순서'를 정해 놓지 말고 융통성을 가져야 합니다. 많은 남자는 성관계에 대한 레시피를 적어 놓고 그대로 하려는 경향이 있는데 이것은 실수를 범하는 것입니다. 여자의 성적 욕망과 필요와 반응은 순간순간 바뀌기 때문에 효과적이지 못합니다.

일곱째, 남편과 아내는 성적 오르가슴의 결과를 위해서가 아니라 성관계를 즐기기 위해 성적 과정에 몰입할 필요가 있습니다. 섹스의 목표는 배우자와 친밀감을 누리는 것입니다.

여덟째, 두 사람 중 하나가 어린 시절 성적 학대의 피해자라면 그 외상으로부터의 치유가 있어야 합니다. 학대의 피해자는 종종 자유로운 성적 표현을 방해하는 정서적 상처를 가지고 결혼하는데 그 상처를 회복할 수 있도록 전문적 상담이 필요합니다.

아홉째, 상호 만족은 성적 경험을 할 때마다 서로의 기대가 되어야 합니다. 여자가 원하면 오르가슴을 허용할 수 있어야 하지만 만족을 위한 기본적 요구는 서로 간의 정서적 친밀감과 따뜻함이 바탕이 되어야 합니다.

열째, 두 사람은 성적으로 몸이 어떻게 작동하는지 아는 것이 필요합니다. 성 반응에 대해 바른 이해를 하게 되면 비현실적인 욕망이나 요구에서 오는 실망이나 환멸을 겪지 않아도 됩니다.

부부의 친밀감을 방해하는 8가지 원인

카트론(Cartron, 1989)은 "부부가 결혼에서 친밀감을 추구할 때 대개 그들 사이에 장벽이나 장애물을 발견한다고 말합니다. 장애물을 인식하고 대처하는 것은 현대 부부들이 더 많은 친밀감을 누리려고 시도하는 데 유용하게 쓰일 수 있다"고 말합니다. 부부의 친밀감을 방해하는 8가지 원인을 살펴보고 부부의 친밀감을 높이는 방법들을 찾아봅시다.

	원인	이유
1	자기 인식의 결여	자신의 느낌을 인식하지 못할 때 다른 사람 또는 배우자의 느낌을 인식하고 반응하는 데 어려움을 겪을 수 있다.
2	압박감과 스트레스	과부하가 된 압박감은 긴장과 피로를 유발하여 친밀감을 어렵게 만든다.
3	만성적인 분주함	지나치게 많은 일을 하면 친밀감을 위한 시간을 내기가 어려워진다. 또한 대화할 시간이 없다.
4	해소되지 않은 분노	분노를 해소할 수 없을 때 원한 감정이 쌓인다. 이 원한 감정은 거리감을 유발하며 서로에게 방어적으로 된다.
5	융통성 없이 경직됨	배우자를 정해진 틀에 맞추려는 시도는 긴장을 유발해 친밀감을 어렵게 한다.
6	빈약한 대화 기술	마음속의 생각과 감정을 서로 나누는 데 어려움이 있을 때 상대를 탓하거나 통제하는 말을 사용하고 상대방의 관점에 귀를 기울이지 않는다.
7	낮은 자존감	자기 정체성에 대해 확신이 없거나 자신을 가치 없는 존재로 보게 될 때, 자신감 있게 배우자에게 다가가지 못하고 친밀감 있게 자신을 노출하지 못하는 것을 상대방은 거절의 의미로 받아들이는 위험을 초래하기도 한다.
8	신뢰의 붕괴	약속을 이행하지 못하거나 정직하지 못하면 신뢰는 깨지고 친밀감 대신 거리감을 느끼게 된다.

성적 만족도를 높이기 위한 조언

첫째, 성을 즐거워하십시오. 성이란 나보다 상대방의 즐거움을 위한 것입니다. 자신의 욕구를 숨김없이 말하십시오(하워드 마크맨 외, 2005). 사람의 몸에 있는 가장 강력한 성감대는 '뇌', 즉 '사랑하는 마음'입니다. 마음이 움직여야 멋진 섹스가 가능하다는 것을 항상 상기할 필요가 있습니다.

둘째, 아름답게 가꾸십시오. 여성 자신이 자기 몸에 대해 어떻게 느끼느냐에 따라 성적 즐거움에 영향을 미칩니다. 자신을 아름답게 가꾸는 것은 행복한 성을 위한 필수조건입니다.

셋째, 즐거운 성생활을 위해 더 많은 시간을 투자하십시오. 당신이 원하는 바를 배우자와 함께 실행할 수 있도록 시간을 내는 것이 중요합니다.

넷째, 사랑을 나눌 공간과 분위기에 신경을 쓰십시오. 성생활에서 남성은 시각적이지만, 여성은 심리적입니다. 여성은 심리적 안정이 없으면 제대로 성을 즐길 수 없습니다. 그러나 여성은 남편의 성적 욕구를 이해할 필요가 있습니다. 여유 있게 목욕하고 향수를 뿌리고 섹시한 분위기를 연출해 보십시오.

다섯째, 배우자와 섹스에 대해 대화하십시오. 성에 대해 솔직히 이야기하는 것이야말로 상대방의 성적 욕구와 기대감을 파악할 수 있는 좋은 수단입니다.

여섯째, 서두르지 마십시오. 여성은 섹스를 원하기 전에 신체적, 정서적 친밀감을 먼저 경험해야 합니다. 그러므로 남성은 서둘러 섹스하려 하기보다는 여성을 기다려 주고, 마음이 통할 수 있도록 부드럽고 낭만적으로 접근하고 전희와 애무를 즐기고 더 많은 시간을 투자하십시오.

일곱째, 특별한 경험을 즐거워하십시오. 틀에 박힌 성생활보다 새로운 체위를 개발해 보십시오. 새로운 행위가 특별한 경험을 만들 수 있습니다. 더 활력 있는 성생활을 누릴 수 있도록 창의력과 모험심을 발휘하십시오.

여덟째, 그날을 위해 기운을 아껴 체력을 비축하십시오. 충분한 수면과 휴식, 적절한 운동, 규칙적인 식생활이 성생활의 만족을 가져다줍니다.

아홉째, 대화를 먼저 하십시오. 아내에게는 잡다한 주제의 대화가 전희가 된다는 것을 기억하십시오. 아내의 부정적인 감정을 대화로 풀어 헤쳐 짐을 나누는 대화를 먼저 하십시오. 스트레스는 행복한 성을 방해합니다. 성적 욕망을 방해하는 가장 큰 적은 두려움과 적대감이라고 합니다(위트, 1980). 아내의 스트레스를 먼저 풀어주는 노력이 중요합니다. 공감하고 반영하는 대화로 부정적 감정을 처리해 주십시오.

열째, 비밀여행을 떠나십시오. 한 달에 한 번 정도 가정을 완전히 떠나 한적한 곳에서 아내와 낭만적인 시간을 만드십시오. 틀에 박힌 장소를 떠나 일상의 리듬을 바꿔보는 것은 부부 관계에 활력을 불어 넣는 탁월한 방법이 될 수 있습니다. 자신의 생활에서 로맨스를 개발하십시오.

　　이 세상을 행복하게 하는 배려의 시작은
여성 자신인 나의 몸부터 배려하는 것입니다.

Chapter 2

성품 톡(talk)!
막힌 부부관계를 회복시키는 말 한마디

대화

마주 대하여
이야기를 주고받음

성품 좋은 사람은 대화로 많은 사람들과 풍성하고 좋은 관계를 맺게 됩니다.
행복한 관계를 통한 기쁨을 맛보기 위해 TAPE 요법을 사용해 보십시오.
내가 먼저 감사하고, 용서를 구하고, 요청하고,
그다음에 내 마음을 표현하는 것입니다.

성품 톡(talk)!
막힌 부부관계를 회복시키는
말 한마디

막힌 관계를 회복시켜 주는 관계 맺기의 비밀, TAPE 요법

제가 만든 관계 맺기의 비밀을 소개합니다. 바로 깨진 사랑을 찰싹 붙이는 사랑의 TAPE입니다. 성품은 다른 사람과의 관계 맺기를 통해 나타납니다. 성품 좋은 사람은 많은 사람들과 풍성하고 좋은 관계를 맺게 됩니다. 행복한 관계를 통한 기쁨을 맛보기 위해 TAPE 요법을 사용해 보십시오. 내가 먼저 감사하고, 용서를 구하고, 요청하고, 그다음에 내 마음을 표현하는 것입니다. 이것이 바로 기적을 만드는 TAPE 요법의 비밀입니다.

1단계 감사하기(Thank you)

감사하게 될 때 관계가 맺어지기 시작합니다. 상대방에 대해 감사한 것들을 찾아보고 존재에 대해 감사한 것들을 찾아보십시오.

2단계 용서 구하기(Apologize)

부지중에 상대방에게 무관심했던 것, 무례했던 것, 좋은 성품으로 대하지 못했던 것들에 대해 먼저 용서를 구해 보십시오.

3단계 요청하기(Please)

강요하거나 지시하지 않고 긍정의 말로 요청하십시오.

효과적으로 요청하는 방법

1. 긍정적인 언어로 요청하세요.
2. 구체적인 행동을 요청하세요.
3. 요청한 것을 확인해 보세요.
4. 솔직한 반응을 알려 달라고 요청하세요.

4단계 내 마음 표현하기(Express)

숨겨져 있던 진실한 내 마음을 말과 행동으로 표현해 보십시오.

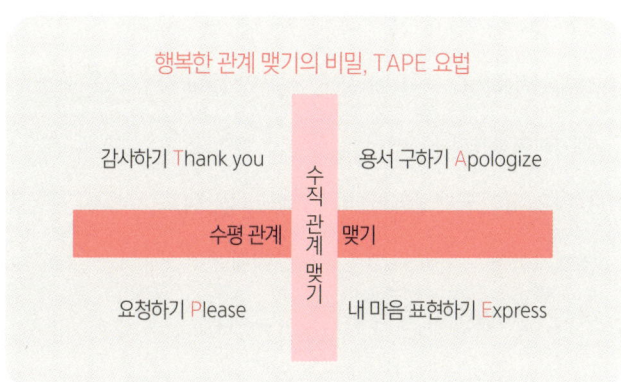

행복한 부부의 성품대화법

말로 하는 대화법

1. 남녀 대화의 차이를 이해하라

남녀의 대화 방법에는 근본적인 차이가 있습니다. 부부의 대화를 예로 살펴보겠습니다. 하루 종일 남편을 기다린 아내가 퇴근한 남편을 맞으며 말을 쏟아 내기 시작합니다.

> 아내 여보! 어서 와요. 오늘 힘들었죠? 나도 오늘 이런저런 일이 있었는데…. 어쩌고저쩌고, 이렇게 되고, 저렇게 되어서….

('그냥 들어만 주세요.'라는 마음으로 마구 쏟아 내는 아내)

남편 그래서 말하려는 핵심이 뭔데? 결론만 말해.

(해결책을 찾으려는 남편)

아내 됐어요. 당신과 무슨 말을 하겠어요? 그만둬요.

(끝까지 들어 주지 않아서 마음이 상한 아내)

남편 아니, 이 사람이! 내가 뭘 어쨌다고 그래

(아내의 행동을 이해하지 못하고 마음이 상한 남편)

아내는 이해받고 싶어서 대화하고 남편은 해결책을 찾기 위해 대화한다는 차이점을 먼저 알아야 합니다.

2. 남편과의 대화를 위한 현명한 아내의 4P

1) 멈추기(Pause) 남편에게 말하기 전에 일단 멈춰서 생각합니다.

아내는 남편이 자기 말을 들을 준비가 되어 있는지를 물어봐야 합니다. 말하거나 말을 들어주는 것 모두 때가 있습니다.

2) 준비하기(Prepare) 남편에게 준비할 시간을 줍니다.

남편에게 이렇게 부탁해 보세요. "여보, 내가 지금 이야기하는 것은 그냥 들어주기를 바라는 거예요. 당신이 나를 위해서 뭔가를 해 주려고 노력하지 않아도 돼요." 남편의 본성은 아내의 이야기를 들으면 먼저 자신이

어떻게 해주어야 할지를 고민하고 아내의 문제를 해결해 주려고 그 방법에 골몰합니다. 남편에게 준비할 시간을 주세요.

3) 늦추기(Postpone) 남편이 준비될 때까지 이야기를 미룹니다.

남자가 이야기를 들을 준비가 될 때까지 마음을 털어놓는 일을 미룹니다. 먼저 다른 사람에게 털어놓은 후에 마음이 가라앉으면 그때 남편에게 이야기하는 것도 좋습니다.

4) 지속하기(Persist) 끝까지 포기하지 않습니다.

남자는 여자가 필요한 것에 도움을 주고 아내는 남편에게 도움을 받을 수 있도록 유도하는 것을 끝까지 포기하지 않고 대화해야 합니다. 예를 들어 남편이 대화를 거부하면 남편에게 아무 말 안 해도 되니 계속해서 내 이야기를 들어 달라고 부탁합니다. 그래서 "여보, 당신이 내 이야기를 들어주면 내가 굉장히 기분이 좋아져요. 잠깐이면 되니까 내 이야기를 들어주세요. 뭘 해주려고 하지 않고 그냥 들어주기만 하면 돼요."라고 이야기하며 남편을 안심시켜 주어야 합니다. 남편이 이야기를 끝까지 못 듣는 이유는 이야기를 들어주는 것만으로도 아내에게 만족감을 준다는 것을 모르기 때문입니다. (존 그레이의 「여자는 차마 말 못하고 남자는 전혀 모르는 것들」 (프리미엄북스, 2002).)

몸으로 하는 대화법

성공하는 인간관계를 위해서는 대화가 절대적으로 필요하듯 행복한 부부 관계를 위해서는 또 다른 형태의 부부 대화법인 부부 성관계가 중요합니다. 부부의 성관계는 부부만이 나눌 수 있는 대화입니다. 부부 관계를 개발하고 좋은 관계를 유지하기 위해서는 부부의 성을 개발하십시오.

헤롤드 블룸필드 박사는 그의 저서 「다섯의 힘」(The power of five)이라는 책에서 규칙적인 성생활이 여성의 에스트로겐 지수를 높게 유지하는 긴요한 요소임을 밝혔습니다. 여성 호르몬인 에스트로겐은 뼈의 고밀도와 건강한 심장 혈관, 인생을 즐겁게 사는 마음가짐과 밀접하게 관련된 것으로 알려져 있습니다. 또한 규칙적인 성관계를 가지는 남성은 그렇지 않은 남성에 비해 높은 테스토스테론(남성 호르몬) 지수를 유지하고 있고, 그들에게 인생에 대한 자신감과 활력, 강인한 힘과 넘치는 에너지를 가지게 한다고 밝혔습니다.

남자들은 섹스를 통해서 사랑을 느끼지만, 여자들은 사랑받고 있다는 느낌이 있어야 성적 갈망을 받게 됩니다. 남자들이 알아야 할 것은 섹스하기 전에 사랑의 느낌을 여자에게 먼저 주어야 한다는 것입니다. 대화로 여성에게 애정 어린 마음을 전해 주고 그다음에 자신의 욕구를 충족하는 순서를 밟아 가십시오. 남자들은 여성보다 오르가슴을 쉽게 느끼지만, 여성들은 시간과 남편이 주는 헌신을 통해서만 오르가슴을 느낄 수 있습니다.

이렇듯 남성과 여성은 서로 차이가 있습니다. 남성과 여성의 차이를 극복하기 위해서는 남편은 먼저 아내의 정서적 만족을 채워 주어야 하고, 아내의 눈을 쳐다보고 대화를 들어주어야 합니다. 그랬을 때 남편의 정서적 만족, 즉 섹스를 통한 만족을 아내가 남편에게 해 줄 수 있습니다. 그런데 남편이 대화는 전혀 시도하지 않고 낭만은 느끼게 해주지 못하면서 섹스만 강요한다면 아내는 굉장한 고통을 느끼게 되고 사랑의 관계가 아닌 원망과 불평의 대상이 됩니다. 그러나 섹스가 좋아지면 일시에 관계 전체가 좋아질 수 있습니다. 아내는 남편의 마음을 말이 아닌 몸으로 아름답게 감동을 주어서 열게 하십시오. 남편이 가슴을 열어 사랑을 느끼고 그 사랑을 아내에게 표현하도록 하는 가장 효과적인 수단은 근사한 섹스입니다.

1. 질 높은 관계를 위한 부부의 성 알기

1) 아내의 속도와 남편의 속도 차이를 인정하라

남성은 오르가슴에 이르는 시간이 빠르지만, 여성은 서서히 진행됩니다. 이 점을 남편들은 기억하고 인정해야 합니다. 남성은 2~3분이면 언제든지 배출하여 쾌감을 느끼는 경향이 있어 만족할 수 있지만, 여성의 성 욕구는 대체로 가만히 두면 만족에 이르기가 쉽지 않습니다. 자극을 받아야 생기는 것입니다.

그러므로 아내의 성적 욕구가 만족되려면 최소 20~30분 정도 애무를 해 주어야 합니다. 그래서 어떤 성 연구 학자는 부부가 성관계할 때 시계를 놓고 남편이 아내에게 20~30분을 애무해야 한다고 말하기도 합니다.

그만큼 애무는 부부의 성관계를 위해서는 필수 과정이기에 노력을 기울일 필요가 있습니다.

2) 부부가 서로 노력하라

성관계에 대한 좋은 책들을 함께 읽어 가면서 노력하는 태도가 필요합니다. 가장 좋은 방법은 부부가 서로 성에 대해 자유로운 대화를 시도해 보는 것입니다. 섹스에 관해 이야기한다는 것을 부끄럽게 여기지 말고 솔직하게 대화해 보십시오. 남편과 아내는 생리적으로 너무 다르기에 서로의 마음을 대화로 알아가야 합니다. 대화를 통해서 부부가 서로에게 어떻게 해 주어야 좋은지 알게 되는 것은 행복한 부부관계 형성을 위한 좋은 방법입니다. 포르노 비디오나 외설스러운 영상들은 성관계를 자극적인 방법으로 과장되게 표현하고 있으므로 오히려 부부관계에 악영향을 줄 수 있습니다.

부부에게 주신 성행위는 하나님이 인간에게 주신 아름다운 축복입니다. 이 세상에서 가장 아름다운 것이 자기 사랑을 만나 사랑하는 일입니다. 아무에게도 방해받지 않는 두 사람만의 귀중한 비밀, 둘만이 누릴 수 있는 아름다운 향연, 인생의 축제와 같은 남편과 아내의 사랑은 조물주께서 주신 특별한 선물입니다.

2. 부부 성관계를 위한 스킬

1) 아내를 위한 사랑의 애무

성행위 시 남편은 직접적인 행동을 좋아하지만, 아내는 간접적인 행위를 좋아합니다. 아내는 주위를 돌면서 조금씩 핵심으로 접근하는 은밀한 손길을 좋아합니다. 남편이 부부 성행위를 할 때 갑자기 아내의 민감한 부분을 다짜고짜 손으로 대거나 처음부터 삽입하려고 시도하면 아내는 고통을 호소합니다. 아내에게는 정성을 담은 많은 애무와 은근한 손놀림이 필요하다는 것을 남편은 알아야 합니다.

또한 아내는 자신의 성감대가 어디에 있는지 탐구하는 마음으로 찾아볼 필요가 있습니다. 숨바꼭질하듯 부부가 서로 대화하면서 상대방의 성감대가 어디에 숨어 있는지 찾아보십시오. 배우자의 새로운 성감대 찾기처럼 부부만이 할 수 있는 사랑의 놀이를 개발해 보십시오.

2) 아내의 급소

아내에게 있어서 클리토리스(음핵)는 굉장히 강한 성감대입니다. 남편은 아내의 가장 민감한 그곳을 사랑해 주어야 합니다. 손이나 기구를 사용해서 서로를 기쁘게 해 주어야 합니다. 부부가 서로 사랑해서 얻는 즐거움은 세상을 살아가면서 얻을 수 있는 가장 큰 행복입니다. 배우자 둘만의 행복은 남편이 아니면 아내에게 줄 수 없고, 아내가 아니면 남편에게 줄 수 없습니다.

건강한 부부 성생활을 통해서 남편은 더 많은 남성 호르몬을 생성하게 되고, 박력 있고 씩씩한 남성이 되어 갑니다. 또한 만족스러운 부부 성생활은 아내를 더욱더 예쁘고 젊은 여성으로 만들어 줍니다. 규칙적인 부부 성생활을 통해서 아내는 더 많은 여성 호르몬을 생성하게 되어 탄력 있는 피부와 골다공증을 예방하게 되는 젊음을 유지하게 됩니다.

3) 침실의 로맨스

존 그레이는 여자가 침실에서 입는 옷을 통해 줄 수 있는 성적 암시에 대한 제의로 검은 레이스 또는 검은색 브래지어와 팬티를 추천합니다.

4) 양극 섹스

존 그레이는 배우자가 서로 단계를 정해서 만족을 주는 양극 섹스를 주장합니다. 1단계는 먼저 아내가 남편에게 쾌감을 주는 것입니다. 배우자가 서로에게 애무를 해주면서 섹스에 대한 극치의 경험을 서로 나누는 것이 바로 양극점인데, 부부 성관계는 마치 부부의 대화처럼 서로에게 기쁨을 주고받는 것입니다. 한쪽에서는 주고 다른 한쪽에서는 받을 때 성적 쾌감을 아주 쉽게 느끼게 되고, 함께 고조될 수 있습니다. 양극 섹스에서는 두 사람이 의식적으로 극을 바꾸어 봄으로써 쾌감과 욕망을 증진할 수 있게 하는 것입니다. 한쪽이 주면 다른 한쪽은 받고, 그다음에는 서로 역할을 바꾸어 앞에서 준 사람이 받고, 받은 사람이 주는 것입니다.

2단계는 남편이 아내의 욕망을 충족시키기 위해서 애쓰는 동안 아내는 편안하게 받는 일에만 몰두하는 것입니다.

남편은 불과 2~3분 정도의 성적 자극으로도 쾌감을 느낄 수 있지만 아내는 20~30분이 걸린다는 것을 명심해야 합니다. 특히 '성관계 시 반드시 오르가슴을 느껴야 한다'는 잘못된 인식은 섹스에 대해 서로 부담을 가지게 합니다.

우리가 책을 보면 반드시 여자가 오르가슴으로 끝나야 좋은 섹스를 한 것처럼 말하지만 가장 좋은 섹스의 목표는 제3의 성생활을 하는 것입니다. 다시 말하면 부부 성생활의 목표는 만족의 대상이 나의 만족이나 너의 만족도 아닌 제3의 만족을 위한 성생활, 즉 서로를 만족시키려는 목표를 가지고 성생활을 시도하는 것입니다.

부부가 서로 배우자가 만족할 때까지 배려하는 성생활을 한다면 이것은 오르가슴에 이르든 이르지 못하든 만족하는 성생활을 할 수 있습니다. 서로를 배려하고 아껴 주면서 나도 만족하고 배우자도 만족하는 성생활이 진정한 부부생활의 비결입니다.

3. 미국의 임상심리학자인 윌러드 할리의 베스트 부부 되는 법

1) 아내의 다섯 가지 욕구를 기억하라

첫째, "당신의 따뜻한 손길이 그리워요."

아내는 애정 표현을 받고 싶어 하는 욕구가 있습니다. 누가 나를 만져주고 다독거려 주고 포옹해 줄 때 안정감을 느낍니다. 이를 위해 남편은 의식적으로 노력해야 합니다. 아내는 남편의 따뜻한 손길을 그리워합니다.

둘째, "당신과 이야기하고 싶어요."

아내는 남편과의 대화를 원합니다. 대화는 부부관계를 개선하기 위한 필수적인 도구입니다. 부부는 대화하려는 노력을 포기하면 안 됩니다.

셋째, "당신은 나에게 숨기는 것이 없나요."

아내는 개방성과 솔직성을 원합니다. 그래서 부부는 서로 숨기지 않고 솔직하게 이야기해야 합니다.

넷째, "능력 있는 당신이 좋아."

아내는 경제적으로 안정적인 삶을 살고 싶어 합니다.

다섯째, "아이들에게 좋은 아빠가 필요해요."

아내는 가정적인 남편을 원합니다.

2) 남편의 다섯 가지 욕구를 기억하라

첫째, "당신과 사랑을 나누고 싶어요."

남편은 성적 만족을 아내에게 원합니다.

둘째, "같이 야구 경기 보러 갈까"

남편은 아내가 여가생활의 동반자로서 취미생활을 같이 해 주기를 원합니다.

셋째, "매력적인 당신이 좋아."

남편은 매력적인 아내를 원합니다. 매력적인 배우자가 되어 보세요.

넷째, "내가 쉴 곳은 오직 내 집뿐이라오."

남편은 쉴 수 있는 편안한 가정을 원합니다.

다섯째, "당신의 칭찬이 듣고 싶어요."

남편은 아내에게서 칭찬과 인정을 받고 싶어 합니다.

Chapter 3

성품 팅(ting)!
신혼으로 돌아가는 비결, Happy Dating

데이트

이성(異性)끼리 교제를 위하여
만나는 일

해피 데이팅(Happy Dating)이란
해피 데이터(Happy Dater)를 정해서 매주 진행되는
12번의 데이트를 통해
서로를 축복하고 친밀한 관계를 형성하는 데이트입니다.

성품 팅(ting)!
신혼으로 돌아가는 비결,
Happy Dating

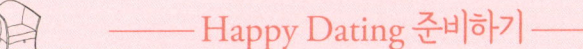
행복한 부부 되기
—— Happy Dating 준비하기 ——

　해피 데이팅(Happy Dating)이란 해피 데이터(Happy Dater)를 정해서 매주 진행되는 12번의 데이트를 통해 서로를 축복하고 친밀한 관계를 형성하는 데이트입니다.
　'여성 성품리더십스쿨' 마지막 날 함께 초대하여 즐거운 파티를 열게 될 Happy Dating을 기대하면서 준비하십시오.

미션 1. 해피 데이터 요청하기

- 해피 데이터는 '여성 성품리더십스쿨' 12주 동안 매주 1회씩 만나 이 과정에서 배우는 느낌과 기쁨을 전달하는 대상 혹은 부부입니다.
- 배우자에게 해피 데이터가 되어 달라고 요청하십시오.
- 해피 데이터에게 찾아가 "당신을 사랑하고 축복합니다."라고 말하고 친밀한 시간을 계획해 보십시오.
- 멋진 카페나 레스토랑에서 특별한 만남을 가지고 '여성 성품리더십스쿨'에서 받은 축복을 나누십시오.

미션 2. 해피 데이터가 된 것을 축하하면서 다음과 같이 약속받기

- 해피 데이터로서 12번의 데이트에 빠짐없이 함께하겠습니다.
- 데이트 날짜는 매주 ○요일 ○시입니다.
- 해피 데이터로서 당신의 '여성 성품리더십스쿨'에서 배운 이야기를 꼭 경청하며 듣겠습니다.
- 당신이 성공적으로 '여성 성품리더십스쿨'을 마칠 수 있도록 격려하는 사랑의 이메일이나 문자를 매일 꼭 보내겠습니다.
- 매일 조금씩 더 친밀해지도록 노력하겠습니다.
- 내가 꿈꾸는 아름다운 미래를 당신에게 이야기하겠습니다.
- 데이트 시간에는 당신이 어떤 말을 하더라도 부정적인 언행을 피

하고 긍정적인 언행을 하도록 하겠습니다.
- 12번의 데이트가 더 행복한 데이트가 될 수 있도록 함께 계획하고 적극적으로 참여하겠습니다.
- 마지막 날 해피 데이트 파티에 반드시 참여하겠습니다.

_____년 ___월 ___일

Happy Dater : _____(서명)

행복한 여성 : _____(서명)

행복한 부부 되기
—— Happy Dating 커뮤니케이션 ——

혹시 해피 데이터를 정하는 데 어려움이 있으신가요? 배우자 혹은 예비 배우자도 좋고 혹은 자녀로 정하셔도 좋습니다. 해피 데이터와 데이팅 약속을 정하고 아래와 같이 의사소통하는 방법을 활용해 보십시오.

미션 1. 의사소통의 방법으로 대화하기
- 일상적인 대화, 즉 매일 일어나는 개인의 신변 일들을 자연스럽게 이

야기해 보십시오.

나의 크고 작은 일상생활을 이야기할 때 친밀감을 형성할 수 있습니다. 말하기가 어렵더라도 자연스럽게 친밀감을 누릴 수 있는 사람과 대화하십시오.

- 싸움이 일어나는 말을 삼가십시오.

서로에게 도전하는 말, 싸움이 일어날 것 같은 대화들은 줄이십시오. 무심결에 계속 도전적인 대화를 사용한다면 경계신호를 보내서, 도전적인 말을 사용하고 있음을 알려주십시오. 파트너는 신호를 받았을 때 절대로 변명하지 말고 빨리 태도를 바꾸어야 합니다.

㉠ 파트너가 화를 내며 말할 때 오른손을 들어 줍니다.

- 친밀감을 느낄 수 있는 말을 사용하십시오.

친밀감을 느낄 수 있는 태도로 대화를 시도해 보십시오. 친밀감이 없는 대화는 공감하는 마음과 분별력을 잃게 합니다.

미션 2. 긍정적으로 부정적인 감정 표현하기

- 간단하고 분명한 말로 대화하되 상대방을 공격하지 않아야 합니다.
- 문제가 있을 때는 상대방에게 내가 어떻게 느끼는지를 분명히 알려 주셔야 합니다.

  ㉠ 불편해요, 화가 나요, 외로워요 등

- 주의해야 할 점은 "당신이 매일 이렇게 하면 난 상처받아요."라는 말

은 그 사람의 잘못을 말하는 것이기에 도전적입니다. 우리는 누군가를 비난하지 않고, 우리의 감정을 말해야 합니다.

㈒ 나는 이런 일이 일어나면 상처를 받아요.

- 나의 감정을 말하고 나서는 꼭 "당신은 어떻게 느끼는지 얘기해주세요"라는 요청을 하셔야 합니다. 그리고 꼭 경청해 주셔야 합니다.

미션 3. 경청하기

감정적으로 반응하지 말고 진정으로 상대방을 이해하도록 경청하십시오. 정확한 메시지를 들으십시오. 의사소통할 때 단어는 고작 7%의 비중을 차지합니다. 고개를 끄덕이거나 열린 마음과 태도를 보여 주는 비언어적 요소가 55%, 말하는 목소리의 분위기가 38%의 비중을 차지한다고 합니다. 의사소통을 잘하기 위해서는 말보다도 그 뒤에 숨겨진 요소를 찾아서 경청하십시오.

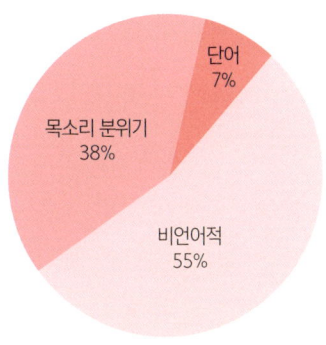

행복한 부부 되기
── Happy Dating 감정표현법 ──

결혼의 갈등을 풀어내는 부부 감정 표현의 유형

결혼 생활에서 다툼이 일어나고 문제가 일어날 때 어떻게 할까요? 믿음의 조상 아브라함과 사라의 결혼 생활에도 갈등과 위기가 있었습니다.

이 세상을 사는 모든 부부의 결혼 생활에는 여전히 다툼과 문제가 일어나기 마련입니다. 이때 당황하지 마시고 우리 부부의 감정 표현의 유형을 살펴보십시오. 어떤 부부들은 문제를 해결하는데 공동의 목표를 삼고 함께 노력합니다. 또 어떤 부부는 문제가 있으면 피해 버리는 습관이 있기도 합니다. 부부가 의사소통이 잘 되지 못할 때 어떻게 감정 표현을 하는지 당신의 유형을 찾아보십시오.

그리고 어떻게 더 좋은 해결책을 찾을지 부부가 토론해 보십시오.

미션 1. 부부 감정 표현 유형 알아보기

- **문제가 있으면 물러서는 사람** 거북이 위험한 요소가 느껴지면 즉시 머리를 몸속으로 감추어 딱딱한 돌덩이로 변신하는 것처럼, 듣기 싫은 말을 들었을 때 상대방의 이야기를 못 들은 척 무시하고 숨어버리는 유형입

니다. 문제를 해결하려 하지 않기 때문에 부부관계를 해칠 수 있습니다.

- 문제마다 공격하는 사람 공격받는다는 생각이 들면 스컹크가 악취를 뿜어대는 것처럼 자기 기준에 맞지 않으면 공격하는 사람입니다. 이런 사람들은 다른 사람을 나쁘게 보기만 하고 자기의 잘못은 못 봅니다.

- 늘 양보하는 사람처럼 보이지만 마음을 잘 보이지 않는 사람 마치 카멜레온이 상황과 형편에 따라 자기 몸 색깔을 바꾸듯이 각양각색의 모습을 보이는 사람입니다. 다른 사람들이 자기를 좋아하게 하기 위해서 자기주장을 내놓지 않는 경향이 있습니다. 이런 사람들은 오랫동안 결혼생활을 잘하는 것 같아도 갑자기 떠나는 사람이 되기도 합니다.

- 지적인 사람, 사실과 결론에만 집중하는 사람 일어나는 사실에 대해서만 집중합니다. 상대방의 감정을 공감해 주기보다는 사실과 결론에만 집중하여 바라보고 감정의 요동을 싫어합니다. 지적이고 냉정하게 문제의 핵심은 잘 파악하지만 때로는 배우자의 느낌이나 감정을 무시하여 부부의 친밀함을 방해합니다.

- 늘 이기려고 하는 사람 꼭 이겨야만 직성이 풀리는 사람입니다. 사람들을 조종하려고 하며 뜻대로 잘되지 않으면 협박합니다. 그러나 속은 연약하고 불안한 사람들입니다. 모든 것이 자기가 좋아하는 쪽으로 해결되어야 하고 다른 사람들이 잘못한 것을 꼭 기억하고 있다가 다툴 때 사용하기도 합니다.

행복한 부부 되기
—Happy Dating 긍정적인 태도의 성품 연습—

가정에서 부부가 격려함으로 긍정적인 태도의 성품 연습하기

부부 미션 1.
"당신이 얼마나 큰일을 하는 줄 알아"라고 서로에게 격려하기

사회에서 직장생활로 힘들어 하는 남편과, 가정에서 살림하며 아이들을 돌보느라 지쳐 있는 아내에게 "당신은 지금 중요한 일을 하고 있어요. 그 일은 누구도 대신할 수 없는 큰 일이에요."라고 말해 보십시오. 지친 남편과 아내의 얼굴에 금세 생기가 돌아올 것입니다.

"당신은 하는 일마다 예술이네."
"당신은 정말 좋은 아내이고 정말 좋은 엄마야."
"당신은 정말 멋진 남편이고 아빠예요."

라고 서로를 바라보면서 격려해 보십시오. 이렇게 긍정적인 태도로 희망적인 말을 해 주고 희망적인 행동으로 격려하는 부부가 된다면 세상 끝까지라도 함께할 수 있을 것 같지요? 그런데 만약에 이렇게 말하는 남편과 아내라면 어떨까요?

"여보, 당신 자신을 좀 조절해 봐. 이게 뭐야, 짜증이나 부리고! 감정을 조

절해 보란 말이야. 나와 아이들에게도 나쁜 영향을 끼치고 있다고!"

"당신은 만날 그 모양이라니깐. 당신 꼴 좀 보세요!"

이렇게 말한다면 자기 집에 폭탄을 던지는 격입니다. 부부의 화는 폭발하고 더욱 우울해져 결국 큰 문제가 일어납니다. 지금은 서로의 격려가 필요한 때입니다.

부부 미션 2. 긍정 찾아보기

오른쪽에 있는 박스를 보십시오. 무엇이 보입니까? 눈길이 점으로 갈 것입니다. 이처럼 우리는 상대방의 단점을 보기 쉽습니다. 왜 우리는 단점들만 보일까요? 그것은 상대방이 문제가 아니라 우리 자신 안에 있는 상처 때문일 것입니다.

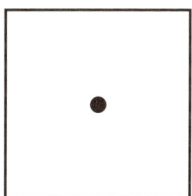

네모 안에 비어 있는 공간을 보십시오. 이제부터는 긍정적인 마음으로 상대방의 단점만 찾지 마시고 장점을 보도록 노력해 보십시오.

부부 미션 3. 긍정을 부정보다 5배 많이 만들기

가트맨 박사는(Dr. Gottman)는 「왜 결혼이 성공 아니면 실패하는가」라는 책에서 이렇게 말합니다.

"결혼생활이 안정되기 위해서는 긍정적인 순간이 부정적인 순간보다 5배가 더 많아야 한다."

그러나 우리는 그 반대일 때가 많지 않나요? 부정적인 말을 한 번 했다면 5배 노력해서 긍정의 말로 씻어내십시오.

부부 미션 4. 장점에 집중하기

사람들은 누구나 장단점이 있습니다. 우리가 다른 사람들의 단점보다 장점에 집중하면 더 많은 행복을 만들 수 있습니다. 예를 들어 당신은 창의적이어서 잘 치우지 않는 다혈질의 기질이고 배우자는 정리 정돈을 철저히 하는 꼼꼼한 우울질의 기질이라고 생각해 보세요. 이럴 때 서로 단점을 바라보면 삶이 고통스럽지만, 장점만 보고 있으면 삶은 행복해질 것입니다. 서로의 장점을 찾아 격려해 보십시오.

"당신의 창의성은 진짜 대단해. 그래서 우리 가정이 날마다 당신 때문에 새롭고 신기한 일로 가득 차잖아"라고 말해 보십시오. 또 배우자는 "당신의 꼼꼼함이 우리 집안을 안정되게 하지요. 나도 당신에게 배우고 싶어요."라고 말입니다. 서로의 단점을 보충해 주고 장점을 칭찬하며 살면 행복해집니다.

부부 미션 5. 배우자를 위한 긍정의 목록 만들기

긍정적인 생각을 하면 긍정적인 말을 하게 됩니다. 미리 상대방의 장점을 적어 긍정의 목록을 만들어 두고 하루에 한 가지씩 표현을 해보십시오.

부부 미션 6. 긍정적인 태도로 칭찬하기

1. 내 마음의 느낌을 솔직하게 표현하십시오.

"나는 내 마음속의 이야기를 할 때 당신이 잘 들어주는 것이 좋아요."

"당신이 늦는다고 전화하면 나를 배려해 주는 것 같아서 기분이 좋아져요. 고마워요."라고 속마음을 전달하십시오.

2. 절대로 비교하면서 칭찬하지 마십시오

"당신은 옆집 여자보다 훨씬 똑똑해."

"우리 동네에서 당신이 제일 예쁠걸."

이런 말로 비교하면서 칭찬하는 것은 금물입니다. 부담되는 칭찬은 관계를 힘들게 만든다는 것을 명심하십시오.

3. 신중하게 칭찬하십시오.

형식적인 칭찬을 받으면 우리는 조롱당했다는 느낌이 듭니다. 칭찬은 진짜 마음을 담아 신중하게 칭찬하는 것입니다.

4. 긍정의 마음을 표현하십시오

혹시 오늘 또 비판하면서 이야기하셨나요? 1주일에 5번 이상 배우자에게 긍정적인 칭찬을 하기로 결심하세요. 나의 마음을 긍정적으로 잘 표현하는 것이 중요합니다.

5. 창의적으로 감사하십시오.

카드나 조그마한 노트에 상대방에 대한 감사를 써서 전달하거나 멋진 시를 써서 전달해 보십시오. 서비스 쿠폰을 사용하는 것도 창의적인 방법입니다. 서비스 쿠폰에는 '마사지 해주기', '영화 보기', '외식하기' 등 서로에게 감사를 표현할 수 있는 정성들을 모아서 쿠폰을 만들어 전달하여 선택하게 하십시오.

6. 이유 없는 선물을 자주 하십시오.

특별한 날이 아니어도 꽃다발을 선물해 보십시오. 감동이 더 크게 다가옵니다. 이유 없는 선물을 자주 해 보십시오. 비싸지 않아도 '내가 당신을 생각하고 있습니다.'라는 것을 표현해 보는 것입니다.

부부 미션 7. 유머 있는 대화 나누기

힘들 때는 유머가 필요합니다. 인생의 고비를 넘을 때마다 웃는 것과 우는 것을 선택해야 한다면 웃는 것을 선택해 보십시오. 어차피 힘든 인생인데 웃으면서 가는 것입니다. 격려의 사촌은 유머입니다. 힘들고 고민도 많고 일이 많을 때 한 번 웃겨 주십시오. 화가 머리끝까지 날 때 폭발하는 말보다는 큰 숨을 한번 쉬고 유머 있는 대화로 웃으려고 노력하십시오.

Tip. 유머가 안 된다고요?

부부가 너무 진지해서 유머 감각이 둘 다 없다면 재미있는 사람들과 어울려 보십시오. 재미있는 사람들을 만나고 친하게 지내며 그들의 말과 행동을 따라 해 보는 노력도 필요합니다. 또 신문에서 만화 보기, 유머에 관한 책들 보기, 친구들과 유머 있게 말하려고 노력하기, 이메일로 재미있는 이야기를 주고받기 등 이런 작은 노력들이 유머 있는 사람으로 만들어줄 것입니다. 중요한 것은 당신이 완벽하지 않아도 잘할 것이라고 자신을 믿어주는 것입니다.

부부 미션 8. 긍정의 편지 전달하기

상대방의 장점을 담은 긍정적인 편지를 써 보십시오. 그리고 직장으로 보내서 쉬는 시간에 읽을 수 있도록 하십시오. 훨씬 더 좋은 관계가 될 것입니다.

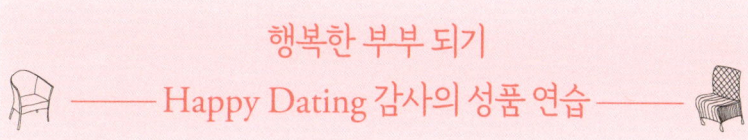

행복한 부부 되기
──── Happy Dating 감사의 성품 연습 ────

나와 다른 것을 감사하십시오

우리는 모두 다릅니다. 생김새, 생각, 행동도 각각 다릅니다. 오랜 세월 부부의 인연으로 살아간다고 하더라도 각자의 장단점으로 인해 문제와 갈등이 생기기 마련입니다. 그러나 심리학자들은 서로의 다른 장단점이 조화를 이룰 때 더 잘 맞게 되고 좋은 동반자가 된다고 합니다. 여러분은 배우자와 조화를 이루며 살아가십니까? 조화는 감사의 삶을 살 수 있게 합니다. 서로 다른 모습 때문에 조화를 이루지 못해 어려움을 겪고 있다면 내가 겪는 어려움을 통해 스스로가 더 성장할 것을 기대하며 감사하는 마음을 가져보십시오. 또한 서로 다른 모습을 인정하고 소중히 여겨 감사의 리더십으로 조화를 이루어 보십시오.

미션 1. 나와 배우자가 한 팀이라는 것을 감사하기

부부는 서로 다르지만 한배를 탔습니다. 내가 탄 배가 폭풍 속에서도 목적지에 잘 도착하려면 한배에 탄 부부는 하나가 되어야 합니다. 부부가 한 팀이 된 것을 감사하십시오.

미션 2. 서로의 장점으로 조화와 균형 이루기

여러 부분에서 남자와 여자는 다릅니다. 그러나 성별의 차이 때문에 다르다고 생각하면 안 됩니다. 남자의 성향 안에도 여러 다른 특징적인 모습이 있고 여자들 안에서도 모두 다릅니다. 사람들의 유형을 보면 감정을 중요시하거나 사실적인 것을 중요시하는 사람, 자신만을 생각하는 개인적인 사람과 교제하며 에너지를 얻는 대중적인 사람, 감성적이어서 자신의 기분에 따라 행동하는 사람과 계획적으로 일 처리를 해야 하는 사람, 활동적이고 적극적인 사람과 힘든 일이 있어도 서두르지 않고 차분한 사람 등 다양한 사람들이 존재합니다.

　남자와 여자, 우리 모두 다릅니다. 상황과 때마다 서로 다를 수 있다는 것을 인정하십시오. 나와 상대방의 독특함을 기뻐하고 서로 다름을 감사할 때 행복의 문이 열립니다. 청년들에게 기쁨의 성품을 가르칠 때 사용하려고 제가 쓴 노래를 소개해 봅니다.

난 나를 기뻐해

세상에 하나밖에 없는 나
눈 씻고 찾아봐도 똑같은 사람 하나 없네
비교할 수 없으니 절망할 필요 없네
오! 나는 오! 나는 나니까

세상에 하나밖에 없는 나
각자 다른 색깔로 서로 다른 인생을 살아
난, 나만의 색깔을 기뻐해
그린 골드 블루 오렌지

다른 사람과 다르다고 비교하지 마!
다른 거지 틀린 건 아냐
나는 나니까

난, 나만의 색!
넌, 너만의 색
너와 내가 만든 우리라는 기쁨의 색
그린 골드 블루 오렌지

난, 나만의 색!
넌, 너만의 색
너와 내가 만든 우리라는 기쁨의 색
그린 골드 블루 오렌지

세상에 하나밖에 없는 나
난, 나만의 색깔을 기뻐해
조급하지 마. 절망하지 마
그린 골드 블루 오렌지

다른 사람과 다르다고 비교하지 마

다른 거지 틀린 건 아냐
나는 나니까

난, 나만의 색!
넌, 너만의 색
너와 내가 만든 우리라는 기쁨의 색
그린 골드 오렌지

난, 나만의 색!
넌, 너만의 색
너와 내가 만든 우리라는 기쁨의 색
그린 골드 블루 오렌지

난, 나만의 색!
넌, 너만의 색
너와 내가 만든 우리라는 기쁨의 색
그린 골드 블루 오렌지
그린 골드 블루 오렌지
그린 골드 블루 오렌지

— 이영숙

나는 어떤 사람입니까? 서로의 특징을 찾아서 감사하며 알맞은 조화와 균형을 이루어 보십시오.

 행복한 부부 되기
—— Happy Dating 인내의 성품 연습 ——

인내의 성품으로 부부 사랑하기

가정은 인내가 필요한 학교입니다. 인내가 없으면 좋은 성품으로 온전한 존재가 되지 못합니다. 인내란 "좋은 일이 이루어질 때까지 불평 없이 참고 기다리는 것"(좋은나무성품학교 정의)입니다. 나와 배우자가 서로 인내하며 바라보아야 할 것들을 체크해 보고 우리 가정을 인내의 성품으로 사랑해 보십시오.

미션 1. 인내해야 할 것들을 적어 보기

가정에서 인내해야 할 부분은 무엇인지 적어 보고 나누어 보십시오.

미션 2. 내 마음대로 되지 않는다고 불평하지 않기

"내가 언제까지 이 짓을 해야 해." 하는 마음은 인내가 아닙니다. 인내하기로 결심했다면 불평 없이 해야 합니다.

미션 3. 어려운 상황을 그대로 받아들이고 평안한 마음 유지하기

새로운 세계가 열리기를 소망하며 지금은 어려워도 낙심하지 말고 조금만 참아 보십시오. 가정이라는 인내 학교에는 끝이 있습니다.

미션 4. 만족함을 기다리기

우리가 살고 있는 이 시대에는 무엇이든지 "빨리, 빨리"로 진행하기를 원합니다. 스캇 펙(M. Scott Peck)은 우리가 성숙해지려면 먼저 만족함을 기다릴 수 있는지를 체크해야 한다고 강조했습니다.

다니엘 골먼(Daniel Goleman)은 한 실험을 합니다. 실험에 참여한 네 살배기 아이들에게 달콤한 마시멜로 과자를 하나씩 나누어주며 15분간 마시멜로를 먹지 않고 참으면, 상으로 한 개를 더 주겠다는 제안을 합니다. 실험 결과 15분을 기다린 아이들은 성인이 되었을 때 정신력과 사회성이 뛰어난 사람이 되었습니다. 반면 중간에 마시멜로를 먹어버린 아이들은 쉽게 짜증을 내고 사소한 일에도 곧잘 싸움에 말려드는 사람으로 성장했습니다. 우리가 인내하면 좋은 관계를 맺을 수 있고 아름다운 축복으로 되돌아올 것입니다.

미션 5. 인내의 법칙 S.T.A.R(스타 법칙) 실천해 보기

문제를 만났을 때 스타 법칙을 생각하여 실천해 보십시오.

· Stop 잠시 하던 행동을 멈춥니다.

- Think 자기가 하려던 행동이나 방법에 대해 생각할 시간을 가집니다.
- Act Right 올바르게 행동합니다.

 행복한 부부 되기 —— Happy Dating 건강한 여성 되기 ——

여성으로서 행복해지기

여성은 나이가 들면 여성 호르몬의 분비량이 감소합니다. 특히 요즘에는 환경적, 정신적 요인에 의해 젊은 여성들 또한 조기폐경이 찾아온다고 합니다. 여성 호르몬의 분비가 균형을 이루도록 나를 관찰하고 배려의 성품으로 돌보십시오. 또한 행복한 삶을 해피데이터에게 전달해 보고 실천해 보십시오.

미션 1. 여성 호르몬 분비에 좋은 음식 섭취하기

여성 호르몬 분비가 원활하게 이루어지도록 에스트로겐 함유량이 풍부한 좋은 식품을 먹습니다.

	식품	효과
1	콩류	여성 호르몬의 구성물을 제공하며 호르몬계가 안정될 수 있도록 돕는다. 특히 검은콩의 이소플라본이라는 성분은 갱년기에 나타나는 다양한 증상을 완화하는 데 효과적이다.
2	자두	자두에 있는 보론이라는 성분은 여성 호르몬의 분비를 촉진한다. 또한 우울증의 증상을 완화시키고 예방할 수 있다.
3	우유	우유에는 트립토판이라는 성분이 함유되어 우유를 마심으로 여성 호르몬의 분비를 촉진한다. 또한 갱년기에 발생하는 불면 증상을 완화시키고 예방하는 데 효과적이다.
4	토마토	갱년기 여성들에게 발생할 수 있는 콜레스테롤의 수치를 낮춰 주며, 고지혈증을 예방해 준다. 또한 항산화 작용을 돕는 영양소, 식이섬유, 칼륨 함유량이 풍부하여 갱년기 여성에게 더 좋다.
5	석류	석류에는 비타민 C와 여성에게 좋은 영양소가 풍부하다. 특히 석류 껍질에 에스트로겐 성분이 다량 함유되어 있기 때문에, 껍질째 먹는 것이 좋지만 껍질을 그냥 먹을 수 없다면 석류즙으로 먹으면 영양소를 듬뿍 섭취할 수 있다.

미션 2. 건강한 다이어트 시작하기

비만은 호르몬의 균형을 무너뜨리는 원인이 됩니다. 꾸준한 운동으로 여성 호르몬의 분비를 활발하게 하여 호르몬의 균형을 유지합니다.

Tip. 생활 습관 속 다이어트

1. 식사 시 딴짓을 하지 않습니다.

식사할 때 식사에 집중하지 않으면 무의식중에 평소보다 5~10배까지도 식사량이 늘어날 수 있다고 합니다. 식사할 때는 식사에만 집중하는 것이 과식 예방에 좋습니다.

2. 웃으면 면역력이 높아집니다.

웃음은 만병통치약이라는 이야기가 있습니다. 웃으면 몸속에서 좋은 호르몬들이 분비되어 면역력이 강화되고 각종 성인병 예방에 큰 도움을 받을 수 있습니다. 또한 하루 10분 웃음은 40Kcal를 소모하게 하여 다이어트에도 효과적입니다.

3. 다리 꼬는 자세를 취하지 않습니다.

요즘 여성들은 의자에 앉을 때 다리를 꼬고 앉는 경우가 많은데 다리를 꼬고 앉을 경우 혈액순환에 방해가 되어 그에 따른 질병이 생기거나 골반이 틀어지면서 척추측만증을 불러옵니다. 또한 몸이 꼬이면서 음식을 더 많이 먹게 되어 비만을 부르게 됩니다.

4. 따뜻한 물을 충분히 섭취합니다.

따뜻한 물은 신장에 부담을 적게 주면서 체내의 노폐물을 몸 밖으로 배출해 주는 작용을 합니다. 하루에 2L 이상을 마시는 것이 좋습니다.

미션 3. 나만의 '자유 시간' 가지기

자녀 양육과 직장생활에 쫓기는 여성들은 일과 가사에서 잠시 벗어날 수 있는 '자유 시간'을 가져 봅니다. 한 달에 한 번 온전히 자기만을 위한 시간을 가져서 자녀 양육에 대한 부담과 회사에서 받는 스트레스를 해소합니다. 또한 사랑하는 사람과 행복한 시간을 가져보십시오.

미션 4. 정기적인 검진으로 나를 배려하기

여성들은 유방과 자궁 등에 여성 고유의 질환이 나타나고 발견될 수 있기 때문에 조기 발견을 위한 정기적인 검진이 중요합니다. 건강검진을 놓치지 않고 받을 수 있도록 검진 날짜를 체크해 보십시오.

미션 5. 행복 호르몬 전달하기

매일 "나는 행복합니다"라고 말하면 내 안에 행복 호르몬이 생성됩니다. 행복 호르몬이 생기면 감사와 기쁨의 삶을 살게 됩니다. 오늘부터 하루에 세 명에게 긍정적인 말과 배려의 인사로 행복 호르몬을 전달해 보십시오.

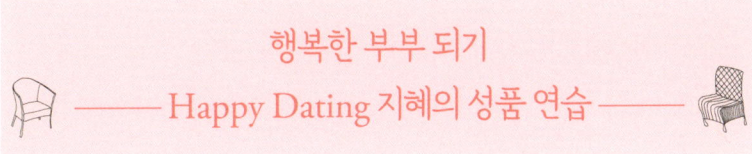

행복한 부부 되기
── Happy Dating 지혜의 성품 연습 ──

지혜로운 여성이 되는 비결

아비가일은 어떻게 용감한 사나이 다윗의 사랑을 차지할 수 있었을까요? 그것은 바로 부드러운 지혜의 태도 때문이었습니다. 강한 것에 강한 것으로 치면 둘 중 하나는 꺾이거나 부러집니다. 강하게 나오면 부드럽게 대응해야 합니다. 남자는 여자의 인정과 칭찬을 좋아합니다. 그리고 자신의 존재를 여성에게서 확인하고 싶어 합니다. 그런데 그것을 알고 있는 여성은 많지 않습니다. 여성에게 있어서 칭찬하는 것 이상으로 남자를 '정복'

할 수 있는 힘은 없습니다. 아내의 칭찬은 세상 속에서 온종일 시달린 남편에게 힘이 되어 줄 수 있고 아내는 남편의 사랑을 얻을 수 있는 비결입니다.

강하고 고집 센 남편을 이기는 방법, 가정을 행복의 왕국으로 만들어 사랑스러운 여왕의 위치를 더욱 확고하게 만드는 방법을 소개하겠습니다. 바로 남편에게 사랑의 보약을 먹이는 프로젝트 "사랑의 4A"입니다. 이것은 남편에게 반드시 해 주어야 할 보약 4첩과 같습니다.

미션 1. 사랑의 보약 짓기(4A)

1. Acceptance(용납) 상대방을 있는 그대로 용납하십시오. 비교하거나 비난하지 마십시오.

2. Adaptation(순응) 여기까지 온 것이 바로 나의 인생입니다. 구태여 바꾸려 하거나 후회하지 마시고 순응하십시오. 내가 선택한 사실에 그냥 순응하시고 받아들이십시오.

3. Admiration(감탄) 작은 일에도 감탄해 주십시오. 잘하는 일에 칭찬을 아끼지 말고 감탄하면서 말해 주십시오.

4. Appreciation(감사) 존재에 대한 감사부터 시작하십시오. "당신이 내 남편이 되어 주셔서 너무 감사해요."라고 하루에 세 번 말해 주십시오. 감사는 또 다른 감사를 만듭니다.

모든 가정이 방황과 갈등을 겪고 또한 위기에 처하기도 합니다. 하지만 이때 여성인 우리가 그 위기를 지혜롭게 극복한다면 가정을 더욱 견고한 행복의 왕국으로 만들 수 있습니다. 여성들은 가정을 파괴하고 분열하는 데 힘쓰지 말고 지혜롭게 관계를 풀고 위기를 극복하고 연합하는 데 힘을 사용합시다. 여성은 생명을 만들고 세우고 번성케 하는 하나님의 동역자라는 사실을 늘 기억하십시오.

지혜란 "내가 알고 있는 지식을 나와 다른 사람들에게 유익이 되도록 사용할 수 있는 능력"(좋은나무성품학교 정의)입니다. 오늘 알게 된 지식을 나와 내 남편에게 지혜롭게 사용해 보고 한 주 동안 육체적 결합을 포함한 모든 상황에서 아래와 같이 실천해 보십시오. 그리고 실천 내용과 내 느낌을 적어보십시오.

1) 용납 (Acceptance)해 보십시오

2) 순응 (Adaptation)해 보십시오.

3) 감탄(Admiration)해 보십시오.

4) 감사(Appreciation)해 보십시오.

 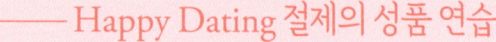

행복한 부부 되기
—— Happy Dating 절제의 성품 연습 ——

절제로 사랑을 실천하십시오

우리가 배우자를 더욱 사랑하며 아름다운 가정으로 바로 세우기 위해서는 절제의 성품이 필요합니다. 자기 마음 가는 대로, 자기 마음에 좋은 대로 행동하고 다니면 가정은 온전하게 세워질 수 없게 됩니다. 이번 주는 배우자와 함께 절제의 성품으로 더 큰 사랑을 만들어 보십시오.

미션 1. 나의 모습 중에 절제하지 못해 배우자의 마음을 아프게 했던 일은 없습니까? 있다면 어떤 부분인지 나눠보십시오.

미션 2. 아내로서 남편으로서 내가 하고 싶은 대로 하지 않고 꼭 해야 할 일을 하며 절제의 성품을 키워보십시오.

아내로서 절제해야 할 일	남편으로서 절제해야 할 일

미션 3. 행복의 시작은 가정이라는 것을 생각하며 행복한 가정을 만들기 위해 행복한 부부생활 특강으로 "성품으로 배우자 사랑하기"를 배우자와 함께 듣고 실천해 보십시오.

 행복한 부부 되기 — Happy Dating 부부 대화 10계명 —

행복한 부부 대화 십계명

행복을 만드는 부부 대화법 10계명으로 '부부 행복'이라는 열매를 맺을 수 있습니다. 정직하게 실천하여 서로 신뢰를 쌓을 수 있도록 연습해 보십시오.

미션 1. 행복한 부부 대화 10계명 기억하기

1계명 부정적인 꼬리표를 떼고 말합니다. 부정의 꼬리표는 배우자의 자존심을 상하게 합니다.

2계명 과거는 과거이고 현재는 현재라는 생각을 합니다. 배우자 과거의 잘못을 비방하고 들추지 않습니다.

3계명 '항상'이나 '전혀'와 같은 부정적인 단어는 피합니다. '대부분'이나 '가끔'이라는 단어를 사용합니다.

4계명 감정, 동기, 태도 등을 추측하거나 상상하지 말고 자세히 물어봅니다.

5계명 눈을 쳐다보면서 말하는 습관을 연습합니다. 서로의 눈을 쳐다보면서 말하는 경청의 기본태도가 부부의 행복을 지켜줍니다.

6계명 비판하거나 평가하는 대화는 피합니다. 비판이나 평가 없이 관찰한 것을 객관적으로 말하는 지혜가 필요합니다.

7계명 책임을 배우자에게 넘기는 말 대신 "다 내 책임입니다" 등의 책임지는 말이 더 견고한 부부생활을 만듭니다.

㉠ "이건 내 의견인데~", "내 생각은~"

8계명 느낌보다는 내가 바라는 욕구를 분명하게 말하는 대화를 시도합니다.

㉠ "내게 다정하게 말해 주세요", "벗은 옷들은 걸어 주세요"

9계명 인신공격이 아닌 문제가 되는 행동을 구체적으로 말합니다.

㉠ "당신이 내가 아무리 말해도 들어주지 않으면~"

10계명 풍성한 스킨십으로 대화합니다. 부부만의 특권은 사랑을 마음 껏 표현할 수 있다는 것입니다. 피부는 제2의 뇌라고 합니다. 부부의 스킨십은 치매를 예방하는 행복한 부부 대화 방법입니다. (출처 : 이영숙 박사의 「행복을 만드는 성품」(두란노, 2010), 192~195쪽.)

남편과 함께 우리 부부만의 10계명을 생각하고 적어 보십시오. 그리고 부부 10계명을 정직하게 지킬 것을 약속하며 부부 서약서를 작성해 보십시오.

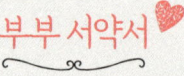
부부 서약서

*** 부부 10계명**

1.
2.
3.
4.
5.
6.
7.
8.
9.
10.

우리는 부부 10계명을 정직히 행하고 행복한 가정을 성실하게 세워 갈 것을 하나님과 사람 앞에 엄숙히 서약합니다.

_____년 ___월 ___일

이름: _____(서명)   이름: _____(서명)

행복한 부부 되기
──── Happy Dating 경청의 성품 연습 ────

상대방에게 경청하기

경청이란 "상대방의 말과 행동을 잘 집중하여 들어 상대방이 얼마나 소중한지 인정해 주는 것"(좋은나무성품학교 정의)입니다. 경청은 상대방의 말에 집중함으로 말하는 상대에게 존경과 사랑을 표현하는 태도입니다. 경청을 마음먹는 것만으로 하루아침에 경청형 인간이 되는 것은 아닙니다. 경청에도 많은 연습이 필요합니다. 해피 데이터와 함께 경청의 태도를 연습하며 사랑을 표현해 보십시오.

미션 1. 경청의 태도 연습하기

- 다른 사람이 말할 때는 눈을 쳐다봅니다.

  말하는 상대방의 눈을 쳐다보는 것이 경청의 시작입니다. 눈을 쳐다보면서 집중하고 있음을 상대방에게 보여 주는 것이 경청의 바른 태도입니다.

- 경청하다가 이해가 안 되는 것은 질문합니다.

  질문도 경청의 태도입니다.

- 바르게 앉고 바르게 서서 멋진 태도로 듣습니다.

경청할 줄 아는 사람은 허리를 세우고 눈을 마주치고 고개를 끄덕이면서 듣습니다. "그렇구나", "그래", "저런", "음" 등의 언어적 경청 표현을 합니다.
- 상대방이 말하는 동안 다른 생각을 하지 않습니다.

가장 좋은 경청은 말하지 않아도 상대방이 경청하고 있음을 느끼게 해 주는 것입니다.
- 말하는 사람의 속마음이 무엇인지 생각하면서 듣습니다.
- 상대방의 말이 무엇을 뜻하는지 바르게 듣고 반응합니다.

미션 2. TAPE 요법으로 배우자에게 사랑의 편지 쓰기

1) 감사하기(Thank you)

_____

_____

2) 용서 구하기(Apologize)

_____

_____

3) 요청하기(Please)

_____

_____

4) 내 마음 표현하기(Express)

_____

_____

책임감으로 행복한 가정을 만드는 비결

어떻게 하면 우리 가정이 서로 행복한 관계를 맺으며 '하나' 되는 기쁨을 누릴 수 있을까요?

그것은 바로 책임감의 성품으로 가능합니다. 세상의 모든 관계는 약속과 언약을 수반하고 있기 때문입니다. 그래서 좋은 관계가 깨지지 않게 하기 위해서는 책임감의 성품이 필요합니다.

책임감이란 "내가 해야 할 일들이 무엇인지 알고 끝까지 맡아서 잘 수행하는 태도"(좋은나무성품학교 정의)입니다. 책임감은 내가 해야 할 일들이 무엇인지 아는 것에서부터 시작합니다. 각각의 관계에서 자기 역할을 잘 알고 끝까지 최선을 다한다면 '하나' 되는 행복한 공동체를 만들어 갈 수 있습니다. 제가 만든 '책임감으로 하나 되는 행복 비결 10가지'를 소개합니다. 배우자와 함께 구체적으로 책임감의 성품을 연습해 보십시오.

미션 1. 책임감으로 행복한 가정을 만드는 10가지 비결 알기

1. 내가 해야 할 일들이 무엇인지 생각해 보고 찾아봅니다.
2. 내가 시작한 일은 끝까지 완성합니다.
3. 내가 하겠다고 약속한 것은 꼭 지킵니다.
4. 내가 잘못한 것은 변명하지 않습니다.
5. 내가 가지고 있는 장점은 찾아서 유익하게 사용합니다.
6. 항상 어떤 선택을 해야 할지 분별력을 발휘합니다.
7. 내가 하려고 하는 행동이 공동체에 어떤 덕을 줄 수 있는지 생각해 봅니다.
8. 다른 사람이 보지 않을 때도 내가 옳다고 생각하는 행동을 합니다.
9. 내가 속한 공동체를 살리기 위해 희망적인 말과 행동을 연습합니다.
10. 내가 찾은 나의 역할을 최선을 다해 끝까지 완수합니다.

'책임감으로 행복한 가정을 만드는 10가지 비결' 중 한 가지를 가족과 함께 실천해 보고 실천하며 느꼈던 나의 마음을 적어 보십시오. 또한 서로에게 책임을 다할 것을 약속하며 서약해 보십시오. 하나 되는 책임감으로 이 땅의 모든 공동체가 서로 연합하는 기쁨이 회복되기를 소망해 봅니다.

(이영숙 박사의 성품칼럼 "책임감으로 하나 되기" (www.goodtree.or.kr) 중에서)

효과적으로 요청하는 방법

1. 긍정적인 언어로 요청하세요.
2. 구체적인 행동을 요청하세요.
3. 요청한 것을 확인해 보세요.
4. 솔직한 반응을 알려 달라고 요청하세요.

『여성을 위한 성품리더십』을 강의로 풀어낸
'여성 성품리더십스쿨' 수료생들의 이야기

나를 돌아보는
소중한 시간

　언제부터인가 내 속에 눌러왔던 수많은 말들이 분노와 원망으로 변해 있음을 알게 되었습니다. 그 상처들은 꼭 잔잔한 물속에 가라앉아 돌 하나만 던져도 뿌옇게 일어나는 진흙 앙금처럼 문득문득 떠올라 가라앉기를 반복했습니다. 상처들은 그렇게 없어졌나 싶으면 또 일어나 나를 괴롭게 했습니다. 특히 내 가족에게 불쑥불쑥 파편처럼 튀듯이 화냄과 짜증으로 전해졌습니다.

　내 속에 이 원망과 불평의 진흙물이 다 퍼내져서 없어졌으면 좋겠다고 기도를 시작했고, 가족 중 남편에게 몇 번에 걸쳐 크게 화를 내며 내 마음 속의 말들을 쏟아내었습니다. '아~ 나에게도 이런 모습이 있었나?' 할 정도로 내 모습에 스스로 놀랐습니다. 그런데 이런 모습을 어떻게 정리해 나가야 할지 모를 때 만나게 된 것이 좋은나무성품학교의 '여성 성품리더십스쿨'이었습니다. 성경 속 여성의 성품을 통해 나 자신을 돌아보고 그 성품에 나를 비춰보는 기회가 되었습니다.

이영숙 박사님은 우리 인생이 상처받으며 살아갈 수밖에 없고 상처를 그대로 두면 상처로 남지만 상처를 밖으로 내어놓았을 때 '거리'(나의 성장을 위한 재료)가 된다고 하셨습니다. 그러자 우리의 상처는 내놓아졌고 상처는 나의 성장을 위한 거리로 변해갔습니다.

매주 수요일마다 있는 '여성 성품리더십스쿨'은 나를 위해 준비해 놓은 시간 같았습니다. 매 강의를 들으면서 내 상황에 어떻게 적용해야 할지 멋진 길잡이와 나침반 같다는 사실에 감사하지 않을 수 없었습니다.

여성이 여성의 자리를 찾으면 내 남편과 자녀도 제 자리를 찾는다는 말씀, 상대방의 상처를 먼저 본 사람이 그 상처를 감싸줘야 한다는 말씀 등. 여성인 나 자신을 먼저 배려하고 내가 세워졌을 때 진정으로 다른 사람도 배려할 수 있다는 말씀이 저에게 큰 용기와 소망을 주었습니다.

'여성 성품리더십스쿨'에 더 많은 여성이 참여해서 여성들이 진정으로 세워졌으면 좋겠습니다. 많은 역할 속에 바쁘게 살기만 했던 여성들이 지혜롭게 마음을 표현하여 내 가족에게 상처 주는 자가 되지 말고 평온과 기쁨의 쉼터가 되는 존재가 되길 소망합니다.

● 지성미

그동안 남편에게 나에 대한 칭찬과 격려가 적다고 불평해 왔습니다. 그런데 '여성

'성품리더십스쿨' 감사 강의를 들으며 남편이 건강한 모습으로 내 옆에서 언제나 그 자리에 서 있다는 것만으로도 감사의 제목임을 알게 되었습니다. ● 고강숙

'여성 성품리더십스쿨'에서 남편과 내게 맡겨진 사람들을 최고의 사람으로 세우는 노력을 해야 한다는 마음과 자신감을 얻었습니다. 다른 사람의 인정과 상관없이 내 소명을 위해 꾸준히 준비하고 노력해야 함도 배웠습니다. 그동안 지혜는 부모님과 사람들로부터 배우는 것이라고 생각했지만 가장 큰 지혜는 하나님께로부터 온다는 것을 알았습니다. ● 고효정

'여성 성품리더십스쿨' 절제의 리더십을 배우면서 "자기의 마음을 제어하지 아니하는 자는 성읍이 무너지고 성벽이 없는 것과 같으니라"(잠 25:28)는 말씀이 내 마음을 콕콕 찔렀습니다. 감정 절제가 되지 않아 아이에게 셀 수 없이 많은 상처를 남겼기 때문입니다. 앞으로 나의 감정을 절제하도록 노력할 것을 다짐해 봅니다. ● 김명임

여성 성품리더십을 배우면서 돌아가신 친정어머니가 생각났습니다. '기뻐할 수 없었던 상황 가운데서도 어떻게 견디셨을까'하는 생각이 들때마다 가슴이 먹먹했습니다. 하지만 이제 알았습니다. 어머니는 늘 하나님과 함께하셨습니다. 그래서 하나님을 예배함으로 그 아팠던 상처를 치유하고 회복하셨음을…. 또한 순종은 상대방이 원하는 것을 해 주는 것 이전에 나를 보호하시고 사랑하시는 하나님의 권위를 인정하며 기쁨으로 하는 것임을 알게 되었습니다. ● 김미화

저는 갈등의 상황에서 제가 행한 것보다 사랑의 대가가 턱없이 부족하다고 억울해하며 슬퍼했습니다. '여성 성품리더십스쿨'을 통해 저를 다시 돌이켜 생각해 보니 그 순간의 판단조차 저의 연약함과 죄에서 비롯된 것임을 알게 되었습니다.

● 김민자

'여성 성품리더십스쿨'을 통해 정신적으로 힘들 때 정말 지혜로운 용기가 필요함을 느꼈습니다. '어' 다르고, '아' 다르다는 말이 있듯이 이제는 지혜로운 생각을 가지고 지혜롭게 대처하는 나 자신을 발견할 수 있게 되었습니다.

● 김보영

'여성 성품리더십스쿨'을 통해 새로운 자아로 나를 부르신 하나님! 확고한 자아상을 정립하여 눈에 보이는 대상에 집착하지 않고 나보다 나를 더 사랑하시고 늘 함께 계시는 하나님과 동행하기로 결심하게 되었습니다.

● 김영덕

'여성 성품리더십스쿨'이 좋은 강의라는 것을 알고 있었지만 그저 내 삶의 도피처로 생각하며 시작했습니다. 그런데 이 강의는 저를 위해 하나님이 예비해 주신 피난처요 치유와 회복의 장이었습니다. 12주 동안 저의 내면의 작은아이, 즉 상처받은 아이의 모습을 보게 되었고 많은 회복을 경험하게 되었습니다.

● 김정순

순종은 참는 것이 아니라 기쁘게 따르는 것임을 '여성 성품리더십스쿨'을 통해 배웠습니다. 내 인생을 주관하시는 더 크신 분을 믿고 신뢰로 순종하며 실수와 상처를 두려워하지 않겠습니다.

● 방연수

'여성 성품리더십스쿨'을 통해 그동안 내가 얼마나 하나님과 가족에게 감사하지 않고 살아왔는지를 되돌아보게 되었습니다. 감사란 나에게 좋은 일이 이루어졌을 때 뿐 아니라 지금 이 순간 그리고 어떠한 상황에서도 감사하는 것임을 가슴에 새기게 되었습니다.
● 소윤희

제 마음속의 상처들이 많이 치유되는 기쁨을 맛보았습니다. 있는 그대로 나를 보게 되었고, 성품으로 나를 세우고 가정도 평안케 함을 감사하게 생각합니다.
● 손인선

'여성 성품리더십스쿨'을 통해 나오미, 한나, 하와 등 성경 속 인물들이 당한 고통에 비하면 지금 내게 닥친 문제는 아무것도 아니라는 것을 깨달았습니다. 희망이 있는 현재 생활에 감사하며 좋은 일이 이루어질 때까지 인내하기로 했습니다.
● 안영숙

'여성 성품리더십스쿨'은 아픔과 고통 없이는 성숙해질 수 없고 그러므로 내가 잘 살고 있음을 알려 주었습니다. 조금 더 긍정의 마인드를 품고 살겠습니다.
● 유완종

삶이 고단하다고 불평한 적이 많았습니다. 하지만 그것 또한 나의 선택임을 알았고 그 선택을 얼마든지 바꾸는 힘도 내 안에 있음을 깨달았습니다. '여성 성품리더십스쿨'을 통해 아이들에게만 강요했던 말과 행동이 나의 삶에서도 중요하다는 것을 가슴에 새기며 살겠습니다.
● 윤은화

'여성 성품리더십스쿨'을 통해 가장 좋은 용납은 용서임을 한 번 더 마음에 새길 수 있었습니다. 내 주위에 일어날 수 있는 다양한 인생살이 중에 우울함이나 슬픔, 짜증이나 화남, 원망이나 시기하는 마음이 생길 때마다 나 자신을 먼저 돌아보며 새로운 눈으로 현실을 받아들이는 태도로 바꾸겠습니다.
● 이시현

좋았더라! 심히 좋았더라! '여성 성품리더십스쿨'을 통해 하나님의 뜻 속에 내가 있었음을, 그리고 여성인 내가 세상의 완성을 알리는 그분의 창조물임을 알았을 때 감격스럽고 기뻤습니다. 내가 그분의 창조 목적대로 존재하고 있음을 알았고 나를 되돌아 보는 시간이 되었습니다.
● 정복희

좋았더라! 심히 좋았더라!

[참고문헌]

이영숙 지음, 「이제는 성품입니다」 (아름다운열매, 2007).
이영숙 지음, 「나를 찾아 떠나는 여행, 성품」 (두란노, 2007).
이영숙 지음, 「성품 좋은 아이로 키우는 자녀훈계법」 (두란노, 2008).
이영숙 지음, 「성품 좋은 아이로 키우는 부모의 말 한마디」 (위즈덤하우스, 2009).
이영숙 지음, 「이영숙 박사의 행복을 만드는 성품」 (두란노, 2010).
이영숙 지음, 「성품양육 바이블」 (물푸레, 2010).
이영숙 지음, 「한국형 12성품 교육론」 (좋은나무성품학교, 2011).
이영숙 지음, 「성품, 향기되어 날다」 (좋은나무성품학교, 2012).
이영숙 지음, 「이영숙 박사가 들려주는 태교를 위한 성품동화」 (프리미엄북스, 2012).
이영숙 외 지음, 「유아, 유치, 초등, 청소년, 부모, 직장인 성품교육과정 및 교재」((도)좋은나무성품학교, 2005).
이영숙, "한국형 12성품교육이 유아의 인성개발, 정서지능, 자기통제 및 문제행동에 미치는 효과" 「성품저널」 제1권 (2011).
이영숙, 허계형, "한국형 12성품교육을 실천한 유아교육기관의 교사 인식 및 인성개발 효능감" 「성품저널」 제1권 (2011).
이영숙, 유수경, "이영숙 박사의 한국형 12성품 교육론을 바탕으로 한 청소년의 자존감에 대한 연구 : 기쁨의 성품을 중심으로" 「성품저널」 제2권 (2012).
이영숙, 임유미, "이영숙 박사의 한국형 12성품 교육론이 청소년의 대인관계 및 주관적 행복지수에 미치는 영향" 「성품저널」 제2권 (2012).
벤 카슨 지음, 박인규 옮김, 「크게 생각하라」 (알돌기획, 2002).
월터 C. 라이트, 양혜정 옮김, 「관계를 통한 리더십」 (예수전도단, 2002).
존 & 스테이시 엘드리지 공저, 강주현 옮김, 「매혹」 (청림출판, 2007).

자넷 로우 지음, 신리나 옮김, 「신화가 된 여자 오프라 윈프리」 (청년정신, 2006).

코리 텐 붐 지음, 양은순 옮김, 「주는 나의 피난처」 (생명의말씀사, 2005).

가진수 지음, 「영혼의 찬양 전도자 패니 크로스비」 (아이러브처치, 2001).

이지선 지음, 「지선아 사랑해」 (문학동네, 2010).

바버라 프레드릭 지음, 최소영 옮김, 「긍정의 발견」 (21세기북스, 2009).

문다켈 지음, 황애경 옮김, 「소박한 기적 : 마더 테레사의 삶과 믿음」 (위즈덤하우스, 2005).

힐러리 로댐 클린턴 지음, 김석희 옮김, 「살아있는 역사」 (웅진지식하우스, 2007).

매리 케이 애시 지음, 임정재 옮김, 「핑크 리더십」 (씨앗을부리는사람, 2009).

조지 베일런트 지음, 이덕남 옮김, 「행복의 조건」 (프런티어, 2010).

권석만 지음, 「긍정심리학」 (학지사, 2008).

변상규 지음, 「자아상의 치유」 (NUN, 2010).

정동섭 지음, 「부부연합의 축복」 (요단, 2012).

아미노 사치코 지음, 이진원 옮김, 「여자도 모르는 여성 호르몬의 모든 것」 (시그마북스, 2012).

베르벨 바르데츠키 지음, 김희진 옮김, 「여자의 심리학」 (북폴리오, 2010).

잉그릿 트로비쉬 지음, 양은순 옮김, 「여성이 된 기쁨」 (생명의말씀사, 2007).

이은희 지음, 「하리하라의 과학블로그」 (살림, 2005).

John Bradshaw, 「Home Coming : Reclaiming and Championing Your Inner Child」 (Bantam, 1990).

Claudia Arp & David Arp, 「10 Great Dates to Energize Your Marriage: The Best Tips from the Marriage Alive Seminars」 (Zondervan Publishing Company, 1997).

Penner Clifford & Penner Joyce, 「The Gift of Sex」 (Thomas Nelson Inc, 2007).

성경 속 여성들의 12가지 성품리더십
여성을 위한 성품리더십

『여성성품리더십』(두란노) 초판 1쇄 2013년 4월 30일
　　　　　　　　　　　　2쇄 2013년 5월 20일
　　　　　　　　　　　　3쇄 2015년 3월 4일
『여성, 행복을 배우다』 개정 1판 2016년 10월 5일
『여성을 위한 성품리더십』 개정 2판 2024년 7월 15일

지은이 이영숙
책임편집 좋은나무성품학교 기획출판팀
펴낸곳 도서출판 좋은나무성품학교
등록번호 제25100-2012-000057호
등록일자 2005년 7월 28일
주소 서울특별시 송파구 백제고분로 187
전화 1577-3828
전자우편 goodtree@goodtree.or.kr
홈페이지 www.goodtree.or.kr / www.goodtreemission.com

ⓒ이영숙, 2013
페이스북 /characterlee

ISBN 979-11-6320-045-1 (03230)

*이 책은 저작권법에 의해 보호를 받는 저작물로서, 무단전재와 복제를 금합니다.
*이 책의 전부 또는 일부를 사용하려면 저작권자와 도서출판 좋은나무성품학교의 서면동의를 받아야 합니다.